認知・情動の生涯発達と統合

近藤　文里

目　次

はじめに………………………………………………………………1

第1章　認知と情動の発達と本書の目的………………3

1.1　発達とは何か………………………………………3
1.2　ピアジェの発達段階説……………………………7
1.3　エリクソンの個体発達分化の図式………………10
1.4　エリコニンの発達段階図式………………………12
1.5　坂元が提起した発達図式…………………………15
1.6　本書の目的について………………………………17
この章のまとめ…………………………………………19

第2章　新生児から2か月児まで…………………20

2.1　認知の発達…………………………………………21
　視覚機能の発達を中心として　21

　複数の感覚入力が反応を促進する効果　25

2.2　情動の発達…………………………………………27
　微笑の変化　27

　泣く行為の変化　29

　この時期にみられる情動とその調整　30

　情動調整に関わる現代の子育ての危機　33

この章のまとめ…………………………………………35

第3章　3か月児から5か月児まで………………36

3.1　認知の発達…………………………………………36
　視覚機能の飛躍的な発達　36

　眼球運動の発達　42

　乳児－物という二項関係ができるまで　43

乳児と物と人の関係　44

　　　自閉症児の場合　46

　3.2　情動の発達･･･････････････････････････････････48

　　　微笑の変化　48

　　　喜び以外の基本的情動　49

　　　情動の調整　51

　この章のまとめ･･････････････････････････････････53

第4章　6か月児から8か月児まで･･････････････････54

　4.1　認知の発達･･･････････････････････････････････54

　　　移動に関わる粗大運動の発達　54

　　　手指操作の発達　55

　　　物の永続性の発達　57

　　　能動的な探索活動　59

　4.2　情動の発達･･･････････････････････････････････61

　　　人見知り　61

　　　移動能力の発達が情動に及ぼす影響　63

　　　他者の表情の理解　65

　　　情動の調整と要求の伝達　66

　この章のまとめ･･････････････････････････････････69

第5章　9か月児から11か月児まで･････････････････70

　5.1　認知の発達･･･････････････････････････････････70

　　　三項関係の成立　70

　　　静観的認識の発達とADHD児の問題　73

　　　目的と手段の分化　77

　5.2　情動の発達･･･････････････････････････････････78

　　　共同注意の発達　78

　　　三項関係の成立と指さしの発達　80

　　　赤ちゃんへの絵本の読み聞かせ　82

社会的参照　83

情動の調整に関わる現代の危機　85

この章のまとめ・・88

第6章　幼児期前期（1歳児、2歳児）・・・・・・・・・・・・・・・・・89

6.1　認知の発達・・・・・・・・・・・・・・・・・・・・・・・・・・・・・・・・・・・・・・89

表象の発生と「知っている世界」の広がり　89

言語が行動をコントロールする働き　92

1歳半を境にした前と後　93

現実生活における危機　96

6.2　情動の発達・・・・・・・・・・・・・・・・・・・・・・・・・・・・・・・・・・・・・・98

情動の表出　98

情動の調整　99

アタッチメントと個人差　100

社会的情動の発生　102

他者の情動の理解　104

自己の情動への気づきと情動の表現　106

この章のまとめ・・108

第7章　幼児期中期（3歳児、4歳児）・・・・・・・・・・・・・・・・109

7.1　認知の発達・・・・・・・・・・・・・・・・・・・・・・・・・・・・・・・・・・・・・109

2つのイメージや概念の操作　109

随意的行為の発達　111

言葉の急激な発達　115

7.2　情動の発達・・・・・・・・・・・・・・・・・・・・・・・・・・・・・・・・・・・・・117

想像遊びと社会情緒的能力の発達　117

他者との交流で発達する自己意識的情動　120

情動についての知識の発達　123

この章のまとめ・・125

第8章　幼児期後期（5歳児、6歳児）‥‥‥‥‥‥‥‥‥‥126

8.1　認知の発達‥‥‥‥‥‥‥‥‥‥‥‥‥‥‥‥‥‥‥126

系列化の発達　126

脳の働きと系列化　128

内言の発達　130

創造性の発達　131

8.2　情動の発達‥‥‥‥‥‥‥‥‥‥‥‥‥‥‥‥‥‥‥134

系列化の発達で生まれる情動　134

内言の発達が情動に及ぼす影響　135

この時期の遊びの保障　137

現代日本の家族　139

現代日本の食卓風景　141

この章のまとめ　‥‥‥‥‥‥‥‥‥‥‥‥‥‥‥‥‥‥143

第9章　小学校低学年（7歳ころから8歳ころ）‥‥‥‥144

9.1　認知の発達‥‥‥‥‥‥‥‥‥‥‥‥‥‥‥‥‥‥‥144

時間と空間の系列化　144

知的操作の可逆性　148

書きことばの獲得　150

1次的言葉と2次的言葉　152

9.2　情動の発達‥‥‥‥‥‥‥‥‥‥‥‥‥‥‥‥‥‥‥153

時間と空間の系列化で生じる情動　153

文脈の理解から生まれる情動　154

学校生活が始まることで生まれる情動　156

小1プロブレムと低学年期の集団活動　158

この章のまとめ　‥‥‥‥‥‥‥‥‥‥‥‥‥‥‥‥‥‥160

第10章　小学校中・高学年（9歳ころから12歳ころ）‥‥161

10.1　認知の発達‥‥‥‥‥‥‥‥‥‥‥‥‥‥‥‥‥‥161

抽象的思考のはじまり　161

抽象的思考の発達にかかわる今日の問題　163

理科離れの問題　165

道徳性の発達　166

10.2　情動の発達 168

向社会的行動の発達　168

集団的活動の衰退と情動への影響　170

いじめの問題　171

いじめで生じる情動と解決の糸口　173

この章のまとめ 175

第11章　青年期前期（中学生期） 176

11.1　認知の発達 176

この時期の思考の特徴　176

教育改革と学力をめぐる問題　178

旧来型の学力と新しいタイプの学力　181

教育改革の失敗と学力の二極化　182

11.2　情動の発達 184

中学生の悩み　184

自分のことをわかってもらえる友達がいない　186

「学級」という空間と「教師」という存在　188

「家庭」から中学生の問題を考える　190

この章のまとめ 192

第12章　青年期中期（高校生期） 193

12.1　認知の発達 193

大学入試制度が高校教育に与える影響　193

自分は何がしたいのか　196

高校生が好きなことと「理科離れ」の問題　198

12.2　情動の発達 200

今日の高校生の危機　200

高校生の悩みと友人関係　202

友人関係の希薄化か選択化か　204

友人関係の二極化の背景と高校生の情動　205

社会的ひきこもりと社会性の退行　207

高卒者の就職問題　208

この章のまとめ・・・・・・・・・・・・・・・・・・・・・・・・・・・210

第13章　青年期後期・・・・・・・・・・・・・・・・・・・211

13.1　認知の発達・・・・・・・・・・・・・・・・・・・・211

青年期後期の発達課題　211

大学生を取り巻く状況　213

現代社会と有職青年の意識の変化　215

日本の職業教育　217

13.2　情動の発達・・・・・・・・・・・・・・・・・・・・219

大学生の友人関係　219

若者に求められる「新しい能力」　222

青年が負った心の傷　225

この章のまとめ・・・・・・・・・・・・・・・・・・・・・・・・227

第14章　成人期・・・・・・・・・・・・・・・・・・・・・228

14.1　成人期前期（25歳ころから40歳ころまで）・・・・・・・229

成人期前期の全体的特徴　229

親になることによる人格発達　231

14.2　成人期中期（40歳ころから65歳ころまで）・・・・・・・235

成人期中期の全体的特徴　235

成人期の全段階を通した「世代性」の発達とその意味　238

14.3　成人期後期（65歳ころから）・・・・・・・・・・・・242

成人期後期の全体的特徴　242

認知と情動の統合としての知恵の発達　244

この章のまとめ・・・・・・・・・・・・・・・・・・・・・・・・248

第15章　認知・情動と脳の働き・・・・・・・・・・・・・・・・・・・・・・・・・249

15,1　情動における扁桃体の働き・・・・・・・・・・・・・・・・・・・・・・・・249

15.2　扁桃体をコントロールする前頭前野の働き・・・・・・・・・・・・・・251

15.3　情動に関する大脳両半球機能の仮説・・・・・・・・・・・・・・・・・254

　　① 情動の右半球仮説　254

　　② 情動のポジティブ－ネガティブ仮説　256

　　③ 情動の接近－離脱仮説　258

15.4　認知と情動の力動的な関係・・・・・・・・・・・・・・・・・・・・・・・260

15.5　認知と情動を統合する外側前頭前野の働き・・・・・・・・・・・・・262

この章のまとめ・・・・・・・・・・・・・・・・・・・・・・・・・・・・・・・・・265

第16章　認知と情動の発達を大局的にとらえる・・・・・・・・・267

16.1　乳幼児期の心理社会的危機・・・・・・・・・・・・・・・・・・・・・・・268

16.2　児童期の心理社会的危機・・・・・・・・・・・・・・・・・・・・・・・・273

16.3　青年期の心理社会的危機・・・・・・・・・・・・・・・・・・・・・・・・277

16.4　成人期中期の心理社会的危機・・・・・・・・・・・・・・・・・・・・・280

16.5　「分離－個体化」の観点でみる生涯発達・・・・・・・・・・・・・・・283

この章のまとめ・・・・・・・・・・・・・・・・・・・・・・・・・・・・・・・・・285

引用文献・・・・・・・・・・・・・・・・・・・・・・・・・・・・・・・・・・・・・286

おわりに・・・・・・・・・・・・・・・・・・・・・・・・・・・・・・・・・・・・・・297

人名索引・・・・・・・・・・・・・・・・・・・・・・・・・・・・・・・・・・・・・299

事項索引・・・・・・・・・・・・・・・・・・・・・・・・・・・・・・・・・・・・・302

はじめに

　私が認知と情動の発達に興味をもち、それらの生涯を通した発達を明らかにしようと考えたのは今から 10 年以上も前のことでした。それは、発達障害や脳損傷をもつ子どもの教育相談で強く感じたことですが、そのような子ども達が他の子ども達とうまくやっていけないのは認知の遅れというよりも、むしろ情動の表出や理解の問題が相互にあることでトラブルが生じていると強く感じていたからです。また、いじめや不登校など現代日本の教育問題に関しても認知と情動の発達を視野に入れなければ問題の核心には近づけないと考えたからでもあります。

　さて、これまでの心理学的研究を歴史的にみると、人間について行動に重点を置いたり、認知に重点を置いたりする時期を経ながらも、2000 年頃を前後してやっと情動にも光が当てられるようになりました。しかし、いかにそれらの知見を総合したとしても、生きて働く人間の悩みや不安の解決に繋げることは容易なことではありません。

　それでは、何が必要なのでしょうか。それは研究の対象となる人間がいかなる文化的、歴史的条件の中で生活しているのか、という点を明確にすることです。なぜならば、人間の心はそのような諸条件に大きく規定されている面があるからです。本書は現代日本の社会で生活する子どもや大人の問題を認知と情動の両面から明らかにしようとするものです。現代日本に生活する子どもや大人の発達上の問題について、心理学だけでなく、その学際領域の研究にも学びながら明らかにしようと考えました。

　そこで、本書の構成について述べておきたいと思います。まず、第 1 章は認知と情動の発達に関する理論と本書の目的について述べています。次に、第 2 章から第 14 章までは発達の各時期の認知と情動の発達について明らかにしています。さらに、第 15 章では、認知・情動発達と脳の働きについて述べています。また、この 14 章と 15 章では認知と情動の統合の働きとその脳的基礎についても論じました。そして、最後の第 16 章では、大局的な視点から認知と情動

の発達をとらえ直し、人間の発達を鳥瞰的にとらえようと試みました。読者の皆さんにはできる限り第1章から読んでいただければ、と思っています。また、本文では発達の各時期に観察される情動が変化していくことを示すために、情動に関係する語については＜　＞で表すことにしました。

　本書は京都大学大学院教育学研究科でお世話になった恩師である坂野登先生の研究に学び、旺盛な研究姿勢に励まされ、やっと完成させることができました。先生には深く感謝するものであります。何度となく加筆修正を加えていたこともあり、出版に漕ぎつけるのが遅すぎた感は否めません。今後とも更なる改善と新しい課題に取り組んでいくつもりでいますで、読者の皆さんから忌憚のないご意見をいただければこのうえなく幸せです。

2019年6月

近藤　文里

第 1 章

認知と情動の発達と本書の目的

1.1 発達とは何か

　発達とは何だろうか。心理学で「発達」と言う場合は、人が成熟した状態に向けて変化する過程をさしている。しかし、人間の発達は常に右肩上がりの行動の変化ばかりをさすものではなく、環境との相互作用のなかで人間の発達には下降したり停滞したりすることもある。このような発達は、近年、一生涯をかけて続くものであるという考えが益々重視されるようになってきた。

　それでは発達の過程はどのように進むのか。この問題については、人間の発達を説明しようとした従来の多くの学説では、発達は量的な変化とともに、質的に変化する局面があると考えられてきた。そして、このような質的に変化する局面は発達の質的転換期とされてきた。

　人間が環境と相互作用をするなかで、量的変化を継続的に重ねることは容易に理解できる。しかしながら、量的変化に前後して質的変化が出現することに関しては、いかなる要因がどのように作用すればそのような変化が起こるのかは必ずしも明らかではない。

　この点については推測の範囲を越えるものではないが、発達の質的変化は次のようにして起こるのではないだろうか。すなわち、質的変化が生じる1因として、子どものなかに蓄積されてきた認知の集積が考えられる。しかし、それだけでは質的変化は生じないだろう。そこに新たな要因が必要になる。そのよ

うな要因には、子どもが環境と相互作用をするなかで沸き起こる欲求（情動）が考えられる。

このような欲求（情動）は、生き生きとした遊びや学習や労働を通して、子どものなかに生じるのではないだろうか。ここではじめて質的変化を引き起こす素材が出揃うことになると思われる。それは、子どものなかに蓄積してきた認知と、ある環境のなかで生じた欲求（情動）である。しかし、質的変化は容易に起こるものではない。なぜならば、欲求は必ずしも満たされるとは限らず、矛盾が残ったままになることもあるからである。そのような矛盾こそ質的変化の原動力になるのではないか。つまり、人は主体的な活動を反復するなかで矛盾が増大し、やがて矛盾が解消される過程で発達の質的変化が起こると思われる。

これを、もっと分かりやすい言葉にしてみよう。人には誰でも「現在できること」があるとともに、ある環境条件のもとで「今はできないが、本当にしたいこと」が生じると仮定する。そうすれば、この２つの間に生じるギャップとして、期待感とか焦燥感という言葉で表現できる情動が生起するだろう。このような期待感や焦燥感が最高潮に達した時にこそ質的変化が起こるのではないだろうか。つまり、人は一生懸命に「いま、できること」を総動員しながら、これまではできなかったことを実現させようとする。そのような絶えることのない働きかけのなかで、自分が強く念願してきたことを実現してしまう。このような時にこそ、本人も気づかないうちにこれまでの自分とは違う自分になっている。これが質的な発達ではないだろうか。したがって、そこには認知のみならず、情動の働きが欠かせないものと思われる。

従来の心理学を振り返れば、認知の発達に重きを置いた割には情動の発達が軽視されてきた歴史がある。しかし、既に述べたように、人間の発達を包括的にとらえようとした場合、認知と情動の発達とその相互作用を明確にとらえていくことが求められる。

本書のねらいの１つは、認知と情動の発達を段階毎に丁寧に分析することである。そして、このような作業のなかから、人間の質的発達を可能にするメカ

ニズムの一端を明らかにできれば、と考えている。

さて、これまで発達の段階を区分する方法は、いろいろなものがあった。発達の段階を決めるうえで、身体発達や成熟による区分けをしたり、描画の発達や性的発達などの特定の機能にもとづいた区分けをしたりした。この他にも、人格全体による区分けなども試みられてきた。

しかし、坂元 (1976) が述べるように、従来行われてきた発達の時期区分には2つの誤った傾向があった。1つの誤りは、子どもの発達を、歴史的・社会的前提から切り離し、子どもの実生活や現実の教育的働きかけを抜きにして作り上げられたものであったことである。しかも、そのような問題をかかえた学説が、社会的・文化的諸条件が異なるにもかかわらず、どの国にも普遍的に通用する学説として扱われてきたことである。言うならば、誤りの上に別の誤りを重ねてしまったところがあった。

子どもの発達が歴史的・社会的な諸活動に影響を受けることはよく知られている。例えば、そのことはロゴフとワーデル (Rogoff & Waddell, 1982) が、9歳になるアメリカのソルトレイク市に住む中流階級の子どもと、グアテマラのマヤ族の子ども達に行った記憶の研究でも明らかである。その研究は、具体的な文脈のなかで物事を記憶する能力を調べるものであった。実験は、まず、実験者が道や湖や木といった地形を示す基盤の上に動物や家具などの20個のミニチュアを配置して見せた。その後で、それらのミニチュアを他のミニチュアが置いてある所に一旦戻した。そのうえで、子どもに記憶を手がかりとしてミニチュアを元の基盤上に再配置させたのである。

当初、ロゴフらは、アメリカの子ども達は無関係な単語のリストを覚えるときにはリハーサル方略を使えばよいことを知っているので、この課題でもマヤ族の子ども達よりも成績が良くなると予想した。しかし、結果はむしろマヤ族の子どもの方が良かったのである。なぜか。それは、この課題が具体的な文脈において物と物との位置関係を憶えるものだったことに関係している。つまり、アメリカの子ども達にとっては学校で教えられた方略はこの課題では通用しなかったのである。それに対して、マヤ族の子ども達は、相互に関係のない単語

のリストを憶えることは教えられていなかったが、物と物の具体的な空間的関係を憶えることは生活で極めて日常的だったからである。つまり、ロゴフらの研究で明らかなように、子どもの発達は文化や社会の影響を強く受けていることを示している。

話を元に戻そう。従来の発達の時期区分に関連して、坂元が指摘したもう1つの誤りは、発達の生理的・心理的前提を無視して、教育によって発達を無制限に変えられると考えた点である。このような考えは、大人が期待する目標状態に子どもをより早く、より正確に変化させることを目的化してしまい、子ども一人ひとりが生まれもった特徴を配慮しないところから生じた誤りである。

これに似た誤りは、身近なところにも見られる。例えば、子どもの要求が高まらないうちに、親が先回りして発達をうながそうとする試みである。このような試みは、発達の芽をつむことはあっても、育てることには決してならないだろう。なぜならば、特定の能力の獲得に関して、その早さにおいて子どもの間には個人差があるし、そのような個人差を無視することは別の面で発達に歪みを生じるからである。

坂元が指摘した発達の時期区分がもつ問題点は以上の2点であった。しかし、従来の精神発達の理論には、もう1つ、克服すべき課題があると思われる。それは、子どもの発達に質的変化が起こるところには、子どもと物の関係に変化が生じるだけでなく、子どもと人との関係にも変化が生じる。つまり、「子ども－物」の間だけでなく、「子ども－人」の間にも、関係の変化が生じることは見逃すことができない。この点で、従来の発達心理学をみてみると、「子ども－物」の関係に重点を置きつつ、子どもが事物の世界に適応するなかで認識の変化に注目したのか、それとも「子ども－人」の関係に重点を置きつつ、そこで生じる情動の変化に注目したのか、という二者択一的な傾向があったことである。

以下においては、従来に提起された主要な発達仮説が認知と情動のいずれを重視したものであるのか、また、新しい研究動向として両者の関係をどのようにとらえようとする動きがあったのか、について述べることにしたい。

1.2 ピアジェの発達段階説

　さて、認識の発達か情動の発達かという点で言えば、ピアジェ (Piaget, 1978) は人間の精神発達を認識の発達に重点をおいてとらえようとしたと言える。ピアジェは、個体と環境は不可分であり、両者は相互作用するととらえている。そのような相互作用のなかで子どもはシェマ (図式) をもつようになると考えた。シェマとは、自分がいつでも引き起こせるような動作の型であるとか、イメージするものと言えるだろう。人と別れるときに手を振ることや、「電車」と聞いてそのイメージを思い浮かべることもシェマである。つまり、動作やイメージや概念は、すべてシェマととらえられる。

　しかし、シェマは不変ではない。子どもが日常生活で直面したことと、その子どもが既にもっているシェマとの間に不一致が生じることがあるだろう。そのような時は、シェマは不断に作り変えられることになる。つまり、子どもが現在もっているシェマで外界をとらえられる (「同化」と呼ぶ) のであればよいが、今もっているシェマではとらえきれない時もある。その時は、シェマそのものを修正しなければならない (「調節」と呼ぶ)。

　ピアジェは、発達に関してはっきりとした立場に立っていた。それは、発達の進み方が、機能的には連続していても、構造的には非連続であるという考え方である。つまり、常に同化と調節を繰り返すという意味では機能的に連続しているが、発達段階毎に違った知的構造があり、非連続であると考えた。このような考えから、ピアジェの発達段階説がでてくるのである。図1はピアジェの発達段階説を示した図である。

　図1に示したように、誕生から2歳ころまでは「感覚運動的段階」と呼ばれる。この段階は、実際に物を扱いながら自分の運動を調節する時期であり、感覚と運動を用いて外界と相互作用することを通して、「ああしたら、こうなる」ことを学ぶ。この時期は6つの段階に分かれるが、1歳半ころから始まる最後の段階では、感覚運動的知能の完成と表象の発生がみられる。

次の2歳ころから始まる「前操作的（自己中心的）段階」のうち、その前半にあたる4歳頃までは「象徴的思考」が見られる。この時期は、感覚運動的シェマが内面化されてイメージが発生し、みたてて遊ぶ象徴的な遊びが盛んになる。しかし、この時期の子どもの言葉から推察できるのだが、個々のイメージは大人のそれとは違っていて、特殊から特殊に結びつく傾向がある。例えば、「（お茶碗が倒れて）イタイ、イタイと泣いている」という表現には転導推理があり、人が倒れて泣くことを無機物である茶碗にも当てはめている。

　また、4歳ころから始まる前操作的段階の後半には「直観的思考」が見られる。この時期の子どもの思考は、知覚した物の目だった側面に影響されやすい特徴がある。例えば、同じ数の碁石を上段と下段に横一列に等間隔で並べてどちらが多いかを判断させたとする。このような場合、上段、下段とも碁石の数は同じであるにもかかわらず、碁石と碁石の間隔を広くして、一方の末端からもう一方の末端までを長くした列の方を、子どもはより多いと判断する。

　さらに、7、8歳ころから始まる「具体的操作段階」では、自分が具体的に

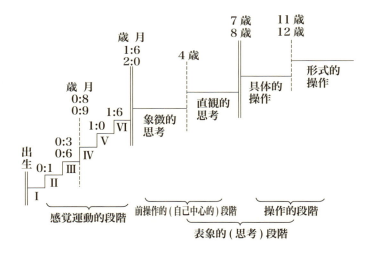

図1　ピアジェの発達段階説の図（岡本夏木・浜田寿美男著　1995　発達心理学入門．岩波書店．p.81を一部改変）

第1章　認知と情動の発達と本書の目的　9

理解できる範囲のものについては論理的に思考できるようになる。つまり、具体物がそこにあって、それを実際に操作できるのであれば、しっかりと論理的に思考できる。既に述べた碁石の課題であれば、端から端までの長さに惑わされないで、「同じ」と正しく言える。

さらに発達が進むとどうなるか。11、12歳ころから始まる「形式的操作段階」では、眼前にないことについても論理的に思考することが可能になる。つまり、形式的操作では具体的対象から離れて論理的形式によって推論する。そして、その推論に誤りがなければ、出された結論は正しいと確信する。このような思考は、数学の証明問題の解決にとどまらず、科学的方法の中心をなしている。

さて、このようなピアジェの発達理論の特徴は、ワロンと比較することでより明確になる。岡本・浜田（1995）によると、個体の知的能力の発達を重視し、外界への知的適応に発達の本来の姿が見られると考えたピアジェと違って、ワロンは対人関係性を前提として子どもが自分の外と内の世界をどのように作り上げていくのかをとらえようしたという。

また、岡本らは、ピアジェのような考えを「個体能力論」的視点に立つものであるとすれば、ワロンの考えは「関係論」的視点に立つものと考えた。つまり、ピアジェは知能の誕生を発生的に解明したが、その理論には情動的側面、自己と他者の関係、そしてコミュニケーションの側面は、位置づけられなかったと言える。

もちろん、ピアジェも感情と認知の相互作用を考えないで認知過程だけを考えたわけではなかった。その証拠に、ピアジェはすべての精神行為は2つの側面をもっており、知性は精神の構造を形成するのに対して、情意は精神的エネルギーの源泉であって、両者は異なる役割をもちながら併存していると考えている。また、ピアジェは「感情的調整」という言葉を用いており、それをエネルギー調整という意味で用いている。

しかし、ピアジェが認識を構造と見なし、感情をエネルギーとみるという考えに対して、中村（1983）は疑問視している。確かに、中村が言うように、感情は単なるエネルギーではない。むしろ、感情は認識とともに働くものであ

10

り、現実を反映する心理活動であるととらえるべきだろう。

1.3 エリクソンの個体発達分化の図式

　ピアジェと対照的な考え方をするのが精神分析学者のエリクソンである。エリクソン（Erikson, 1977）は、「子ども－人」という関係に注目し、生涯にわたる心の発達を図2に示すような個体発達分化の図式にまとめた。

　エリクソンは、図2に見られるように、人は乳児期から老年期にいたるまで各年代において解決しなければならないテーマ（主題）があると考えた。乳児期を例にあげれば、「基本的信頼感　対　不信感」がテーマとなる。つまり、乳児がこの時期の発達課題をどのように乗り越えるかは、その後の人生に影響すると考える。つまり、心の奥深いところで周囲の人々を信頼したり自己を信

		1	2	3	4	5	6	7	8
Ⅷ	老年期								自我統合 対 絶望
Ⅶ	中年期							世代性 対 停滞	
Ⅵ	成人初期						親密性 対 孤立		
Ⅴ	思春期 青年期					アイデンティティ 対 アイデンティティ 拡散			
Ⅳ	児童期				勤勉性 対 劣等感				
Ⅲ	幼児後期			自発性 対 罪悪感					
Ⅱ	幼児前期		自律 対 恥・疑惑						
Ⅰ	乳児期	基本的信頼感 対 不信感							

図2　エリクソンの個体発達分化の図式（エリクソン, E. H.　1977　仁科弥生（訳）幼児期と社会. 　1　みすず書房. p.351を一部改変）

頼したりするに足るものと映るか、信頼できないものと映るかは、次の発達段階における課題の取組みに強く影響する。

エリクソンは、このように特定の時期に発現する素因の存在を考えた（例えば、乳児期なら「基本的信頼感」）。また、それとともに、その発現を阻止する力も存在すると考えた（例えば、乳児期なら「不信感」）。そのいずれが現れるかは個体がおかれた条件の違いによって変わる。つまり、素因を発現させようとする力と阻止する力が働く。エリクソンはそのような力動的状況を「発達的危機」と呼んだのである。

それでは、何が素因の発現を促したり阻止したりするのだろうか。それは個体がおかれた様々な条件によるが、そのような条件を支配しているのは親自身のライフサイクルにおける危機的課題であったり、家族がおかれた歴史的・社会的な状況であったりする（鑪，2002）。家族の成員を個別に見ればその特性は様々なうえに、個々の成員は時期毎に異なる発達段階を推移していく。しかし、家族それ自体を有機体ととらえ、その発達に一定の法則性があるものとすれば、特定の時期に特定の成員（個体）に伝達されるパターンは家族とその成員との相互作用のなかで決まっていくことは理解できるところである。

さて、エリクソンの考えにはもう1つ重要な点がある。それは、発達的危機は重層的に積み重ねられる性質があるということである。例えば、児童期は乳児期から幼児期までの危機を絵の具で重層的に塗り重ねたかのように子どもの心的世界を暗い色彩で塗り込んでしまうのである。

エリクソンの図式は、人の生涯を視野に入れたうえでの階段状の発達観であることがわかる。また、鑪（2002）によれば、精神分析学者であるエリクソンは、フロイトの幼児期決定論を修正しているところがあり、幼児期の重要性は認めつつも、それ以降の段階も同等に重要なものと考えている。

さて、ピアジェの発達段階説が「子ども－物」の関係に注目したこととの比較で言えば、エリクソンの発達図式は明らかに「子ども－人」の関係に注目したものである。また、ピアジェの発達段階説が認識過程を重視したのに対して、エリクソンの発達図式は自己意識、他者意識を中心とした感情過程を反映した

12

ものと言えるだろう。

1.4 エリコニンの発達段階図式

　以上のように、人間の発達を認識的側面でとらえるか、感情的側面でとらえるか、に関してはピアジェとエリクソンは全く立場が異なるものであった。これに対して、ヴィゴツキーやワロンは、人格発達に関して認知的側面と感情的側面を統一的に理解しなければならないという立場をとった。しかも、ヴィゴツキーやワロンの考えには、認識と感情という双方の関係の変化を明らかにしなければならないとする卓越した洞察があった。

　このような考えを、さらに推し進めたのがロシアの発達心理学者であるエリコニンである。エリコニン (Erikonin, 1972) は、ヴィゴツキーの影響を受けて、人格発達を「活動の系」と「コミュニケーションの系」に分けてとらえた。活動の系では「技術ー操作的能力の発達」を、また、コミュニケーションの系では「欲求ー動機的分野の発達」を考えたのである。図3は、エリコニンが2つの系の発達について、その推移を示したものである。

　図3から明らかなように、子どもの欲求ー動機的分野が発達した後には、技術ー操作的能力の形成が行われることがわかる。また、その後には、欲求ー動機的分野が発達する時期が再度現れることを示している。区分された各段階には、段階毎に優勢になる系と背景に退く系が交互に入れ替わることが示されている。これは、人格の形成はこのような2つの系が統合されることで実現すると考えたからである。

　エリコニンは6段階に区分している。図3の原典では、児童期に続くものとして「少年期」という表現をしているが、ロシア語で「少年」というと12歳から16、17歳までをさしている。そのため、今日の日本では「青年期」とした方が理解しやすいので「少年期」を「青年期」という表現に変更した。各段階では次のような特徴がある。

① **乳児段階** 直接的な情動的接触が行われる時期であり、この時期はコミュニケーションの系が主導的活動になる段階である。
② **幼児段階** 対象操作の活動が活発になる時期で、活動の系が主導的となる。
③ **就学前段階** 役割遊びが活発になり、コミュニケーションが主導的活動となる時期である。
④ **低学年段階** 学習活動が活発になる時期で、活動の系が優勢になる。
⑤ **青年期前期段階** この時期は親密な人間関係を求める時期であり、コミュニケーションの系が優勢になる。
⑥ **青年期後期段階** 職業志向的活動が中心的になり、活動の系が優勢になる。

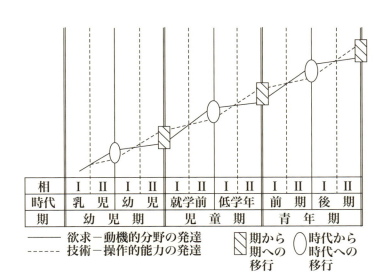

図3 エリコニンの発達段階図式 (エリコニン, D.B. 1972 柴田義松（訳） 子どもの精神発達の時期区分について．現代教育科学．171, p.131 より)

14

　さて、各段階では「主導的活動」という言葉が散見されるが、「主導的活動」とは何だろうか。「主導的活動」については、ロシアの心理学者であるレオンチェフが定義しているので、レオンチェフの考えにもとづいて主導的活動の意味を考えてみよう。レオンチェフ (1967) は、主導的活動には次のような3つの特徴があるという。

　まず、第1の特徴は、主導的活動の内部では、次に現れる新しい主導的活動が準備されていることである。つまり、新しい主導的活動は、それに先行した主導的活動から分化したものであることを意味している。例えば、就学前児は遊びながらも、遊びのなかでは次の段階で主要な活動になる学習が萌芽として既にあらわれていることを指している。また、レオンチェフは、すべての心理過程の形成は主導的な活動の中だけで生じると考えてはならないとしている。つまり、ある時点では主導的でない活動であっても、やがて主導的になる活動に対して影響を与える何らかの成分が芽生えている、と考えるのである。

　次に、主導的活動の第2の特徴は、主導的活動と非主導的活動で生じた成分が、全体のなかで再編成されることである。これは、次のような例があげられる。例えば、想像力は就学前期の主導的活動である役割遊びのなかで形成されるが、同じ時期の非主導的活動である絵本の読み聞かせでも育まれる。このようにして育まれた想像力に関わる成分が、全体としてより高い想像力を発達させることになる。

　第3の特徴は、主導的活動は特定の発達段階にある子どもの人格発達にもっとも直接的な影響を及ぼす活動であるという点である。つまり、主導的活動は、その段階の子どもの人格発達にもっとも直接的で主要な影響を及ぼす活動である。

　まとめてみよう。1つ目の特徴は、主導的活動は次の主導的活動を準備するものであること。2つ目の特徴は、主導的活動の誕生はそれ以前の主導的活動と非主導的活動で生じた成分が再編成されたものであること。そして、3つ目の特徴は、主導的活動はその段階の人格発達に直接的で主要な影響を及ぼすものである、と言える。

このようなエリコニンの発達段階図式の特徴や意義はどこにあるのだろうか。ピアジェの発達段階図式が認識の系、すなわち対象と主体の関係（活動）を重視した図式であったのに対し、エリクソンの発達段階図式は主体（自己）ともう1人の主体（他者）の関係（コミュニケーション）を重視した図式であった。このことを考えれば、高取（2005）が述べるように、エリコニンの発達段階図式はピアジェとエリクソンの考えを統合した図式と言えるだろう。

1.5 坂元が提起した発達図式

坂元（1976）は、ヴィゴツキーの考え、すなわち、発達は歴史的、社会的関係に影響を受けるとする考えを前提としながら、情動と認知が交絡しながら発達するという仮説を提起した。ここでは、その仮説について紹介したい。

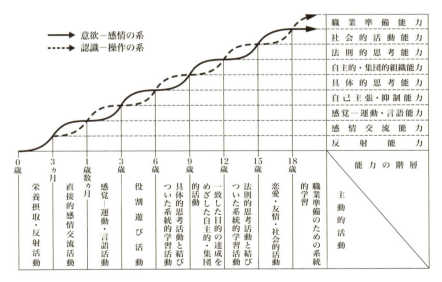

図4　坂元が提起した発達図式（坂元忠芳 1976 子どもの能力と学力．青木書店．p.128 より）

坂元は、心理形成においては、「意欲－感情の系」の発達と、「認識－操作の系」の発達があること、そして、それらが精神発達のそれぞれの時期において交替することで各時期の特質を規定する、という仮説を提示している。この考えは、エリコニンの考えに影響を受けたものである。

坂元は発達の各時期における認知と情動の関係を示すものとして、図4を提案している。図4には、発達の各段階で意欲－感情の系と認識－操作の系の発達が交互に主導的になることが示されている。また、一方が飛躍的に発達して優勢になる時期と、両方の系が近づいて比較的に均衡が保たれる時期があることが示されている。

坂元は、次のような時期区分をしながら、それぞれの時期の特徴を述べている。なお、ここで示す年齢は固定的なものではなく、社会的、歴史的諸条件によって変化するものであることは付け加えておく。

① **0歳から3か月**　吸う、飲みくだす、泣くなどの栄養摂取と反射活動が主導する時期。

② **3か月から1歳数か月**　快感と結びついて発達する感情とその直接的交流が主導的活動になる時期。

③ **1歳数か月から3歳くらいまで**　好奇心と結びついた様々な感覚－運動活動と言語活動が主導的になる時期。

④ **3歳から6歳まで**　自我意識の確立と役割遊びが主導的活動になる時期。

⑤ **6歳から9歳まで**　具体的思考活動と結びついた学校での系統的な学習活動が主導する時期。

⑥ **9歳から12歳まで**　一致した目的の達成をめざした自主的・集団的活動が主導的活動になる時期。

⑦ **12歳から15歳まで**　中学時代の抽象的・法則的思考活動と結びついた系統的学習活動が主導的になる時期。

⑧ **15歳から18歳まで**　青年期に固有の感情・意欲に支えられた恋愛・

友情・社会的活動が主導的活動になる時期。

⑨ **18歳以降** 職業準備のための理論的・実践的・系統的学習活動が主導的になる時期。

坂元は、自身の仮説を「大胆な仮説」と述べている。本人によって仮説が「大胆」と表現されたのは、仮説を裏付けるに足るような十分な研究が当時にはなかったことによるものと思われる。坂元の仮説は30年以上も前に提起されたものである。当時は認知研究が盛んであったのとは対照的に、情動に関する研究は少なく、情動についての基礎研究が不十分であったという事情があることをつけ加えておく。

30年前と今日の違いは、情動についての研究が進んだことである。近年のパーソナリティの発達に関する研究では、情動と認知は相互に影響しあうことが明らかになりつつある。このような段階で、われわれがなすべきことは、情動に関する近年の成果にもとづきながら、丁寧に従来の研究成果を整理し、まとめることである。このような基礎的な作業を積み重ねた後に、全体を俯瞰して、人間の生涯発達がどのような形で進むのかを明らかにすることである。

1.6 本書の目的について

エリコニンや坂元が考えた情動と認知の間に交絡的な発達があるとする仮説は、認知機能に片寄りがちであった研究動向のなかで、多くの心理学研究者に情動機能の発達にも注目させた点で大きな意義があったと言える。

今日、認知と情動の関係や、その変化を見ていくことは、益々重要なものになっている。なぜならば、認知と情動の乖離や情動発達を軽視するところからくる問題は急速に広がっているからである。早期教育の必要性が叫ばれ、少なくない親がその影響を受けて子育て競争に駆り立てられている。また、経済協力開発機構（OECD）による国際的な学習到達度調査（PISA調査）で日本の子どもが急激な順位の低下を示したことが問題にされたが、それ以上に深刻な

問題として浮かび上がったのは、子ども達に学びからの逃走が認められたことであった。

さらに、オウム真理教が引き起こしたサリン事件に典型的に見られたように、高度な教育を修めたにもかかわらず社会的規範の獲得がまったく出来ていない若い信徒が引き起こした事件があった。これらの問題は、現代の日本社会がおかれている歴史的、文化的な諸条件と深く関係する問題であることは言うまでもない。

したがって、本書で行おうとしている認知と情動についての検討が、現代日本の社会が抱える様々な教育問題の解決する糸口を見つけるものになれば、と考えている。本書は心理学に基盤をおきつつ、以下のような目的をもって論述することとした。

第1に、発達の各段階における認知と情動の発達に関してこれまでの研究成果を整理し、両者の関係を明らかにすることである。これはエリコニンや坂元が提示した仮説の妥当性を検証する以前の課題として、具体的な研究の成果を整理することが求められていると考えたからである。

第2に、本書で特に重視したことは、現代日本が抱える教育問題をはじめとして顕在化している問題をも検討の対象とすることである。これは、そうすることによって認知と情動の関係についての検討が、研究の範囲を越えて、我々の生活や社会の在り方を見直す機会になれば、と考えたからである。

第3に、本書は誕生から成人期後期までを検討の対象としており、生涯発達の視点で認知と情動の発達的変化をとらえることである。坂元の発達図式では成人期に関して明確でなかったが、それは当時の成人期研究が十分でなかったことによる。この点、今日では未だ十分とは言えないが、成人期研究が進んだことで認知と情動の発達に関して、この時期固有の課題が姿をあらわすようになってきたと言える。

なお、本書の各章は、定型発達児を想定した年齢で分けているが、個人差があるので、あくまでも目安と考えていただきたい。また、各章では認知に関する節と情動に関する節を分けているが、両者が緊密に関係していることについ

ては本文のなかで、できる限り明確にしていきたいと考えている。

この章のまとめ

　ピアジェやエリクソンなど、従来まで提起された主要な発達仮説は、認知か情動のいずれかを重視したものであった。しかし、エリコニンや坂元が提起した仮説では、発達は認知と情動が相互に影響し合うなかで進行していくことを重視したものである。

　本書はエリコニンや坂元の考えにもとづき、次の３つの目的をもって論を進めた。１つ目は、発達の各段階における認知と情動の発達に関してこれまでの研究成果を整理し、両者の関係を明らかにすることである。２つ目は、現代日本が抱える教育問題をはじめとして顕在化している問題を認知と情動の問題として検討することである。３つ目は、生涯発達の視点で認知と情動の発達的変化をとらえることである。

第 2 章

新生児から 2 か月児まで

　誕生から 1 か月までの新生児期には、運動や姿勢において、いろいろな原始反射が見られる。しかし、このような原始反射も、反射の種類によっては時期に違いがあるが、やがて消えていく。このような反射の消失は、身体各部の運動が、反射的なものから徐々に随意的な運動へと移行していくことを意味している。

　また、誕生後に大きく変化するのは、覚醒と睡眠のパターンである。生後 1 か月ころまでは、1 日の大半は眠って過ごし、空腹になると目覚め、乳を飲ませてもらってはまた眠る、というパターンを繰り返す。しかし、誕生後 3 か月目に近づくと、睡眠と覚醒のパターンが周期的になるとともに、昼間に目覚めている単位は 2 時間近くになり、物を見たり、音を聞いたり、手足を動かしたりして、夜間は 8 時間以上の睡眠が続くようになる。

　本章では、このような誕生したばかりの新生児から 2 か月児までの赤ちゃんに焦点をあて、認知と情動の発達をみていくことにする。認知については、視覚機能の発達、特に顔に対する反応の変化を中心に見ていくことにする。また、情動については、微笑や泣く行為の変化について見ていくことにする。

2.1 認知の発達

視覚機能の発達を中心として

　乳児は外界をどのようにとらえているのだろうか。ここでは、視覚機能を中心に考えてみることにしたい。

　まず、生まれたばかりの赤ちゃんの視力について考えてみたい。生まれて間もない赤ちゃんの視力は未熟で、視力は 0.01 程度と言われている。これは、ちょうど抱いてくれる人の顔に焦点が合うくらいであり、その辺りが見える程度である。誕生してから 3 か月が経った赤ちゃんでもよく目立つ刺激にしか反応できないという特徴があるが、これは視力が十分に発達していないことと関係している。

　しかし、赤ちゃんの視覚に関しては、興味深いことが明らかにされている。それは赤ちゃんが人の顔に対して特別な反応をするということである。それは生まれたばかりの赤ちゃんを対象としたファンツ (Fantz, 1961) の実験で明らかにされた。実験では 3 種類の刺激が用意された。1 つ目は、顔の輪郭を示した縦長の楕円形の枠内に黒色で目や鼻や口を表した刺激であり、人の顔を表している。2 つ目は、外形（輪郭）は同じであるが顔を構成する個々の要素（目や口など）を無秩序に配置した刺激であって、人の顔には見えないものである。そして、3 つ目は、外形が同じでも上部は黒で下部は白で塗り分けられた刺激（黒と白の比率は 3 刺激とも同一）、を提示した。実験の結果、1 つ目の刺激である人の顔を表した図形に対して注視時間が長くなることが認められた。この結果は、人間の赤ちゃんは人の顔を特別な対象として見る傾向が備わっていることを明らかにしたのである。

　確かに、生まれたばかりの赤ちゃんでも人の顔に好んで目を向ける。それは人の顔のどのような特徴に反応しているのだろうか。ファローニら (Farroni, Johnson, Menon, Zulian, Faraguna, & Csibra, 2005) の研究はその問いに答える手がかりになるものである。

実験に用いた刺激は、2つの目と1つの口からなる顔の略画と顔写真であった。顔の略画には、正立した顔の略画と、全く顔らしくない略画（顔の下部に2つの目を、上部に口を描くというように上下逆転して配置したもの）を対にして呈示した。また、顔写真に関しても、正立した普通の顔写真と、口と目の位置が上下逆転した顔らしさを欠く加工写真を対呈示した。実験の結果、新生児が顔の特徴をもつ正立した顔の略画や顔写真を有意に長く注視するのが確認できたのは、両目と口の辺りが顔の他の部分よりも黒っぽくなっているときであった。つまり、新生児が人の顔に好んで目を向けるのは、目と口に対応する3部分が黒っぽくなっていて、顔の他の部分よりも明暗がはっきりしたパターンに反応していたと言える。

　ファローニらの結果は、赤ちゃんは顔の部分的な特徴よりも全体的特徴を注目していることを示したと言える。それでは、新生児は刺激の全体的特徴には反応するが、部分的な形状には注目できないのだろうか。

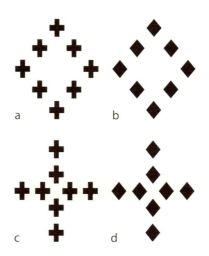

図5　マッチカシアらが用いた刺激（Macchi Cassia,V., Simon, F., Miliani,I., & Umilta, C. 2002 Dominance of global visual properties at birth. Journal of Experimental Psychology: General, 131, p401 より）　刺激は十字と菱形を用いて部分と全体を構成する4パターンがある。部分刺激は十字も菱形も横3cm、縦3.6cm。全体では横16cm、縦19.2cmになる。2刺激を対呈示する時は、8cmの間隔をおく。

マッチカッシアら（Macchi Cassia, Simon, Miliani, & Umilta, 2002）の研究によれば、新生児は顔以外の刺激に対しても、全体的特徴だけでなく局所的特徴にも注目していることを明らかにした。実験には、図5に示したような十字と菱形を使って全体と部分を構成した4つの図形が用いられた。実験は、まず、赤ちゃんにある図形を飽きるまで見せておいたうえで別の図形を呈示したのである。例えば、aの図を飽きるまで見させておいて、aに飽きて注視しなくなった時点で、bの図を見せたのである。すると、bの図形の部分がもつ新奇性に反応してbを注視した。同じく、cの図を何回も呈示しておいて慣れて注視しなくなった時点でdの図を呈示すると注視反応が回復したのである。これらの結果は、赤ちゃんでも部分的な形状の変化を見分けていることを示している。

それでは、赤ちゃんは全体的な形と部分的な形のどちらに強く反応するのだろうか。実験ではcの図を何回も呈示して馴れて注視しなくなったところで、aとdの図を左右に並べて呈示した。その結果、部分が変化したdの図よりも、全体が変化したaの図の方に対してより長い注視反応を示した。このことから、赤ちゃんでも大人と同じように部分よりも全体的な形により注目していることがわかったのである。

実際の顔の識別ということでも、局所的な形よりも全体的な形の特徴は大事なようである。生後1か月ころの赤ちゃんには顔の輪郭や髪型が大事な手がかりになるようである。その証拠に、スカーフなどで母親の髪や頭部を覆うと識別できなくなる。

また、生後1か月になると、赤ちゃんは色のコントラストが強い部分（赤と白が接合する部分など）を見る傾向が強い。そのため、赤ちゃんに色鮮やかなガラガラを提示してやると、ジッとそれを見る。しかし、そのガラガラを少し動かすと目を追って見ることはできない。これは、赤ちゃんは未だ物の動きがとらえられないからである。

この頃の赤ちゃんに、舌を出した人の顔を描いた絵を見せると、絵と同じように自分も舌を出す。このような反応は生後1か月でも見られ、生後2か月でピークを迎える。これは赤ちゃんが顔の表情を意図的に模倣したのではない。

むしろ、それは感情の働きを含む全感覚的な同調動作が赤ちゃんと顔の絵の間で生じた結果と言えるだろう。

しかし、2か月を過ぎると、対象をしばらく注視し、動く物を両目で追うようになる。そして、あやしてくれる人と視線が合うと、笑いあえるようになる。しかし、この時期の視線の動きは未だ力がなく、うつろであり、何かをしっかりと注視しているという様子は感じられない。

さらに、3か月ころになると、面と向かった相手の顔の中でも、よく動く目や口元をよく見るようになる。また、名前を呼ばれたり話しかけられたりすると喜ぶ。さらに、この頃になるとガラガラを上下左右に動かしても、しっかりと目で追えるようになる。

このように、物の動きがわかるのは2、3か月頃からである。このことは、赤ちゃんの左右の視野に「動いているもの」と「静止しているもの」を提示して、どちらをよく注視するかを第三者に判断させた研究から知ることができる。その研究によると、「動いているもの」をよく見ることが明らかになっている（Aslin & Shea, 1990）。

また、色の区別に関しても、2か月ころから区別できるようになり始める。そして、4か月になると青色系も含めて、さまざまな色の区別が可能になる（Suttle, Banks, & Graf, 2002）。

このように視覚機能の発達をみると、誕生から3か月までの間に、視覚機能は着実に発達していることがわかる。しかし、それはまだ十分なものと言えるものではない。なぜならば、この時期の視覚機能は「刺激のなかでも、よく目立つものに反応する」という域を出ないからである。この点では次節で述べる生後4か月を境とした発達にはめざましいものがある。

さて、ここまでは視覚機能について述べてきたが、聴覚機能について簡単に述べておく。聴覚に関しては、既に妊娠5か月目のころから胎児は振動として伝わった音を母親のお腹の中で聞いている。そのことが可能なのは、聴覚に関する末梢の受容器の構造が既に胎児期にできあがっているからである。

このことは、母親のお腹のなかにいる胎児では、光で伝わる視覚よりも音で

伝わる聴覚の方が早くから働いていることを示している。そのため、誕生後も他の人の声に比べて母親の声を好み、不安な時でもその声を聞くと安心する。また、いろいろな音のなかでも、新生児は特に高く響く音にはよく反応する。

聴覚の末梢受容器は胎児期にできあがっていると述べたが、皮質につながる経路の連絡は未だ十分ではない。聴覚的能力が大人のレベルに達するには長い年月が必要であり、聴覚は7歳から10歳ころまで発達し続ける。ただし、言語音の学習やコミュニケーションへの興味は、生後1年までが極めて重要である。その意味でも、この時期における養育者からの言語的働きかけは、子どもの言語や社会性を育むうえで欠かすことができないものである。

複数の感覚入力が反応を促進する効果

ここまで視覚を中心に述べてきたが、この時期にはもう1つの特徴がある。それは、視覚や聴覚や触覚などの感覚が相互に協応して働く、という点である。これは、例えば視覚刺激が単独で与えられるよりも、聴覚刺激と同期して与えた方が赤ちゃんには分かりやすい、ということを意味している。

生後2日目の新生児で確認されたことであるが、視覚と聴覚を同期させるにしても、赤ちゃんが見ているか見ていないにかかわらず音刺激を同期させる条件よりも、赤ちゃんが視覚刺激を見たときにだけ音を呈示する条件の方が両刺激の結びつきをよく理解することが明らかになった（Slater, Quin, Brown, & Hays, 1999)。このような結果は、時間的に一致する複数の感覚刺激の処理は、発達のかなり早い段階から認められることを示している。

しかし、このような事実について、赤ちゃんには高次機能である感覚を統合する働きがあると言えるのだろうか。マウラーとモンドロック（Maurer & Mondloch, 2004) は、赤ちゃんの場合は大人で言われるような複数の感覚情報を統合的に処理できるとは考えていない。赤ちゃんには感覚間の協応を可能にする力があるようにみえるが、むしろ、それは異なる感覚の入力を区別できないために起こると考えた。つまり、ある刺激によって別の種類の感覚が喚起される「共感覚」に似たものであると考えられた。

このような共感覚は希に成人でも見られる。音を音として感じるのは、成人においては個々の感覚情報は脳内の聴覚に特殊化された領域で処理されているからである。それに対して、新生児で見られる複数の感覚が協応して働く現象は、視覚は視覚皮質だけが、聴覚は聴覚皮質だけが働くというよりも、脳全体が活性化されたことによる（Johnson,1997）。つまり、複数の感覚刺激が同期した時に生じる新生児の反応は、異なる感覚入力を区別できず、混じり合っているところからくるものであり、脳機能の未分化を反映したもの言えるだろう。

しかし、脳機能が未分化な状態から、特定の刺激にふさわしい感覚系がどのように分化して働くようになるのだろうか。それは、発達の早い段階で備わっている感覚系（例えば聴覚）の情報を手がかりにして、それよりも遅れて働きだす感覚系（例えば視覚）の情報が関係づけられるからだろう。

例えば、こうである。新生児の右か左の耳元で音を鳴らすとする。そうすれば、新生児は音の出た方向に目を向けるだろう。この時、音を呈示した側に、それと同期して視覚刺激を呈示することを繰り返せば、やがて視覚刺激を呈示するだけでもそちらを見るようになる。これは、音への定位を土台にして、音と同時に与えられた視覚刺激に気づくことを示している。

それでは、感覚間の情報統合は、その後はどのように進行するのだろうか。和田（2008）は次のようなプロセスを考えている。すなわち、発達に伴い、皮質間の結合は抑制され、ある感覚とそれ以外の感覚の間の相互作用は一旦減少する。そして、生後半年目以降は乳児の脳は皮質ごとに機能分化するという。そして、このような各種の感覚情報に機能分化した皮質が働くようになった段階で、最終的には皮質間の結合と学習によって、複数の感覚情報が再び結合されるという。

しかし、人の顔と声の関係づけに関しては、もっと早くからできるようであり、3か月ころには可能になるようである。ブルックスら（Brookes Slater, Quinn, Lewkowicz, Hays, & Brown, 2001）は、はじめに人の顔と声を組み合わせた2名分の刺激を交互に繰り返して呈示した。そして、これらの顔と声をセットにした刺激に注視しなくなったところで、2名の人の顔と声の組み合わせを

入れ換えて呈示したのである。その結果、2か月児は刺激の変化に気づかないが、3か月以降の赤ちゃんでは注視（定位反応）が回復したのである。これは3か月児では、それまでに提示されていた顔と声の組み合わせとは違ったものであることに気づいていることを示している。

2.2　情動の発達

微笑の変化

　情動機能に関しても、認知機能の発達と同様に、反射的、生理的なものから社会的なものへの変化がみられる。そのことは微笑の変化をみても明らかである。赤ちゃんの微笑は生後数時間でも見られるが、このような微笑は生理的には快状態にあることを示すものである。そのため、このような微笑は「生理的（自発的）微笑」と呼ばれる。

　その後、生後3週間ごろになると、赤ちゃんは音や光の変化に対して微笑むようになる。これは「誘発的微笑」と呼ばれる。このような微笑は刺激の作用で引き起こされた神経の興奮によるもので、刺激の意味を理解したうえで生じた喜びではない。そのため、スロウフェ（Sroufe, 1996）は、このような微笑反応を前情動的反応と呼んだ。

　このような微笑はまだ情動反応とは言えないが、後に、養育者との間で行われる情動の交流にとって大切なものとなる。なぜならば、このような赤ちゃんの微笑と、それを引き出そうとする大人との相互作用は、やがて赤ちゃんが他者との間で＜安心感＞にもとづく人間関係の基本を形成する土台となるからである。このような人間関係の基本パターンが形成されることがないと、快情動を感じるどころか、他者に対して＜脅え＞や＜恐怖心＞を抱きやすくなる。

　さて、赤ちゃんが誕生してから1か月くらいが経過したころはどうだろうか。この時期の赤ちゃんは、親の語りかけに微笑むことがある。親は、それをとらえて自分に微笑み返してくれたと大喜びをする。しかし、それは大人を意識して微笑んだとは言えないことが多い。しかし、大人が赤ちゃんの微笑みを期待

しながら繰り返し行う笑顔を伴った働きかけは、やがて赤ちゃんの側にもあやしてくれる大人を意識した微笑みを生じさせることはあるだろう。

　生後1か月半から2か月ころになると、人の顔を見て自発的に微笑むようになる。このような微笑は社会的交渉の意味をもつものであり、「社会的微笑」と呼ばれている。この頃は、黙って顔を見せるだけでも微笑むが、あやしてやると一層よく笑う。赤ちゃんが大人と目を合わせて微笑むようになるこの時期は、親にとって「初めて心が通じ合った」という印象を強く感じさせる。しかし、赤ちゃんにしてみれば、親が感じるような印象、つまり「心が通じ合った」という印象をもつのだろうか。残念ながら、赤ちゃんはそのようには感じないだろう。なぜならば、生後4、5か月ころまでは母子が一体化した共生状態にあり、この時期の微笑も自己と他者を区別したものではないからである。

　さらに、3か月ころになると、赤ちゃんの微笑に変化があらわれる。認知機能の発達に関連して既に述べたが、3か月ころになると人の顔と声をマッチングできるようになる。このことと並行した変化があらわれる。それは、大人が顔を見せると、それだけで手足をバタバタさせて声を出して笑う「おはしゃぎ反応」が見られることである。あやされると自分から声を出して微笑むようになる。このようにして赤ちゃんは周囲の人と響きあい、感覚と情動を通したやり取りを活発にする。

　このような微笑は、覚醒時間を延長させる働きをもつ。また、それだけにとどまらず、外界にある人や物に対して注意を促すものとなる。さらに、それ以上に重要な働きがある。それは、赤ちゃんにとって「大人と一緒にいることは楽しいこと」と感じさせるものとなる。大人は赤ちゃんの不快を快に変えてくれるし、自分では自由にならない姿勢を変えてくれる。また、新しい環境に連れ出してくれるし、幸せな心地よい気分をもたらしてくれるものとなる。赤ちゃんにとってこのような認識こそが重要ではないだろうか。なぜならば、一人では生きていけない人間の赤ちゃんは、この世の案内人として大人を求めなければならない存在だからである。

泣く行為の変化

　反射的なものから社会的なものへの変化は、泣く行為にも見られる。ここでは、泣く行為の変化についてみてみることにする。

　まず、生後間もないころは、お腹がすいた等の欲求や、おしめが濡れて不快なことを知らせるために興奮して泣く様子が見られる。また、生まれて間もない赤ちゃんは、他児が泣いているのに影響されて泣き出すことがある。これは「情動伝染」と言われる現象であり、反射に近いものととらえられる。

　また、1か月前後の赤ちゃんは、寝ている時に音に反応して泣いたりする。この時期の赤ちゃんが泣いている理由について、養育者にはよく理解できないことが多い。しかし、泣く背景には赤ちゃんの何らかの欲求があったり、生理的な不快が原因となったりしている場合が多い。

　それが2か月ころにもなると、寝たくないのに寝かせつけられるとか、傍で世話をしていた人がいなくなるなど、泣き出した原因が推測できるようになる。そのような場合は、養育者が赤ちゃんの欲求に応えてやったり、赤ちゃんが不快になっている原因を推察して取り除いてやったりすると泣き止む。それでも泣きやまなければ、抱き上げて撫でたり、ゆすったり、声をかけたりする。大人から与えられるいろいろな刺激のなかでも、抱いたり撫でたりするなどの皮膚を通した接触（触覚刺激）がネガティブな情動を静めるうえで有効である。

　さらに、3か月ころになると、赤ちゃんは自分の両手を触れ合わせて遊ぶことができるようになり、機嫌が良いことが多くなる。機嫌が悪くなっても、大人があやしてやれば、あやしてくれる大人をじっと見たり、呼びかけに敏感に反応したりする。しかし、泣いている原因が明確でないことがあり、特定の出来事との関連でなぜ泣いているのかが必ずしも明確でないことがある。

　赤ちゃんの側からすれば、常に慰撫してもらえるとは限らないが、泣き声をあげれば大人の注意をひき、なだめてくれることに気づくようになる。そして、赤ちゃんは自分が泣くことで大人からの反応を得られることを期待するようになる。つまり、否定的な情動が喚起されて泣くという側面から、養育者を求め

ての泣くという行為が現われてくる。

　このような赤ちゃんの泣く行為は、養育者にどのような影響を及ぼすのだろうか。赤ちゃんが泣くという行為は、育てる側にも少なからず不快な情動を引き起こす。ましてや、赤ちゃんが「火がついたように泣く」のであれば、親は慌てふためいて動揺するだろうし、一刻も早く赤ちゃんの泣く行為を終わらせたいと思うだろう。このことからも明らかなように、赤ちゃんの泣くという行為には、その欲求に応える反応を大人から確実に引き出す働きがある。

　このように、泣くという手段を使って赤ちゃん自身の欲求を大人にさせるのであるが、赤ちゃんは他者の情動を理解していると言えるのだろうか。赤ちゃんは母親の幸せ、悲しみ、怒りを識別しているかのように見える。母親の情動状態の違いによって赤ちゃんは異なる反応をするし、生後2、3か月児は親の声のトーンに異なる反応もする。しかし、この時点では赤ちゃんは個々の情動が意味するものを理解しているとは言えないのである。

　同じことは、赤ちゃんが自己の情動に気づくことについても言える。赤ちゃんにとって自己と他者は渾然一体となったものである。そのため、赤ちゃんには泣くことが＜悲しみ＞とか＜苦しみ＞などという自己のネガティブな情動を反映したものとしては必ずしも映っていないのである。

この時期にみられる情動とその調整
　さて、新生児期に見られる情動にはどのようなものがあるのだろうか。ブリッジス（Bridges, 1932）は、行動観察の結果から、新生児は未分化な＜興奮＞を示すだけだと考えた。しかし、この考えには疑問が出されるようになった。なぜならば、ブリッジスが行った研究は新生児の視覚にもとづいた行動を観察していたのであるが、新生児は視力が低くて対象が必ずしもよく見えていないことを考慮していなかったからである。

　この問題を克服するため、ローゼンシュタインとオスター（Rosenstein & Oster, 1988）は、味覚を使った情動の研究を行った。彼らは新生児の口に少量ずつ、ショ糖（甘味）、クエン酸（酸味）、キニーネ（苦味）を垂らして観察

第2章　新生児から2か月児まで　31

をしたのである。その結果、新生児はショ糖には笑みを見せて吸うしぐさをした。また、キニーネには口を曲げて吐き出すようにしたのである。このことから、生後間もない段階でも赤ちゃんには快や不快な情動があることを明らかにしたのである。

　また、ルイス（Lewis, 1993）は、誕生時には既に＜充足＞や＜興味＞という快情動とともに、＜苦痛＞という不快情動をもっているという。そして、このような快と不快という双極構造をもった情動が、これ以降に発現する情動の原型となる「原初的情動」であると考えたのである。

　それでは、情動の調整に関してはどのような変化が見られるのだろうか。赤ちゃんは、誕生して間もないころは、生理的な状態の変化を反映して、激しい情動の変化にさらされている。このような赤ちゃんの情動は、養育者が代行してくれるなだめる行為によって調節されることになる。つまり、発達の早い段階では、赤ちゃんの情動の調整は養育者に依存するところが大きい。

　したがって、養育者が行う情動調整のレパートリーがどれだけ多いか、また、その場に相応しいものかどうかということが、赤ちゃんの情動調整の発達に影響する。母親がする情動の調整にはいろいろある。例えば、苦痛を与える出来事から赤ちゃんの注意をそらす、その場から待避する以外にも、養育者の顔の表情や声の調子によって、「それは怖がるものではないこと」を知らせることもある。ここで興味深いのは、このような支援が受けられた子どものその後の発達である。親から情動調整のサポートを受けたられ子どもは、18か月の時点で欲求不満に陥る事態に直面しても、欲求不満から自分自身の気を逸らして問題解決にあたることができたのである（Calkins & Johnson, 1998）。

　このことは視点を変えれば、親からそのような支援が受けられない子どもの場合は深刻な重荷を背負ってしまうことが予想される。つまり、人生の早い段階から情動調整に困難を抱え込んでしまう可能性が高いということである。しかし、このような情動の調整は、養育者の働きかけに全面的に依存しているわけではないことは留意しておかなければならない。それは、赤ちゃん自身が情動の調整で能動的な役割をしていることが明らかになってきたからである。

フォーゲル（Fogel, 1982）によると、養育者との間で生じる乳児の「目そらし」や「見つめ」という情動的なやり取りは、覚醒の調節という面からみると、大人から受ける刺激を赤ちゃん自身が適度に調節しているというのである。

　このことは、コップ（Kopp, 1989）の観察でも、苦痛が生じる場面で赤ちゃん自身が情動を調整することを明らかにしている。それによると、赤ちゃんは養育者によってなだめられたり、環境を調整してもらったりする形で、一方的に大人から苦痛を低減してもらうばかりではないということ、また、赤ちゃん自身が思いがけずに行った偶発的な行動をきっかけにして情動を調整すること、を明らかにしている。偶発的な行動とは、指を吸う、頭を回す、視線を移動させる、などである。そして、赤ちゃんが行った何らかの偶発的な行動がたまたま苦痛の低減につながれば、赤ちゃんには自己効力感が蓄積されることになる。つまり、このような偶発的に行った行動が情動調整に成功すれば、情動調整のレパートリーに加えられることになる。

　また、情動の調整でより重要なことは、赤ちゃんと養育者の間で行われる情動のやりとりである。「乳児ー人」という二項関係は生後2か月頃にはあらわれる。この2者間で行われる情動の調整が、やがて子ども自身が行う情動の調整に移行していくのである。

　しかし、赤ちゃん自身がする情動調整は、それほど簡単に進むものではない。例えば、赤ちゃんが母親に抱っこされている限りでは問題はないが、やがて近所の人達が周りに多く集まって来ればどうだろうか。皆に抱っこされたり、声をかけられたりする赤ちゃんは多くの刺激にさらされることになる。母親の胸に顔を埋める形で自らの覚醒を調節できれば問題はないが、できない場合もある。このような場面で、養育者に求められる配慮が必要である。それは、赤ちゃんの様子に敏感に気づいてやれること、そして、赤ちゃんを静かな所に連れて行ってやること、などの気遣いをすることだろう。このような配慮が受けられた赤ちゃんは、やがて自分が移動できるようになったときには自分を無理のない状況に身を置くことができるのだろう。

情動調整に関わる現代の子育ての危機

　赤ちゃんが示す微妙な情動の変化に気づけるかどうか、また、赤ちゃんの情動の変化に対応できるかどうかは、養育者に求められる重要な課題である。なぜならば、赤ちゃんの情動の変化にうまく対応してやることが、生育の過程で赤ちゃん自身が自分の情動を調整する力を獲得するうえで大切だからである。

　また、普段は気づかないが、赤ちゃんの情動に合わせて行う養育者の話しかけも大切である。ここでいう養育者の話しかけとは、乳児が何らかの情動を表出したときに、その子どもの気持ちを代弁するかのような形で養育者の口から自然と出る言葉である。例えば、「もう眠いねえ」や「お腹空いたねえ」などの言葉である。このような親からの心のこもった話しかけは、赤ちゃんの関心を引きつけるだけにとどまらず、赤ちゃん自身の情動がしっかりと養育者に受けとめられているという安心感を与えるものである。

　これとは逆に、母親が無表情で子どもの養育にかかわったらどうなるだろうか。マレーとトレヴァーセン（Murray & Trevarthen, 1985）は、生後1か月半から3か月の乳児に対して、母子間の相互交流が2つの条件で中断された時の子どもの反応を観察した。1つ目の条件は、母子間のかかわりが行われていたところに、実験者が一定時間母親に話しかけるという自然な中断をするというものである。一方、もう1つの条件は、普段の母子間のかかわりをしているところで、実験者の合図で母親が無表情になるというもので、不自然な中断が入れられる。観察の結果、母親が無表情にかかわった条件では赤ちゃんに多様なストレス反応が多く見られた。つまり、目をそらせたり、眉をしかめたり、指しゃぶりをする他に、自分の服や顔を手で触ったりしたのである。

　このようなマレーらの研究は、母親から愛情あふれるケアが受けられず、ネグレクトの状態が続けば、子どもにどれほど強いストレスを与えるものになるかを示すものである。そのような場合は、子どもの情動的エネルギーは発散されずに、抑うつ、無表情、行動の調節困難、などの形となってあらわれやすい。つまり、発達の歪みをもたらす危険性がある。同様な例として、抑うつ症の親

に育てられた子どもがあげられる。この場合も、親は子どもの養育に積極的にかかわらないことから、子どもの情緒面にいろいろな問題があらわれる。

　ネグレクトや虐待とまではいかなくても、子どものニーズに適切に応えられない状況は現代社会ではますます増えているのではないだろうか。なぜならば、核家族化が進み、地域における繋がりの希薄化によって、育てる側が孤立し、周囲から何の支援も受けられない状況が進んでいるからである。また、母親の育児ノイローゼが増え、近年では母親の産後の抑うつが問題になっている。現代社会が抱える諸問題が母子間の協応の問題にまで影響していかないか、気がかりなところである。

　赤ちゃんが示す行動から、その背後にある情動に気づいてやり、養育者が応答してやることを「情動調律」と呼んでいる。このような養育者の「情動調律」によって、赤ちゃんは自分の情動や意図が理解されていることを知り、気持ちが通じ合えたことで安心感を得る。しかし、うまくいかないケースもある。母親が抑うつ状態にあったとすれば、赤ちゃんの情動に気づいてやることはできない。これは赤ちゃんの情動発達に決して好ましいものとは言えない。

　さて、現代においては子育てに関する不安は、かつてよりも高くなっているのではないだろうか。かつてのように三世代同居できょうだいの数も多かったころは、ほとんどの子どもは自分の兄や姉の子どもの世話をするという経験があった。しかし、今はそのような経験をすることは稀で、「生まれて初めて抱いた赤ちゃんは自分の子ども」ということも少なくない。赤ちゃんと接する機会がかつてよりも少なくなったという点でみても、母親になることへの不安はかつてよりも高いと思われる。

　母親の不安な状況が長く続けば、母親のみならず、子どもにも悪影響を及ぼすものとなる。母親が不安な状態にあると、赤ちゃんにゆったりと接することができない。それだけではない。母親は自分のことを「子どものニーズに応えられないダメな母親」と思い込み、自分を責めるようになる。こうなると子育てが楽しいものとは思えなくなり、抑うつ的になってしまう。

　このような母親の変化は、子どもに敏感に察知される。それは赤ちゃんが感

じる不快な情動が母親によってなぐさめられないからである。このような悪循環に母子が巻き込まれると、エリクソンが危惧した発達の危機に陥ってしまう。すなわち、子どもは人生の初めの段階で心の深いところに<不信感>を溜め込み、やがて周囲の人々に対して安心感がもてず、自分にも信頼感がもてないことになる。それだけではない。成人してからも、自分がそのような状態にあることを容易に言語化できない苦しみを負い続けなければならない。

　その意味でも、発達の早い時期から周囲の大人から情愛に満ちた支援を受けることが重要である。もし、そのような支援が受けられなければ、子ども達の苦難は誕生後間もない時期から始まることになる。なぜならば、赤ちゃんが自身の心をつくっていくためには相手を必要とするし、お互いが発する信号を読み取ろうとする心の通い合いのなかで心がつくられるからである。

　なお、母親の不安やストレスに関して言えば、妊娠期のそれも胎児に与える悪影響は大きいことは忘れてはならないだろう。それは、妊娠期の母親のストレスは過剰なストレスホルモンの放出につながるし、胎児においてはストレス反応の調節不全をもたらすからである（O'connor, Heron, Golding, Beveridge, & Glover, 2002）。そして、結果的に情動調節の困難によって多動や注意障害になることがあるからである。

この章のまとめ

　生後1か月半から2か月ころには社会的微笑が観察されるとともに、泣くことで自らの欲求を伝えることが認められた。それは、赤ちゃんが情動機能を使いながら養育者に自己の欲求を伝え、子育てに巻き込んでいく姿を示している。一方、認知という面では、はじめは未熟な視覚機能しかもたなかった赤ちゃんではあるが、人の顔に対しては特別な注意を払うべきセンターととらえる準備状態ができる。このような誕生後間もない時期の赤ちゃんの認知と情動の検討から、情動機能が自己の要求を伝え、養育者を子育てに巻き込んでいくうえでいかに大事であるかが示された。

第3章

3か月児から5か月児まで

　坂元（1976）は、3か月から1歳数か月までを1つのまとまりのある段階としてとらえ、この段階を「快感と結びついて発達する感情とその直接的交流が、反射活動から分化して主導的活動となる段階」と特徴づけた。しかし、この時期は著しい変化が認められる時期であり、その特徴を1つにまとめられるものではないと思われる。むしろ、本書では、この時期の発達をより詳細に明らかにするために3つの時期に分けて検討した方がよいと考えた。すなわち、3か月児から5か月児まで、6か月児から8か月児まで、そして9か月児から11か月児まで、と区分して各時期の特徴を明確にする。

　そこで、本章では3か月児から5か月児までの認知と情動の発達について述べることにする。認知に関しては乳児－物という二項関係のなかで飛躍的に発達する視覚機能について述べることにする。また、情動については微笑とともに、それ以外の情動の出現について述べることにする。

3.1 認知の発達

視覚機能の飛躍的な発達

　新生児から2か月児までの視覚機能について振り返ってみると、視覚がまだ十分に発達していないことから、「刺激のなかでも、よく目立つものに反応する」特徴があった。ところが、生後3か月目を過ぎると、赤ちゃんの視覚機能はさ

らに発達する。そして、生後4か月頃を境にして、「過去の記憶にもとづいて、いま見ている刺激にかかわる」ようになる。また、注意の特徴としては、「過去の記憶にもとづいて予期を形成する」ようになる。

　それでは、この時期の視覚機能の発達とは、具体的にどのような変化なのだろうか。そのような変化として、以下の3点があげられるだろう。

　まず、第1の変化は、母親の顔に対する特徴抽出がより正確になることである。既に述べたが、生後3か月までの顔の認知は輪郭や髪型が影響していた。しかし、生後4か月目頃からは顔の内側の特徴をしっかりととらえるようになる。ブッシュネル（Bushnell, 1982）は、生後1か月ころの子どもは顔の輪郭や髪型を手がかりとしたのに対して、生後4か月ころになると髪型が隠されても、母親の顔と知らない人の顔とを区別できることを明らかにした。

　4か月ころの赤ちゃんに見られる顔の内側の特徴抽出は、何を意味しているのだろうか。それは、母親が示す表情の違いを識別する基盤ができたということである。もちろん、この段階の赤ちゃんに母親の表情が意味することを理解するのは難しい。それが理解できるのはもっと後だが、養育者が発する情動の意味を赤ちゃんが知ることは外界の状況を知るための重要な手がかりになることは疑う余地がないだろう。なぜならば、赤ちゃんにとって自分の置かれた状況が安全か否かは養育者の表情で察知できるからである。第5章でも述べるが、12か月までの赤ちゃんでは母親の表情を見て（参照して）、それを手がかりに自分の行動を変化させる。これは「社会的参照」と呼ぶものであるが、顔の細部の特徴をとらえることは、「社会的参照」の出現を準備するものである。

　第2の変化は、4か月ころになると、両眼立体視ができるようになることである。これは、左右の目からくる情報を統合し、見た物を立体的にとらえる働きである。このような働きは、見た物の前後関係を理解するうえで大きな役割をもつものである。なぜならば、自分と物との関係や、物と物との関係を正確にとらえることは、外界に自分自身を正しく定位するうえで不可欠だからである。

　第3の変化は、3か月から4か月以降になると、目に見える限りでは不完全

な輪郭であっても、それから全体の形をとらえるようになることである。このことについては、少し説明をする必要があるので研究例を示すことにしよう。

ここで研究例を示す前に、赤ちゃんを対象とした視覚の研究法について述べておく。研究法には大きく分けて2つの方法がある。1つは、「選好注視法」と呼ぶ方法で、赤ちゃんの前に2つの視覚刺激を呈示してどちらを長く注視するかをみる方法である。これは好きな刺激を見る特性を利用したものである。もう1つは、「馴化・脱馴化法」と呼ぶもので、ある視覚刺激を繰り返し見せて反応しなくなった時点（定位反射が馴化した後）で、前の刺激とは異なる視覚刺激を呈示し、定位反射が出現する（脱馴化）か否かをみるものである。この方法は、赤ちゃんの識別能力を調べるときに用いられる。

さて、複雑な形態をもつ図形を赤ちゃんはどのようにとらえているだろう。このことを調べたクインら（Quinn, Brown, & Streppa, 1997）の実験を説明しよう。この実験では重なり合った複雑な図形を見ても、大人がするように個々の図形を「よい連続」として知覚できるかどうかを検討した。実験は「馴化・脱馴化法」と「選好注視法」の2つの要素を含んだ方法を用いた。

まず、3か月から4か月の赤ちゃんに、図6のaのような図形に馴化（慣れること）するように何回も見せた。その後で、2つの選好注視テストを実施した。1つの選好注視テストは、bに示したような円とcのP1に示した図形を対呈示した。また、もう1つの選好注視テストはbに示した四角形とcのP2に示したような角に曲線部分をもつ図形を対呈示した。もし、赤ちゃんがaの刺激を大人のように刺激に含まれる「よい連続」を知覚し、円と四角が重なったも

図6　クインらが用いた実験刺激（Quinn, P. C., Brown, C. R., & Streppa, M. L.　1997　Perceptual organization of complex visual configuration by young infants. Infant behavior & development, 20, p.41 より）

のととらえておれば、bに示した円や四角形は新奇性（目新しさ）がなく、あまり注視しないだろう。つまり、bの円とcのP1の対呈示ではP1の方により長く注視すると考えられる。また、bの四角形とcのP2の対呈示では、P2により長く注視するだろう。実験の結果は、まさにその通りであった。つまり、赤ちゃんでも大人と同じように、aのような重なりがある複雑な図形を「よい連続」をもつ全体的構造でとらえていることが明らかになった。

また、大塚ら（Otsuka, Kanazawa, & Yamaguchi, 2004）は、生後3か月から4か月、5か月から6か月、7か月から8か月の乳児群を対象に図7のような図形を用いて、小さな図形の要素から、それらの背景にあるカムフラージュされた四角形をとらえる力があることを明らかにした。実験には、図7に示したような3図形を用いた。aは主観的な四角形の輪郭を生じさせる図形であり、bとcは主観的な四角形の印象を生じない図形である。そして実験では、主観的な四角形の輪郭を生じさせる図形と、生じない図形を対呈示して幼児がどちらをより長く注視するかを調べたのである。実験の結果、どの群でも四角形が存在するかのように見える図形aに長く注視したのである。

このように3か月から4か月にかけては、視覚機能の発達に飛躍的な変化があることがわかる。それは、「過去の記憶にもとづいて、いま見ている刺激にかかわる」という特徴と言うことができる。しかし、それは未熟なものであ

図7 大塚らが用いた実験刺激（Otsuka Y., Kanazawa, S., & Yamaguchi, M. K. 2004 The effect of support ratio on infants' perception of illusory contours. Perception, 33,p.809 より） 実験には3図形が用いられた。aは主観的輪郭の知覚を生じさせるのに対して、他のbやcは生じない図形である。赤ちゃんの選好注視を調べるため、主観的輪郭を生じさせる図形と生じない図形をCRTのディスプレイに対呈示した。

る。なぜならば、不完全な黒丸の要素を小さくするとともに主観的に見える四角形を大きくすると、四角形は知覚しづらくなるが、このような条件では、7か月から8か月以外の群は3図形間の注視時間に差が認められなかったからである。これは四角形に対する黒丸の割合を小さくすると、自らの眼球運動で見えない輪郭を補う程度が増えるからである。

　この時期の赤ちゃんが過去の記憶にもとづいて刺激を見ていることを示す実験は他にもある。それは、物の背後に隠れたものを赤ちゃんがどう認識するかについて検討した研究である。ケルマンとスペルキー（Kellman & Spelke, 1983）は、3か月から4か月の赤ちゃんに図8のaに見られる木片（横25cm、高さ13cm、奥行3.8cm）を赤ちゃんから95cm離れた所に水平に置き、木片の後ろで黒い木製の丸棒（長さ53cmで直径1.3cm）を7.5cm／秒の速さで左右方向に15cm平行移動させた。棒は真ん中の部分で木片に隠れているが、赤ちゃんは棒がつながっていると見るか、切れていると見るかを調べたのである。

　実験には、実験条件と統制条件があった。実験条件は馴化試行で木片の後ろでつながった棒を左右に動かすのであるが、統制条件では木片の上側に見えている棒の部分だけを動かした。ただし、どちらも慣れ（馴化）を示して興味を示さなくなる時点まで棒の動きを見せておいた。ここから、いよいよ本番のテスト試行が始まる。つまり、木片を取り除いた状態で、つながった棒の動きを見せるか、棒の中央部分が欠損した2本の棒（上の棒は動いている）を見せたのである。どちらを先に見せるかは赤ちゃん毎に変化させた。

　さて、もし実験条件に参加した赤ちゃんが木片の後ろで動く棒をつながったものと認識しておれば、テスト試行で脱馴化が生じやすいのは短くてつながっていない2本の棒が呈示だろう。なぜならば、2本の棒の方が目新しく感じられ、注視時間も長くなると予想されるからである。ところが、統制条件に参加した赤ちゃんであれば、馴化試行で棒の両端は連動していないことが手がかりになるだろうから、テスト試行では実験条件に参加した赤ちゃんが2本の棒に対して示すほどの長い注視はないと予想した。

　実験の結果、予想したように、棒が木片の背後で運動する様子に慣れた実験

条件の赤ちゃんはテスト試行では、つながりのない2本の棒に注目した。また、上部の棒しか動かさないことに慣れさせた統制条件の赤ちゃんについても、予想したように、テスト試行では途切れた棒によく注目するということはなかった。これらの結果をまとめると、赤ちゃんは、棒の中央部分が木片で隠れていても、よい連続性や高い類似性、そして同じ動きをすることを手がかりに、"棒はつながっている"と見ているがことが示されたのである。

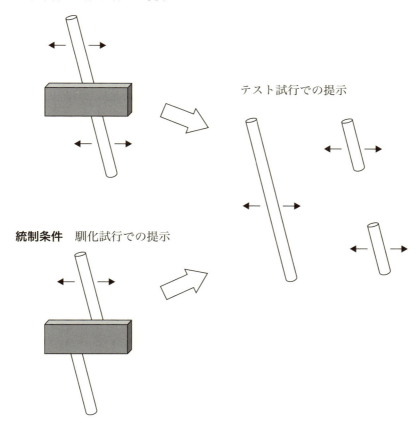

図8 ケルマンとスペルキーの木片の背後で棒が動く課題 (Kellman, P. J., & Spelke, E. S. 1983 Perception of partly occluded objects in infancy. Cognitive Psychology, 15, p.489 を一部改変)

42

　これらの実験から明らかなことは、赤ちゃんは刺激を見たままでとらえているのではなく、過去の記憶を手がかりにして、隠された図形の部分をうまく補うような形でとらえていることが分かったのである。

眼球運動の発達

　生後3か月から4か月にかけて見られた視覚機能の顕著な変化は、どのようにして可能になったのだろうか。この点について考えるうえで大切なことは、眼球運動がこの時期に著しい発達を遂げることに注目しなければならない。

　それでは、眼球運動にどのような変化があらわれるのだろうか。生後2か月ころの赤ちゃんは、視野に新しく入った刺激に目を向け、動いている物を目の動きで追跡する。しかし、生後3か月から6か月ころになると、赤ちゃんは刺激の動きを先取りするような動きを見せる。これは「予測眼球運動」と呼ぶもので、物の動きを予測した飛越眼球運動があらわれるのである。飛越眼球運動とは眼球の停留点から次の停留点までに見られる飛ぶような眼球運動である。

　予測眼球運動は、次のような事態でも観察される。例えば、赤ちゃんの前にZの文字の端点や屈曲点にランプを配置した30cm角のパネルを呈示し、一定の順序でランプが点灯するのを見せておく。一定の順序で点灯するのを見せておくと、この時期の赤ちゃんの眼球は、光が点灯するよりも早く次に点灯するランプの位置に動く。これは、2か月ころに見られたところの物の動きに追随して眼球を動かすというのとは明らかに違った眼球運動である。

　ゆっくり動く視標を目で追う時に見られる追視眼球運動にも変化が見られる。赤ちゃんが仰向けの状態で、ひもで吊るした輪を提示して追視を調べても、3か月未満の赤ちゃんと4か月ころの赤ちゃんとは顕著な違いがある。

　仰向けの状態にされた3か月未満の赤ちゃんは左右どちらかに向いていることが多いが、ひもで吊るした輪を提示すると、それを見つけて追視しはじめる。しかし、吊り輪が正中線を越えてそれまで見ていた側から反対側に移動すると、眼の動きは正中線を超えて45度未満辺りまで移動するのがやっとである。ところが、生後4か月を過ぎると、左右どちらの方向でも滑らかに追うことがで

きるし、どちらの方向へも180度の追視ができるようになる。つまり、赤ちゃんの前方に刺激が呈示されれば、刺激の位置が赤ちゃんの顔の左か右かにかかわらず、自由にそれを追視できるのである。

ここで述べた生後3か月ないしは4か月を過ぎてから見られる眼球運動の特徴は、意図的な眼球運動を司る大脳皮質の成熟を反映したものである。

乳児-物という二項関係ができるまで

第2章で述べたように、情動機能に関しては、赤ちゃんと養育者の間では母子が共生状態にありながらも、生後2か月頃から「乳児-人」という二項関係が確立していた。それでは、3か月児から5か月児の認知機能には、どのような特徴が見られるのだろうか。

このことに関して注目すべき変化がある。それは、生後5か月ころからは図9のような「乳児-物」という二項関係が現れるようになることである。このような二項関係ができる背景には、先に述べた視覚機能の発達があることは言うまでもない。そこで、「乳児-物」という二項関係が現れるまでの経過を、「運動機能」と「視覚機能」の変化を中心に見てみよう。

まず、仰向けの姿勢での変化について見てみよう。4か月児の赤ちゃんは、顔を正中線にして手と手や、足と足を挙げながら、それらを合わせて遊んでいる。また、正面に提示した指標をとらえて、全方向に可逆的な追視もできる。さらに、両方の目が協応して働くようになり、目で見た物に手を伸ばしていくのもこの頃である。

それが、5か月児ともなると、手で自分のひざや足を触るとか、正面に提示

図9 「乳児-物」の二項関係

した物をとろうとするような「目と手の協応」がはじまる。また、大人が物を差し出すと手を伸ばしてくる。また、物を持たせてやると口に入れたり、振ったりする。このような手の操作は、大人との間で情動の交流を活発にし、大人への好奇心を高める働きがある。

次に、うつ伏せの姿勢ではどのような変化があるのだろうか。赤ちゃんをうつ伏せにすると、1か月ころは床にべったりと顔や手をつけ、苦しそうにしながらも息ができるように顔を横にずらそうとした。

それが、3か月児になると、両肘で体を支え、頭を床面から上に45度くらいあげるようになる。赤ちゃんとって、このような姿勢を維持することは大変なことである。しかし、それを支えている力には「大人に気持を向けることは楽しいこと」という情動が働いている。そのような情動に支えられながら、周囲の世界に対する働きかけを広げていく。

さらに、5か月児になると、両腕を伸ばして手のひらで体を支え、頭を胸まであげるようになる。このような頭部を上にあげる新しい姿勢は、視界にある物を立体的にとらえ、自分と対象との位置関係をしっかりとらえるという意味で極めて大きな意義がある。

さらに、個人差はあるものの、寝返りが生後5か月から6か月にあらわれる。そして、ずり這い、這いはいへと続くなかで赤ちゃんが少しずつ移動の自由を獲得していくようになる。このように、仰向けやうつ伏せの姿勢で見られた「運動機能」や「視覚機能」は、やがて赤ちゃんが「物をとりにいく」うえで非常に重要なものとなる。もちろん、物をつかむという行為に関しては、生後6か月では未だ親指と人さし指では物をつかめず、親指以外の4本の指と掌の間で物をつかむのがやっとである。しかし、物の存在をしっかりととらえ、それに向かっていこうとする能動性に関しては準備体制が整ったと言えるだろう。

乳児と物と人の関係

それでは、この時期の赤ちゃんは、養育者や外界にある物とどのような関係を築いているのだろうか。やまだ（1987）は、人間の行動は大きく分けると、

図10のように、「みる」「とる」「うたう」を頂点とした三角形で示すことができると考えている。

図10では、人に対する関係づけは「みる―うたう」という軸で表している。つまり、人と人との間において、まるで「うたう」ようにして情動を媒介にして響きあうというのである。それに対して、物に対する関係づけは「みる―とる（いく）」という軸で表している。これは、物を「とる」ためには自己の領域である〔ここ〕から出て行く、という外界を変化させる実践機能が必要となることを意味している。

さて、赤ちゃんが周囲の人々と響きあう関係を表わした「みる―うたう」という軸は、生後2か月までに見られるものであるが、そのピークは3か月ころである。この時期には、乳児が微笑むと養育者が顔をほころばせ、養育者が話しかけると、乳児が発声する。おそらく、この時期には母子が分離した個体であるという意識は未だ十分ではないだろうが、感覚と情動の協応を通したやり取りが展開する。

しかし、物に対する関係づけを表わした「みる―とる」の軸が、それよりも遅れて5か月ころからあらわれる。人との関係を表した「みる―うたう」の軸

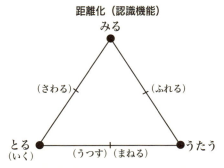

図10 「みる」「とる」「うたう」を行動の頂点とした行動の三角形（やまだようこ 1987 ことばの前のことば―ことばが生まれるすじみち1―. 新曜社. p.57より）

が、物との関係を表した「みる－とる」よりも遅れるのはなぜだろうか。

やまだの解釈は、こうである。すなわち、「みる－うたう」という、人との関係づけから一旦離れることで、外界を探索しようとする外に向かう活動が引きおこされると考える。つまり、「みる－うたう」という人との関係から、「みる－とる」という物との関係が確立するようになる。そして、「みる－とる」という関係において、目と手を協調的に働かせて物をとることで目と手の協応ができるようになってくる。

それでは、目と手の協応を促進するという目的で、養育者は多くのオモチャを赤ちゃんの周りに置いてやればよいのだろうか。それは必ずしも適切とは言えないだろう。オモチャをたくさん置いてやるというよりも、赤ちゃんの興味を引くような1つか2つのオモチャを手の届く範囲のところに置いてやることがこの時期には必要だろう。赤ちゃんの手の届く範囲にオモチャを置いてやらなければならないのは、この時期の赤ちゃんはまだ自分から離れた距離にあるものを取りにいくことはできないからである。また、たくさんオモチャを置かない方がよいのは、赤ちゃんの注意の範囲が限られているからである。

発達がさらに進めば、子どもと大人は、直接的な情動の表出から、物を介した間接的な情動の表出ができるようになってくる。このような発達的変化は、後に述べる三項関係の形成と呼べるものであるが、この時期はそこへ至るための準備段階と言えるだろう。

自閉症児の場合

ところで、ここで問題にしている心理機能の発達に関して、自閉症児の場合はどのような特徴を示すのか。普通、混沌とした外界を子どもが理解するには、子どもと外界の事物の間を仲介する者が必要である。つまり、子どもと外界の間を橋渡しする者としての愛情深い大人の存在はなくてはならない。

この点、自閉症児の場合はどうだろうか。自閉症児は、そのような外界との間で橋渡しをしてくれるはずの養育者を利用することが難しい。そのことは自分の世話をしてくれる養育者とも視線が合わないことに示されるように、他者

との関係において情動を介して響きあうことが困難なことによるものである。外界を知るための案内役としての養育者を見失うことから、認知と情動に関して広汎で複雑な発達のもつれを引き起こす。それでは、他者と視線が合わないとか、情動を媒介にして響き合うところが困難な理由はどこにあるのだろうか。それは、おそらく彼らの注意の特性や、知覚の特異性と関係すると考えられる。

　自閉症児の注意の特性には、注意を柔軟に切り替えることが困難であり、変化に対してはとらえにくいという特徴がある。彼らは、しばしば「単焦点(single focus)」という言葉で特徴づけられるように、状況に合わせて次から次へと注意の焦点を切り替えていくことができない。そのため、誰かが動かさない限りは絶えず決まった位置にある物に対しては異常に強い関心を示す。これに対して、人のように動いたり表情を伴ったものをとらえたりすることが困難である。

　また、知覚の特異性という点では、自閉症児の場合は知覚過敏が大きく影響しているのではないかと考えられる。つまり、定型発達をしている子どもであれば何でもない刺激であるにもかかわらず、自閉症児には耐えられないほどに強い刺激に感じてしまう。自閉症児では音に過敏であるとか、体を触られるのが嫌というのはよくあることである。

　このような知覚過敏が、発達の早い段階での育ちに大きく影響する。他者の視線を回避する自閉症児の特徴は、知覚過敏がその背景にあることも考えられる。なぜならば、既に誕生から3か月の赤ちゃんについて述べたことであるが、覚醒を調節する目的で「目そらし」や「見つめ」が養育者との間であったことを思い出してほしい。「視線が合う」ということは想像以上に覚醒を高めるものとなる。つまり、自閉症児は「視線を合わせない」と言うよりも「視線を合わせられない」と言った方が正しいのかもしれない。

　このように障害が形成されていく過程を考えてみると、自閉症の子どもは興味が著しく限定されたものになってしまい、そのことが自閉症児に関して「3つ組」と言われる障害、すなわち「社会性の障害」、「コミュニケーションの障害」、「想像力の障害」を引き起こす背景になっていると考えられる。

3.2 情動の発達

微笑の変化

　この時期の情動を中心とした交流の手段で、第1にあげなければならないのは、微笑が変化することである。既に述べたが、3か月ころは大人が顔を出すだけで手足をバタバタして声をあげて笑う「おはしゃぎ反応」が見られた。

　それが、4か月を過ぎるころに変化が起こる。それは誰に対しても笑うのではなく、大人の顔をしばらく凝視してから、親しい人にだけ笑うようになる。この頃の赤ちゃんは、入浴や哺乳、着替えといった営みのなかで、いつも世話をしてくれる養育者の顔や声をしっかりと識別できるようになる。

　親しい人と、そうでない人を区別していると考えられるのはなぜか。それは、親しい人が近づくとはっきりとした微笑を示すのに対して、見知らぬ人であれば表情が硬くなるからである。この時期よりも前の3か月までの段階では、誰に対してでも社会的微笑を向けていたのに対して、4か月頃になると次第に特定の親しい人にだけ微笑み、声をあげて笑う行動が見られるようになる。

　このような4か月児に見られる微笑は、社会的であるとともに選択的な微笑であり、はっきりとした＜喜び＞の情動である。赤ちゃんが示す＜喜び＞の喚起は、コミュニケーションをとろうとする親の気分を高揚させる。その結果、赤ちゃんの微笑に応える形で、親からも微笑や発声が返されることになる。

　このことを見方を変えてとらえなおそう。すなわち、親が喜びや幸せ感をもって赤ちゃんにかかわることが、赤ちゃん自身の＜喜び＞の情動を喚起するという側面がある。このような親と赤ちゃんの間で見られるポジティブな情動の随伴性や相互性は、この時期にますます増大していく。

　さて、4か月頃から声をたてて笑う行動が見られると述べたが、このような笑いが実は1歳を過ぎてから現われる発話機能の準備に関係しているのである。正高（2001）の研究よると、このような笑いは、はじめは足で空を蹴るようなリズミカル運動と同期した後（ピークは5〜6か月）で生起するという。

それに続いて、手のリズミカルな運動と同期する（ピークは7か月ころ）。そして、面白いことに、手のリズミカルな運動のテンポが速くなるにつれて、笑いの呼気に見られる断続的反復が速くなっていく。それは、7か月から8か月頃で、音声言語の出現で重要な役割をする喃語が現われる時期でもある。

なぜ、呼気が発話にとって大切なのか。それは音声言語を発するためにはリズムを刻むような反復が不可欠であり、発話は呼気のコントロールによってできているからである。このように考えると、この時期の笑いは、発話機能に重要な役割を果たしていると考えられる。言い換えると、笑いというポジティブな情動で大人と豊富にかかわった赤ちゃんは、言語発達でも有利と言えるだろう。

喜び以外の基本的情動

微笑に見られる＜喜び＞の情動の他にも、生後6か月ころまでには多くの情動に変化が見られる。ここでは、＜喜び＞以外の基本的情動について考える。

まず、泣く行為を取り上げよう。生後3か月までの赤ちゃんの泣くという行為に見られたように、泣くという情動の表出には赤ちゃんの様々な欲求を伝達する働きがあった。しかし、そのような泣く行為は、特定の出来事と明確に結びついた＜悲しみ＞や＜怒り＞を反映したものとは言えなかった。

3か月を過ぎた赤ちゃんでも、泣く行為が特定の出来事と結びついていることが明確でないことが多い。例えば、赤ちゃんが何らかの活動を開始しているところを阻止されたりすると情動の表出がある。しかし、それを＜怒り＞としてとらえてよいのかどうかは明らかでない。母親との交流が中断したときに現れる否定的な情動の表出についても同じことが言える。

ところが、生まれてから半年目に近づくにつれて、赤ちゃんに見られる情動の意味が明確になってくる。スロウフェら（Sroufe, Waters, & Mates, 1974）は、見知らぬ人が母親の隣に座っている赤ちゃんに近づき、そして赤ちゃんを抱き上げる、という実験場面で赤ちゃんの様子を観察した。その結果、何らかの＜恐れ＞（警戒反応）を示した赤ちゃんが5か月児では10％認められたことから、

＜恐怖＞の情動は5か月児から現われると考えた。そして、9か月児になると、60％の赤ちゃんが同様な反応を示した。この結果は、次節で述べる8か月ころに見られる人見知り（8か月不安）と共通したものである。なぜならば、8か月頃になると、見知らぬ人を識別するうえで欠かせない＜不安＞や＜恐れ＞の情動をもつからである。

　さて、＜怒り＞の情動に関してはどうだろうか。ルイス（Lewis, 1993）は、4か月児から6か月児の赤ちゃんが腕や足の運動を抑制（拘束）されると、＜怒り＞の情動が観察されたことを報告している。では、なぜ運動を抑制すると＜怒り＞の情動があらわれるのだろうか。ワロン（1983）は、運動と情動は筋肉の緊張（トーヌス）という点で共通の起源をもっているという。つまり、赤ちゃんの直接的行動である運動が抑制されると、その緊張は情動の高まりとなってあらわれるというのである。

　以上のように、生後6か月ころまでには＜喜び＞というポジティブな情動の他に、＜怒り＞や＜恐れ＞というネガティブな情動も生じる。しかしながら、このような＜怒り＞や＜恐れ＞の情動は、発達過程でどのように生じるのだろうか。

　この問題を考えるうえで参考になるのがイザードら（Izard, Hembree, Dougherty, & Spizzirri, 1983）の研究である。彼らは、医者が新生児に予防注射をする場面で赤ちゃんの顔の表情を分析したのである。その結果、赤ちゃんでも月齢が低い段階では、注射の痛みによって＜身体的苦痛＞を示す時間が長かったという。それが4か月児から6か月児の赤ちゃんでは、＜怒り＞を示す表情が見られるようになったという。さらに、8か月児の赤ちゃんにもなると、＜怒り＞が急増したという結果を得ている。つまり、注射の痛みに対する情動の推移をたどると、＜身体的苦痛＞を示す時間が減少していくのと拮抗して、徐々に＜怒り＞が増加することを明らかにしたのである。

　このような結果は、身体的苦痛に対して受け身的に耐え続けることが減るとともに、注射を受けることに協力した母親に＜怒り＞が生じたことを示している。

さて、ほぼ同じ時期に現れる＜怒り＞と＜恐れ＞にはどのような違いがあるのだろうか。不快な情動を引き起こす原因に対して能動的に接近するのが＜怒り＞であれば、回避しようとするのが＜恐れ＞である。それでは、刺激源に接近するのか、刺激源から逃げるのかを決めているものは何だろうか。それは、対象をどのようにとらえるかという認識のあり方によって決まるのだろう。

情動の調整

次は、情動の調整について３か月児から５か月児の特徴を考えてみたい。この時期は、情動の調整でも顕著な発達がみられる。それは、赤ちゃんが養育者のことを不快な情動状態にある自分を不快でない状態に連れ出してくれる存在であることに気づくようになることである。赤ちゃんは、養育者に社会的シグナルを送ることで、自分の情動を間接的に調整してもらおうとする。

そのことを示す次のような行動が５か月児の赤ちゃんで観察された。それは、赤ちゃんは養育者との間でアイコンタクトを頻繁に求めながら、むずかって泣くという行動である。赤ちゃんが示すこのような行動は、他者が自分に働きかけてくれることを期待した行動とみることができる。つまり、それまでは自己と他者が必ずしも明確でなかったものが、情動の調整を通して分化の兆しがあらわれる。

河合（2002）は、言葉の代役をするものとして情動をとらえている。つまり、情動は社会的な意味づけをもって運用されるコミュニケーション・チャンネルと見なしたのである。ここで見られたアイコンタクトを求めながらむずかって泣く、という赤ちゃんの情動表出は、まさにそのような意味をもつものだろう。

情動がコミュニケーションの働きをもつとすれば、親の情動面での応答性の良さは子どもの情動反応にも影響を与えるだろう。また、逆に、子どもの情動面での応答性の良さは、親の効力感を高めるうえでもプラスに作用するだろう。つまり、親と子は情動を介して強い絆で結ばれていると言える。

さて、情動の調整ということでは、遊びがもつ役割は重要である。生後４か

月頃から赤ちゃんは、「くすぐり遊び」や「いない いない ばあ 遊び」等を楽しむようになる。親と子どもには、笑い声をあげながら繰り返しこのような遊びに興じる姿が観察される。このような遊びを通して、他者と情動的に交流する意味は確かに大きいだろう。

しかし、それ以外にも意味があるだろう。それは、＜怒り＞や＜泣き＞などの不快な情動だけが高い覚醒状態に結びつくのではなく、遊びの過程で生じる快情動である＜大喜び＞も高い覚醒状態と結びつくことを赤ちゃん自身が知ることである。そのことを知ることで、赤ちゃんが高い覚醒状態にあっても、安心して遊びに興じられるようになっていく。

さて、この時期の情動の調整は、対人関係のなかだけで調整されるのではない。情動の調整は、認知や運動にも強く関係している。その意味でも、情動調整における視覚機能や運動機能の役割を忘れてはならないだろう。例えば、乳児が泣いた時などには養育者はオモチャを目の前に呈示して気をそらそうとする。このような情動の調整が有効なのは、乳児自身の視覚機能や運動機能の発達があるからである。

情動に関連した話を締めくくるにあたって、これまで述べたことをエリクソン（1977）が示した個体発達分化の図式に照らして考えてみよう。エリクソンは、乳児期に解決されるべきテーマ（主題）として「基本的信頼感　対　不信感」を考えたことは第1章でも述べた。つまり、赤ちゃんと母親との濃厚な関係のなかで周囲への信頼感が形成されるだろうし、そのような関係が得られなければ不信感が形成される。赤ちゃんが周囲の世界のどのようにとらえるかの違いは、その後の発達に計り知れない影響を及ぼすだろう。すなわち、他者や周囲のものを肯定的にとらえるか、否定的なものとしてとらえるか、の違いは生涯を通した人格発達に影響するものになるだろう。このことから明らかなように、この時期に養育者と赤ちゃんが情動的に密接なつながりをもつことはいかに大切であるかが理解できるだろう。

この章のまとめ

　認知機能に関しては、生後4か月頃を境に視覚機能が飛躍的に発達し、「過去の記憶にもとづいて予期を形成する」という特徴があらわれた。一方、情動に関しては、4か月児になると顔の全体的特徴だけでなく、顔の内部の特徴もとらえるようになり、養育者の顔を識別できるようになる。また、特定の大人に選択的な微笑が見られるようになる。

　また、物との関係で言えば、生後5か月ころからは「乳児－物」という関係のなかで二項関係があらわれる。そして、目の前に呈示された物であれば、赤ちゃんは目と手の協応を働かせてそれを取りに行くようになる。しかし、移動の自由がないこの段階では、未だ自分から離れた距離にあるものを取りにいくことはできない。

第 4 章

6 か月児から 8 か月児まで

　第 3 章でみたように、生後 4 か月頃を境に視覚機能が飛躍的に発達し、「過去の記憶にもとづいて予期を形成する」という特徴があらわれた。そして、顔の認知に関しては、4 か月ころには顔の全体的特徴だけでなく、顔の内部の特徴もとらえることで養育者の顔を識別できるようになり、特定の大人に対して選択的な微笑を示すようになった。また、物との関係で言えば、5 か月ころからは「乳児－物」という二項関係があらわれ、目の前に呈示された物であれば、赤ちゃんは目と手の協応を働かせて取りに行くようになった。

　本章では、このような前段階までの発達を土台としながら、6 か月児から 8 か月児の赤ちゃんがどのように認知や情動を発達させていくのかを明らかにしたい。

4.1　認知の発達

移動に関わる粗大運動の発達

　生後 6 か月ころになると、左右のどちら側へも寝返りをうつことができるようになる。また、自分でうつ伏せの姿勢になると、腹部を中心に旋回することが見られる。このような、うつ伏せの姿勢では、両手を真横に広げて飛行機のような姿勢を見せる。

　これが生後 7 か月ころには、座位がとれるようになる。そして、身体が左右

や前後に傾いても立ち直ることができるようになる。このような粗大運動の発達と関連して、左右どちらの手でもオモチャをつかめるようになるし、片方の手で物がつかめなければもう一方の手でつかむ。また、2つのオモチャが近くにあれば、それらを見比べて、どちらかのオモチャに手を出すようになる。

生後8か月から9か月ころになると、前方にあるオモチャなどの対象に向かって進もうとして、ずり這いをする。やがて四つ這いになって身体を移動させる。そして、四つ這いで移動する速度が速くなってくると、座卓のようなところまで行き、つかまり立ちをする。このようになると、伝い歩きをするようになるのは時間の問題である。

さて、ここで述べたような移動にかかわる粗大運動の発達は、単に神経系の成熟だけで説明できるものではない。寝返りを例にあげても、何の苦労もなく突然にできるものではない。大人の声かけを手がかりにして、何度も寝返りしようとしては失敗し、失敗を繰り返すなかでしっかりと寝返りができるようになる。安定して寝返りできるようになると、その場に大人がいなくても、ひとりで寝返りをするようになる。

このように、前の段階で形成された特定の大人との情動の交流は、やがて特定の人への好奇心を高め、粗大運動の発達をも促すものとなっていく。このように、運動発達を見ても明らかなのだが、特定の大人を求める力が大きく子どもに影響していることがわかる。

手指操作の発達

移動にかかわる粗大運動の発達とともに、手指の操作でも発達が見られる。西川 (2003) は、小さな物を操作する力の獲得には3つの段階があるという。

まず、第1の段階の特徴は、生後6か月ころの赤ちゃんに見られる。器に積木を入れたものを渡すと、赤ちゃんは皿ごとひっくり返して積木を出す。これは積木が必要ないからそのようにするのではなく、手で積み木をつかんで出すことが難しいからである。また、小さな物をつかむ際にも、6か月ころの赤ちゃんは、目でそれを見ながら、手のひらをパーにして、物に目がけて手を下ろし、

手のひらを握ったり開けたりして、手のひらに積み木が引っかかるようにする。

第2の段階の特徴は、7か月児の赤ちゃんに見られる。器をひっくり返さなくても、器の中から指でつまんで「出す」ことができるようになる。このような「出す」遊びに興じる行動は、7か月児の赤ちゃんにはよく見られる。また、小さな物をつかむ場合は、筋緊張を高めながら親指と人さし指の間に物を挟む。それはまるでピンセットで物を挟んでつまむようである。しかし、器の中に「入れる」活動は、離すという筋緊張の抑制が必要なため、つかむことより困難である。

最後の第3段階の特徴は、生後9か月ころの赤ちゃんで見られる。その特徴とは、器に物を「入れる」活動ができるようになる。7か月頃の赤ちゃんは物をつかめても、それを離して「入れる」ことができなかった。しかし、9か月ころになると、目標物に手を接近させ、親指と人さし指を使ってピンセットのように指先をしっかり開いてつまみあげる。器に入れるときは、指先を開いて離せるようになる。

このように、生後6か月から9か月頃までの手指操作の発達をみると、小さな物を操作する活動で顕著な変化が認められる。また、手指操作と関連して、生後半年目を過ぎるころには認知において大きな変化が認められる。それは、母親の髪の毛や耳や鼻を引っ張ったり、母親の口の中に食べ物を押し込んだりすることである。また、母親をもっとよく見ようとしたり、周囲を見ようとして抱かれている母親から体をそらしたりする行動が観察される。これらの行動は、それ以前の赤ちゃんの行動が母子共生状態にあるなかで発現していたものとは異なるものであり、個体化の開始を示す（マーラー, 1981）。

ここで、個体化とは何かについて補足しておく。マーラーの考えでは、乳児は母親と一体化した共生的融合状態にあるが、そのような融合状態から脱して、子どもが自分自身のもつ性格を確立することである。

さて、これまで述べた粗大運動や手指操作の著しい発達の陰に隠れて見過ごされがちな動作の変化がある。それは、「指たて」の動作がこの時期に急増することである。「指たて」というのは、親指を除く他の指は屈曲させたままで、

人さし指だけが上を向いて伸展する動作である。このような動作は、既に3か月ころから認められる。ここで、指たて動作に注目する理由は、それが「指さし」の萌芽であると考えられるからである。そのことに注目したのは正高（2001）である。その研究を紹介しよう。

正高（2001）は、生後3か月から1歳4か月までの赤ちゃんを対象に、母親と自由にオモチャで遊ぶ場面をビデオ録画した。そして、そのビデオを分析したところ、指たて動作は生後1年目まで急増した後に、指さしの出現とともに激減することを明らかにしたのである。

このような指たて動作は、どのような意味があるのだろうか。指たての動作は、ヒト以外では霊長類のなかでも類人猿とマカク族の一部の種に見られるだけである。正高は、このような指たては、未知の物体を探索するときに指で「つついて調べる」しぐさと密接に関係していると推論している。この説に従えば、1歳を過ぎてから顕著になってくる指さし動作は、はじめから指示したり伝達したりする機能をもったものではないというのである。つまり、その起源においては、「つついて調べる」というような触覚を用いた探索活動が変化していった可能性があると考えたのである。これは、指さしの起源について考えさせられる興味深い説である。

物の永続性の発達

ここまで述べてきた移動能力と手指の操作は、身の周りにある物に対して、積極的かつ自発的に働きかけるために不可欠なものである。しかし、誕生後約半年を過ぎた頃の赤ちゃんには、認知機能の発達に関して、実はもう1つ大事な変化がある。それは、「物の永続性」についての認識である。

物の永続性とは、「対象が目の前から見えなくなっても、それは消滅したわけではなく、存在し続けている」という認識である。このような認識をもたない4か月以前の赤ちゃんには次のような場面が観察される。赤ちゃんが興味をもってオモチャを見ているところで、大人がそのオモチャを衝立の後ろに隠すとする。そうすると、赤ちゃんはきょとんとするだけで、それ以上は探そうと

しない。赤ちゃんにとって、オモチャがこの世の中から消えたかのように映り、関心は別の物に移っていく。

　しかし、5か月から6か月くらいになると、オモチャに被せた布の下からその一部がはみ出ていると、探し出すことができる。

　さらに、7か月から8か月になれば、布などで完全にオモチャが覆い隠されていても、それを払いのけて探し出すことができる。これは、見えてなくても見えないところでオモチャが存在し続けていることを赤ちゃんが理解していることを示している。このような認識が生じることを「物の成立」とか「物の永続性の認識」と呼んでいる。

　それでは、このような「物の成立」は、どのようにして生まれるのだろうか。それは、おそらく、この段階までに現れた移動能力や手の操作の発達が関係しているものと思われる。その理由は、こうである。もし、オモチャが衝立の後ろに隠されたら、我々はどうするだろうか。オモチャが消えたところが気になり、自分で移動していって衝立の周辺を探すだろう。そして、衝立の背後を見て「あった！」と言って発見の喜びを感じるだろう。また、もしオモチャが布で覆われたら、何も持ってない方の手で布を払いのけ、オモチャを見つける。このような経験を積むなかで、移動と手の操作による外界への働きかけが「物の成立」につながると考えられる。

　しかし、「物の成立」には移動能力と手の操作だけで十分だろうか。見逃していることがある。それは、＜物にこだわる心（情動）＞である。既に述べたように、5か月ころからは「乳児－物」という二項関係が認められた。手に持っていたものを落としてしまい、見失ってしまうこともあるだろう。そのような時に生じる情動として＜物にこだわる心（情動）＞がある。このような情動の働きも、見えなくなった物への能動的な注意を喚起する。このように考えると、移動能力と手の操作という運動機能の発達に加えて、＜物にこだわる心＞という情動を背景として「物の成立」が可能になると思われる。

　さて、物の永続性に関する認識は、これで完了したわけではない。それは、物が隠される条件をいろいろと複雑にすると、幼児でも見つけ出せないことが

あるからである。この後の物の永続性の発達に関しては、表象の発生によって完成するので、その続きは表象の成立のところで述べることにする。

能動的な探索活動

　物の永続性の認識は、既に述べた移動の自由や手指操作の発達とあいまって、手段ー目的関係の理解を促すことになる。すなわち、8か月児は、一方の手で「布を払いのける動作（手段）」をし、もう一方の手で「布の下にあったオモチャをつかむという動作（目的）」を協応させて1つの行為に組み立てる。

　このことは、この段階に至っていない赤ちゃんと比べると、目覚しい変化である。なぜならば、それまでは「布を払いのける」という動作と、「オモチャをつかむ」という動作は全く無関係で別個の動作だったからである。それが「布を払いのけてオモチャをつかむ」ことができるとなると、2つの動作を1つに組み合わせたことになる。つまり、「オモチャをつかむ」という目的で「布を払いのける」という手段をとったのである。これは、赤ちゃんが新しい状況に対応するための柔軟な力を得たことであり、「目的志向的で意図的な行動が初めてあらわれた」と言えるのである。

　また、物の永続性の認識は、外界への旺盛な探索活動を可能にする。お母さんが視界から消えたので探しに行こうとすることも、物の永続性と移動の自由を獲得したからできるのである。この時期の赤ちゃんには、家の中にあったいろいろな物を持ってきたり、箱の中のものを引っ張り出したりすることがよく見られるが、これも探索活動と言える。

　ただし、移動が自由になったといっても、それは未だ十分なものではない。それは、四つ這いの段階では、「移動」と「探索」が行われても、それらは交互にしか行われない。つまり、「移動」ー「探索」ー「移動」ー「探索」というように。そのため、得られる情報量は限られたものである。しかし、歩行できる段階になると、移動しながら探索するので、探索活動から得られる情報量は一気に増大する。

　また、能動的な探索活動のなかでは、赤ちゃんはいろいろな感覚を同時に働

かせている。特に、赤ちゃんが関心を向けたオモチャに対して、そこにいた大人が語りかけることばが赤ちゃんにとって語彙の学習になっていることを示す研究がある。

それは、ゴーゲイトとバーリック（Gogate & Bahrick, 1998）によるもので、視覚と聴覚という2つの感覚間で刺激を重複して提示することが重要なことを明らかにした。実験は7か月児に、ある母音（/a/）と物の動きの組み合わせで異なる3種類のビデオのどれかを見せた。1つ目は、「母音の呈示と物の動きが同期する」ビデオ。2つ目は、「母音の呈示と物の動きが同期しない」ビデオ、3つ目は「物は静止したままで母音だけが呈示される」ビデオだった。実験の結果、「母音の呈示と物の動きが同期する」ビデオを見た赤ちゃん達だけが、その組み合わせを10分後まで記憶していたのである。

考えてみれば、これと似たことを我々は日常でもやっているのではないだろうか。例えば、親や教師が子どもに物の名前を教えるような時は、物をかざしたり揺らしたりしながら、その名前を言うこと等である。

この問題に関連して子育てで注意しなければならないことがある。確かに、親は子どもの能動的な探索活動を引き出すような刺激を与えてやる必要があるだろう。しかし、過剰にならないことである。なぜならば、オモチャなどを過剰に与えることが注意の集中を困難にし、子どもの探索活動をむしろ阻害することがあるからである。

このような能動的探索で大切なことは、物をたくさん与えるよりも、赤ちゃんが愛着を示した人がそこに存在するということである。そうすれば、赤ちゃんは自分を愛してくれる人の存在を敏感に感じながら安心して周囲の世界に出て行くことができる。つまり、赤ちゃんが安心して周囲の世界を探索できるような状況をつくることが大切と思われる。

4.2 情動の発達

人見知り

　ここまで述べてきた移動能力の発達は、情動にも影響を及ぼす。それは、移動能力が未発達な段階では母親との距離は生じることはないが、赤ちゃんが移動できるようになると母親との距離ができてしまうことに関係している。

　それでは、母親との間で距離ができることが、赤ちゃんの情動にどのような変化を生むのだろうか。移動が自由にできることは赤ちゃんに＜不安＞が生じるのである。それは、次のように進行する。すなわち、子どもの動きが活発になるにつれ、外界に置かれた物に接近するために、〔ここ〕から遠くへ出ていけるようになる。〔ここ〕から出て行くということは、母親との間に距離ができるということである。つまり、移動できる自由と引き換えに、赤ちゃんには＜不安＞な気持ちが生じることになる。

　この時期の子どもには、移動の自由を獲得するとともに、母親から離れる不安が生じる。このような葛藤のなかで、赤ちゃんは〔ここ〕から出ていけるにもかかわらず、母親の傍にいて物とのかかわりを深めることが多くなる。これは、母親のことを快の情動を共有する存在であるとともに、不快な情動をなだめてくれる存在としてとらえているからである。つまり、赤ちゃんにとって母親は安全と安心の基地である。母親の傍にいたがる子どもは決して臆病でも気が小さいわけではない。むしろ、このような子どもはやがてよく遊ぶようになり、好奇心は強く、物事に集中して注意を向けていけるようになる。

　このことは、従来の心理学の研究で、8か月ころの赤ちゃんは知らない人に対して「人見知り（8か月不安）」をするという知見と符合する。このような8か月児の人見知りは、特定の親しい人と見知らぬ人とを明確に区別できることを示している。考えてみれば、このような人見知りは、知っている人と知らない人を認識できるからこそ生じる不安である。記憶という面から言えば、このような不安は記憶のなかに保持された母親に関する記憶と比較照合できるか

らこそ生じるものである。

　ところで、8か月児になると、顔の知覚に関して興味深い発達的変化が認められた。仲渡（2008）は、近赤外分光法という脳活動を調べる装置を使った研究を行っている。この装置は、赤外線の一種である近赤外線という弱い光を頭皮から照らし、戻ってきた光量から血液中のヘモグロビン量の変化を調べることで脳活動をとらえるものである。なお、大人を対象とした研究でも一般に顔の認識には右半球が関係しており、研究で採用した近赤外分光法の研究でも顔を見ている大人は右側頭部が活性化することが知られている。

　さて、仲渡の研究で正面から撮影された人の顔写真を呈示したところ、5か月児と8か月児は、大人と同様に、右側頭部位で活動量の増加が認められた。しかし、横顔を撮影した写真を呈示したときでも右側頭部位で脳活動量の増加が認められたのは、8か月児だけだった。この結果は、8か月児では異なる向きから顔を見てもはっきりと人の顔をとらえていることを示している。また、この結果は、顔の向きにかかわらず、見慣れた顔か否かを識別する力は6〜8か月までには獲得されることを示唆するものである。8か月不安の背景には、このような顔に対する認識の発達があることがわかる。

　さて、赤ちゃんの人見知りは、決して融通がきかないものではない。例えば、初めて会った大人に対して、はじめのうちは抱っこされるのを拒否する。それでも、その人がお母さんと親しく話しながら赤ちゃんに構っている間に、やがて赤ちゃんは抱っこされるのを拒まなくなる。このような様子を見ていると、赤ちゃんは知らない人に抱かれるという不安をもちながらも、その場の大人同士の和やかな雰囲気を支えにしながら葛藤を乗り越えようとしていることが感じられる。

　このような葛藤を乗り越えようとする赤ちゃんの姿には、たくましさが感じられる。しかし、今日、地域のつながりが希薄化するなかで、母親が地域の人間関係から孤立することもある。そのことが子どもの発達にどのような影響を及ぼすのか、心配なところである。もちろん、母親でないと子どもにとっての心の基地になれないというものではない。地域におけるママ友同士の助け合い

や保育体制の充実のなかで、子どもが両親以外の大人のなかでも安心して育っていけるような環境をつくっていかなければならない。

移動能力の発達が情動に及ぼす影響

さて、移動能力が情動に及ぼす影響の問題に話を戻そう。移動能力の発達が情動に影響を及ぼすことは既に述べたが、他の研究でも知ることができる。

キャンポスら（Campos, Bertental, & Kermoian, 1992）は、這いはいするには至っていない赤ちゃんの親と、這いはいを開始した後の赤ちゃんの親に面接調査を行った。面接の結果、子どもに対する親の行動には大きな違いがあった。それは、赤ちゃんが這いはいするようになると、親は自分の指示に赤ちゃんを従わせようとし、怒りや禁止のことばが増えるのである。また、それに対応して、赤ちゃんの側でも、自分の行動が親から妨害されることで怒りをあらわすことが増えるというのである。

一方、バーテンタールら（Bertenthal, Campos, & Barrett, 1984）は、這いはいする前と後の赤ちゃんを対象に、見知らぬ人が接近するという場面で、母親の表情を参照する（うかがう）赤ちゃんの能力について検討している。実験の手続きでは、見知らぬ人の接近に対して、母親が楽しそうな表情をする条件と、恐れた表情をする条件を設けて比較した。実験の結果、這いはいをする前の赤ちゃんは、母親が楽しそうな表情をする条件でも、恐れた表情をする条件でも、赤ちゃんの表情に差は認められなかった。それに対して、既に這いはいを開始した赤ちゃんは、母親が楽しそうな表情をしていれば赤ちゃんも楽しそうな表情をするが、母親が恐れた表情をしていれば赤ちゃんも緊張した顔をすることが多くの子どもで認められたのである。

このような結果から、移動が可能になる前の子どもは母親の表情に敏感ではないが、移動能力が発達してくると、安全な行動をする手がかりにするためか、母親の表情に敏感になることが示されたのである。

さて、ここで＜不安＞や＜恐れ＞の情動が生じることの意味を考えてみよう。＜不安＞や＜恐れ＞の情動が生起するということは、裏を返せば、安全で好ま

しい状態についての表象を自分なりに持っていることである。なぜならば、それらの情動は安全で好ましい状況と、現在の状況との差異を認識するところから現れてくる情動だからである。

　遠藤（2002）によると、＜恐れ＞の情動には、少なくとも比較的高次な認知処理が必要とされる分、多少とも遅れて現われてくるのではないか、と推察している。

　移動能力の発達は、＜不安＞や＜恐れ＞の情動を喚起することは既に述べたが、いつもそのような情動が生じるとは限らない。赤ちゃんにしてみれば、自分の意思で探索活動をするのだから＜楽しさ＞も生じるだろうし、そのような行動が禁止された場合には＜怒り＞の情動も生じるだろう（河合, 2002）。

　ところで、少し脇道に逸れることになるが、運動と情動には深い関係がある。この問題について、情動（emotion）の語源について考えてみると基本的な関係が見えてくる。情動（emotion）の語源は（e）と（motion）から成っている。しかし、（e）には２つの意味がある。すなわち、（e）には、「離れて（far from）」という意味と、「外へ（out of）」という意味がある。

　まず、（e）を「離れて」という意味でととらえた場合は、e-motion は「運動から離れる」という意味になり、運動から離れることで情動（emotin）が生じることになる。ワロン（1983）が、情動と運動は混じり合いながらも、互いに対立する心理学的性質をもっているとしたのは、まさにこのような解釈からである。つまり、情動は筋肉の緊張（トーヌス）から発生しており、同じ類いの特徴をもつ運動とは対立する。それは、赤ちゃんの両腕の動きを抑制すると、＜怒り＞の情動が見られることでも明らかである。

　一方、（e）を「外へ」の意味でととらえた場合は、e-motion は「外へ動かされる（e-moved）」という意味になる。つまり、情動が生じるところには運動も生じることになる。ヘッブ（Hebb, 1970）によると、情動は行動するための特別な要因であり、情動は行動を効果的なものにすることもあれば、崩壊させることもあると考えた。

　それでは、ワロンとヘッブの違いは何だろうか。それは、「運動に関する現

在の状態」について主体をどのようにとらえるかで違ってくる。ワロンは運動の主体が「動的な状態」にあるととらえているため、それを「静的な状態」にすること（運動の制止）によって情動が発生すると考える。それに対して、ヘッブは運動の主体が「静的な状態」にあるとらえているため、そこから「外へ」出るために情動という特別なエネルギーが必要と考えたのである。

　このように情動を語源からみると、情動と運動の関係には2つの解釈ができる。しかし、どちらが正しか、という問題ではないだろう。読者の皆さんには長い寄り道につき合わせてしまったが、情動と運動の関係は複雑であり、どちらの側面もあると考えた方がよいように思われる。

他者の表情の理解

　さて、既に述べたように、赤ちゃんの移動能力が発達することに起因して他者の表情を参照するようになるが、それはどのくらい正確に行われるのだろうか。生後7か月ころになると、他者の表情とその人の声の一致をかなり正確に理解するようになることを示す研究がある。

　ウォーカー・アンドリュースとディクソン（Walker-Andrews & Dickson , 1997）は、表情と声が一致した人物が登場するビデオと、一致してない人物が登場するビデオを赤ちゃんに見せる実験を行った。その結果、生後7か月になってない赤ちゃんは両条件で注視時間に差がなかったのに対して、7か月を過ぎた赤ちゃんは表情と声が一致しているビデオをよく見たのである。

　しかし、このような7か月児で表情と声が一致する映像をよく見たという結果から、他者の表情を理解していたと言えるだろうか。赤ちゃんは理解できなかった可能性が高い。なぜならば、7か月児でも自他の区別そのものが十分にはできず、混然一体とした部分を残しているからである。9か月児でも他の赤ちゃんが転倒するのを見て、自分も泣きながら母親のところに這っていくことが観察される。これは、他者が感じるストレスを自分も同じように感じるからである。

　自他の区別がつく以前から見られるこのような情動反応は、同じ情動を共有

するという意味で、もっと後で形成される＜共感＞の原形になるのかもしれない。ただし、このような情動表出は、生後間もなく見られる「情動伝染」のように、他の赤ちゃんの泣き声につられて反射的に泣くというものよりも進んだものと言えるだろう。

6か月から9か月になると、他者との「やりもらい遊び」が見られる。そのような物のやりもらいで生じる情動と自己と他者の区別は自己意識の形成を促す可能性がある。それは、レディー（Reddy, 2005）が、この時期の赤ちゃんと親との観察を通して、＜得意気な表情（showing-off）＞や＜はにかみ（shyness）＞と言える情動を認めたからである。自己意識の発達はもっと遅い段階であらわれるとしても、レディーが観察したような情動は自己意識の芽生えを準備するものであると思われる。

ルイス(1997)によると、生後2年目になると自己意識がさらに発達し、＜共感＞、＜てれ＞、＜羨望＞という二次的情動ないしは社会的情動があらわれるとしている。しかし、そのような二次的情動ないしは社会的情動は、ここで検討しているように6か月から9か月という、もっと早い段階からその原型が準備されていることがうかがわれる。

情動の調整と要求の伝達

それでは、情動の調整にはどのような変化があるのだろうか。誕生後間もない頃の情動の調整を振り返っておこう。その頃は、赤ちゃんの機嫌が悪くなれば、養育者はテレビなどの音量を調節したり、子どもを抱っこして揺り動かしてあやしたりした。これは、赤ちゃんの情動が主に養育者によって調整されていたからである。

それが、生後5か月くらいになると変化がみられる。赤ちゃんは養育者と頻繁にアイコンタクトをとるようになる。そして、むずかって泣き、自分の世話をさせようとする。つまり、赤ちゃんは自分がネガティブな情動状態にあることを養育者に知らせる。

さらに、生後6か月にもなると、不快になったり、怖がったりした時は、不

快な気分にさせている刺激源から自分の視線を逸らしたり、自分の身体に自分で触ることで自らを慰める。このような赤ちゃんの行動は、不快な情動の低減につながる方法を偶然的に発見したことによるものであった。

　さて、ここで赤ちゃんが養育者に対して行う要求の伝達という側面について考えてみよう。6か月から7か月ころになると、泣き方に違いがでてくるようになる。それまでは「お腹が空いた」とか「おむつが濡れて気持ちが悪い」といった不快な情動を伝えることが赤ちゃんの中心的な仕事であった。しかし、この頃から泣くという行為は、不快なことを知らせるだけではないようになってくる。

　お母さんにしてみれば、「お腹も空いてないし、おむつも替えたのにどうして泣くのだろう？」と疑問に思うかもしれない。しかし、赤ちゃんにしてみれば、それまでとは違うことを求めている。赤ちゃんが泣いて知らせるのは、不快なときだけではない。寂しいとき、不安なとき、甘えたいときにも泣くようになる。また、「自分が欲しいものを取ってほしい」「遊んでほしい」「抱っこしてほしい」という自己主張が出てくると、泣き方に変化があらわれる。6か月を過ぎると、母親が部屋を出て行こうとすると泣きそうになり、近づいて顔を見せると、機嫌をなおして両手をばたつかせて喜ぶようになる。

　また、鯨岡（2002）によれば、6か月を過ぎたころになると、少しむずかったような響きのある「ンンン」という発声をするようになるという。このような発声は、まさに呼びかけとして養育者を振り返らせる働きがある。これは母子の関わり合いの発達という点では重要な一歩であると考えられる。

　さらに、「抱っこしてほしい」などの要求をするときは、身振りらしきものと声によって養育者に向けて表現してくるようになる。鯨岡・鯨岡（2001）は、このことを7か月になるY君の観察を通して明らかにしている。次の場面は、椅子につかまり立ちして失敗したY君が機嫌が悪くなり、お母さんの膝のところに「ンンー」と言って這ってきたときの記述である。

　　お母さんが「何してほしいの？」と言って、Y君の脇の下に手を入れ、自分の前に立

たせると、両手を斜め上に伸ばして強く「ンー」と言い、抱っこをせがむような素振りをした。母親は傍にあったオモチャをY君に持たせようとしたが、Y君は「ンー」と不満そうに声を出した。そこで、お母さんはY君を膝のうえに立たせたが、やはり不機嫌そうな声を出したので、お母さんはY君を抱き上げて立ち上がり、高い高いをしてやると、ようやく「ンーン」と甘えた声を出した。

　この観察に見られるように、赤ちゃんは自分の認知と情動を総動員して自分の要求を相手に伝えているのがわかる。他方、親は赤ちゃんの表情や音声や視線から何を要求しているのかを推察する。もし、自分の要求が叶えられないと、のけぞって泣くこともある。このような時に、養育者は赤ちゃんが泣くことに対して否定的な感情をもってはいけない。赤ちゃんが何を要求しているのか、いろいろ試行錯誤しながら子どもの様子を見てみることが必要である。

　さて、ここでお母さんはどうしてY君が何かを要求していると分かったのか。それは、Y君が発した「ンー」や「ンンー」という音声を手がかりに、いつもの機嫌の良いときのそれとは違ったものだったからだろう。

　因みに、生後6か月から8か月頃の赤ちゃんが機嫌よくしているときには喃語を聞くことができる。それは全く理解できるようなものではないが、「赤ちゃん語を話している」とか「何か歌を歌っている」かような印象をもつ。このような喃語は、音声言語と同じで、音節が複数あることや、各音節が子音と母音で構成された構造をもっている。そのため、このような喃語は、音声言語の出現を準備するうえで役割をもつと考えられてきた。

　言うまでもないが、赤ちゃんは音声言語の練習するために喃語を発声しているのではない。むしろ、周囲の人と情動的な交流をしたいという要求から発せられた喃語が、結果的には次の段階で音声言語の発達につながるのだろう。

　それでは、この時期の赤ちゃんが情動を交流する手段として喃語を用いていると考える根拠は何だろうか。それは、大人が相手をしてくれている時に赤ちゃんの喃語が頻繁に出ることと併せて、赤ちゃんは大人が返した音声を受けながら相手をしてくれる大人の目をみながら喃語を発声するからである。

第4章　6か月児から8か月児まで　69

この章のまとめ

　認識面から6か月児から8か月児の赤ちゃんを見ると、移動能力とともに手指操作の発達が顕著であった。また、このような運動機能の発達に物の永続性の認識が加わることで、外界に対する能動的な探索活動が盛んになることが見られた

　一方、情動面からみると、移動能力の獲得とともに母親との間に距離が生じることが赤ちゃんに＜不安＞や＜恐れ＞の情動が生じる。そのような＜不安＞な情動を抑えるために赤ちゃんには養育者の表情の変化を参照することが見られた。このように外界に対する探索活動が盛んになるとともに、情動を介した子どもと養育者のつながりが一層明確になった。

第 5 章

9 か月児から 11 か月児まで

　9 か月児なると、人見知りは残っているものの、養育者以外の人と目を合わせられるようになってくる。そして、誘われれば、大人との間で物を手渡したり、受け取ったりする活動を喜んで繰り返すようになる。このような物の受け渡し（やりもらい）の過程で情動の交流が行われる。このような活動をコミュニケーションという視点で見た場合は、コミュニケーションの始まりは具体物のやり取りから始まったものであることが理解できるだろう。

　このように、9 か月児の赤ちゃんでは物を介して大人との関係が深まる。つまり、「子ども－物－大人」という三項関係のなかで、子どもと大人のコミュニケーションが始まる。三項関係の成立は、認知機能だけでなく、情動機能の発達も大きく関係している。

5.1　認知の発達

三項関係の成立

　三項関係が成立することは、認知機能の発達において重要な意味をもつものである。三項関係の意味を考えるのであれば、そもそも三項関係がどのように出現し変化していくのか知る必要がある。

　三項関係の始まりは、既に述べたが、オモチャなどの【具体物の受け渡し】から始まる。ここで、近藤（1989）が注目したのは、受け渡されるものは具

体物だけでなく、物の扱い方（行為）もやりもらいされることである。例えば、大人が子どもの相手をするなかで、器にボールを入れる、ボールを転がす、等の行為が11か月ころから盛んになる。何度も同じことを両者の間で繰り返すなかで、次は物の操作だけでなく、「ナイナイ」とか「バー」など、大人が用いた言葉を子どもは取り入れていく。

やりもらい遊びは、1歳を過ぎてからも盛んである。また、他の子どもや大人も参加した形で盛り上がれば、養育者以外への関心も高まっていく。このようなやりもらい遊びは、まさに自他の区別を促すものとなる。なぜならば、交互にやりもらいをするなかで「やる者」と「もらう者」という2つの役割が明確になり、自己の意図と他者の認識が分化しはじめるからである。ここで留意しなければならないことがある。それは、このような分化は生後2年目のはじめに突如として現れるのではないことである。それは1歳の誕生日頃からはじまり、約1年をかけてじっくりと分化が進んでいくのである。

さて、話をもとに戻そう。ここまで述べてきた【具体物の受け渡し】は、認知発達の流れのなかで、その後どのように変化していくのだろうか。そもそも、はじめに受け渡されるものは具体物であったが、それ以降は受け渡しされる「モノ」が変化していくのである。

それでは、【具体物の受け渡し】に続いて受け渡されるモノは何か。それは、指さしに代表される【シンボルの受け渡し】である。指さしについては既に述べたが、いろいろな意味をもった指さしがある。その中でも、物に対して行う「要求の指さし」があるが、それは大人に自分の要求を伝えようとする指さしである。やまだ（1987）は、手さしや指さしを「ことばの前のことば」と呼んだが、まさにそれに相応しい意味をもつ。したがって、この段階で受け渡されるモノは、「シンボル化されたしぐさ」である。つまり、このような手さしや指さしは、大人と子どもが共同して理解し合えるシンボル行動と言える。

しかし、手さしや指さし以外にも、それと同じような働きをもつものがある。それは視線である。母親が何らかの対象を注視したときに、子どもは母親が見ている物と同じものを見ようとする。これを「共同注視」と呼ぶ。子どもは、

母親がする指さしと同様に、母親の視線の先にあるものに母親が意味するものを理解しているのである。

このような手さしや指さしや視線によってモノを共有する段階から次はどのような段階に進むのか。それは、【ことばの受け渡し】の段階へと移行するのである。ことばが受け渡されるこの段階では、子どもや母親の前に存在しないものもイメージできる。このように、大人と子どもの間で受け渡されるものが、「具体物」から「シンボル化されたしぐさ」に移行し、最終的には「ことば」の受け渡しが行われる。このような変化にともなって、「三項関係」そのものの質が変化していくのである（p.80 の図 13 参照）。

それでは、大人と子どもの間で交わされる「具体物」の受け渡しが、どのような形で「ことば」に変化していくのか。初語は初めて発する意味のある言葉であるが、それは生後 10 か月頃に現われる。それ以降、語彙はどんどん増えていくが、それは物が受け渡しされる場面こそが語彙学習を促進するものになっているためと思われる。なぜならば、モルフェーズら（Molfese, Morse, & Peters, 1990）の研究では、初語が出始める 10 か月児において、日々の生活経験のなかで語彙を学習していることを示す結果を得ているからである。

その実験では、2 つの新奇なオモチャに 2 音節からなる異なる名前をつけ、実験に参加した大人が遊びのなかでそれらのオモチャの名前を繰り返し声にだして子どもに聞かせたのである。しかし、実験はこの後でこれら 2 つのオモチャの名前を入れ替えて大人が発声した時の脳波変化を調べたのである。実験の結果、刺激（発声）によって喚起される頭皮上の電位変動である誘発電位に変化が認められた。特に、誘発電位の波形のなかでも N 400 成分という波形成分に変化が認められた。N 400 は、陰性の電位変動で、刺激呈示から 400msec あたりで生じる波形である。この反応は、予期しない単語が呈示されると出現することから「単語認知関連電位」とも呼ばれている。

さて、大人と子どものやりとりでは、大人の指示に対して子どもが「イヤイヤ」をして首を振るしぐさが見られる。このような身振りこそ、子どものなかに意図が芽生えたことを示すものである。このような「イヤ」は、養育者の意図を

理解しながらも、自分の意図を優先させようとするあらわれである。つまり、「イヤ」の背景には、自分が養育者とは異なる意図をもった別個の主体であることに気づいたことを示している。このような意図は、大人とのコミュニケーションや三項関係の発展のなかで、さらに明確になっていく。

生後1歳ころに見られる首を振るなどのしぐさや身振り・手振りのジェスチャーには、どのような意味があるのだろうか。おそらく2つの意味があるだろう。1つは、認知面からとらえたときに、言語を習得する前であっても、身振りや手振りを介して意思を伝えることができるということ。また、もう1つは、情動面からとらえたときに、身振りや手振りで養育者に自分の欲求や情動を伝える働きがあること。非言語コミュニケーションがもつ意味は、ことばの前段階にあるこの時期には特に大きいと言える。

静観的認識の発達とADHD児の問題

三項関係に関連してあらわれる認知機能は以上であるが、この時期には、それらと並んで重要な変化が認められる。それは、10か月ころに見られる静観的認識の発達である（やまだ、1987）。

静観的認識とは、「とる」とか「いく」ことができるにもかかわらず、「行かないで〔ここ〕にとどまって〔見る〕」ことである。このことを図に表すと図11のようになる。静観的認識では、対象と距離をおいて認識しようとすることである。つまり、「行かないで見る」という行動が生まれる。

それでは、静観的認識はどのように生まれてくるのだろうか。おそらく、そ

図11　静観的認識

れはこの前の段階の6か月から9か月ころに蓄積された能動的な探索活動で得た豊富な経験が関係していると思われる。つまり、探索活動の豊富な蓄積があるからこそ「行かないでもわかる」という認識の基盤があるためだろう。

　このような静観的認識は、表象の発生を促す。表象とは、心に思い浮かべるイメージである。静観的認識がなぜ表象の発生につながるのだろうか。

　やまだ（1987）は、はじめは「みる」ことと「とる」ことは別個の行動であったが、5か月ころになると「みる」ことと「とる」こととは一体化し、「みる－とる」ができるようになるという。これが、10か月ころは静観的認識があらわれて「みる」ことと「とる」ことが再び離れ、「みる」ことが独自の行動になる。つまり、「行かないで見る」ことができるようになる。それがさらに進むと、1歳ころには「〔ここ〕に居ながら〔ここ〕にないものを見る」ことができるようになる。これこそが表象の発生と言えるものである。

　以上は、やまだ（1987）の「静観的認識」に関する考えである。このような考えの背景には、表象なるものは、「知覚印象が内化したもの」であるとか、「行為が内化したもの」である、と考える傾向が強い。つまり、表象の形成には認知機能が深く関与しているととらえている。

　しかし、「行かないで〔ここ〕にとどまって〔見る〕」現象は認知機能ではなく、情動機能を重視した別の解釈も成り立つ。それは、次の通りである。ワロン（1983）によれば、人間を含む生物の身体組織は、2つの系を通して外界とかかわっているという。1つは、外界の刺激を受容する「（外受容）感覚－運動系」である。もう1つは、内蔵活動をとらえる内受容感覚と、姿勢をとらえる自己受容感覚からなる「内蔵－姿勢系」である。赤ちゃんの大脳皮質は未だ十分に成熟していないため、感覚－運動系を働かせて外界に適応するのは難しい。その代わりに、皮質下が関与する内臓－姿勢系の興奮で情動を作動させることができる。それは、言葉をもたない赤ちゃんが情動を介して他者と交流し、自身の養育に巻き込んでいることを考えても明らかである。

　ワロンがユニークな点は、情動こそが意識や表象の根源であると考えた点である。この考えは、意識や表象は見聞きして知覚した内容の記憶から生じてい

第 5 章　9 か月児から 11 か月児まで　75

ると信じて疑わない考えとは全く異なる。ワロンによると、反射や習慣などの自動的な行動を行っている時は意識や表象は生じず、情動の働きで自動作用が停止したときに生じると考えた。内臓や姿勢の活動も普段は自動水準で働いているが、状況の変化で生じた興奮は筋肉の緊張や収縮と連動して情動が働く。そして、そのような情動が惹起する興奮が身体各部に拡延することで外的状況の変化を知る。それでは、自動水準下で感覚的な世界にいた赤ちゃんが、どのようにして情動の働きを借りて表象できるのか。それは情動によって他者を既に巻き込んでおり、他者の力を借りて表象の世界に移行するからである。

　このようなワロンの考えにもとづいて、「行かないで〔ここ〕にとどまって〔見る〕」現象を考えてみよう。ワロンの考えにしたがえば、「離れて見る」という認識活動よりも「行かないで」という時の内蔵ー姿勢系の活動が重要である。具体的に言えば、赤ちゃんが何か目新しい物を見つけて、それに釘付けになった状態を考えてほしい。このような状態では、赤ちゃんは高い覚醒状態になり、外界との交渉は一時的に停止する。つまり、情動の喚起とともに生じる姿勢の保持活動は、「いま・ここ」という外界との直接的な交渉を断ち切る。

　このような「外界との直接的な交渉の断ち切り」は、表象の成立にとって有効である。なぜならば、表象が成立するには一旦、外界と交渉を断ち切らなければならないからである。それだけではない。行かないで特定の対象（オモチャなど）に情動反応を示す赤ちゃんの姿を大人が目撃すれば、大人はそこに介入しないではいられない。例えば、大人から「それは何と言うのか」と話しかけたり、「どんな動きをするのか」について実演たりするだろう。ここに表象が成立する基盤ができると考えられるのである。

　ところで、ここまで述べてきた「行かないで〔ここ〕にとどまって〔見る〕」こととの関連で思い起こされるのは、ADHD（注意欠陥／多動性障害）児の問題である。彼らは、不注意と多動性と衝動性をもつ発達障害と定義されており、その基本的な障害は衝動性（行動抑制障害）にあると考えられている（例えば、Barkley, 1997）。

　幼児期の遊び場面の観察において、彼らが示す特徴は、次々にオモチャに注

目して、それを手で触れようとする。しかし、どのオモチャでも時間をかけて遊び込むことができず、次々にオモチャを変えて行く。

衝動性が顕著なＡＤＨＤ児は、「みる」ことが、そのまま「とる」ことにつながる。そのため、刺激と反応の間に「待つ」とか「間」を入れられない。このような「待つ」とか「間」がもつ意味は重要である。

ところが、ADHD 児は、刺激、即、反応であるため、実行機能が育たない。実行機能とは簡単なことばで言いあらわすと、「コトを進める力」と言えるだろう。「コトを進める力」と言っても、日常化したコトではなくて、習慣化していない新しいコトをするときに必要な力である。

バークレイ（Barkley, 1977）によると、ADHD 児は実行機能の障害であり、衝動性（行動抑制障害）を主な原因とする５つの実行機能の障害が注意と行動の制御の困難につながっているとした。近藤（2002）はバークレイの考えを要約して図 12 のようなモデルに改変した。

図 12 から明らかなように、ADHD においては、行動抑制の障害に起因して、非言語的ワーキング・メモリ、言語的ワーキング・メモリ、情動・動機づけ・覚醒の調節、再構築（プランニングなど）の障害が現われると考えられている。バークレイが行動抑制の障害を重視したように、「みる」ことが、そのまま「と

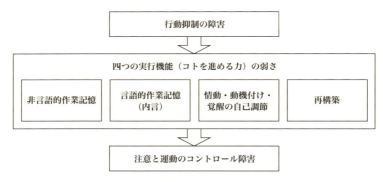

図12　バークレイの ADHD のモデル（近藤文里 2002　注意欠陥‐多動性障害（ＡＤＨＤ）のばあいの援助．須田 治・別府 哲 編著 社会・情動発達とその支援．ミネルヴァ書房，p.209 より）

第 5 章　9 か月児から 11 か月児まで　77

る」ことにつながった場合、いろいろな実行機能は育たず、情動機能にも悪影響を及ぼす。

目的と手段の分化

　話題を定型発達児の問題に戻し、9 か月児から 11 か月児が物に対してどのような関わり方をするかという問題を考えたい。この問題を考えるうえで、移動能力や手の把握能力の発達について、もう一度振り返っておきたい。

　生後 8 か月ころまでは、第 3 章でも述べたように、「布を払いのける」という動作と、「オモチャをつかむ」という動作は無関係であった。

　それが、8 か月ころを過ぎると、2 つの動作が組み合わされて、「オモチャをつかむ」という目的で「布を払いのける」という手段をとるようになる。

　さらに、生後 9 か月ころになると、前方にあるオモチャに向かって進もうとして、ずり這いをし、やがて四つ這いになって移動する。四つ這いで移動する速度が速くなってくると、座卓のようなところまで這って行き、つかまり立ちをして、伝い歩きをするようになる。また、手の把握能力にしても、7 か月ころは 1 つの物しか把握できなかったが、9 か月ころには両手で同時に物を把握できるようになる。このような移動能力の発達によって視覚と触覚を用いた外界の探索が可能となり、外界の認識能力はさらに高まる。

　さて、生後 10 か月ころはどのような変化が起きるのだろうか。10 か月ころになると、投足座位の姿勢をとり、手に物を持って遊べるようになる。この時期になると、子どもの行為に意図が感じられるようになる。例えば、小さい物を提示すると、人さし指と親指で素早くつまむだけでなく、それを近くにあるビンの中に入れるようになる。

　このような観察においては、赤ちゃんに意図が感じられるのはなぜだろうか。それは、「目的と手段の分化」がみられるからだろう。ここで「分化」という言葉を用いるのは、物に手を伸ばして指でつまむこと（「手段」）が、ビンの中に物を入れること（「目的」）と明確に分かれているからである。

　目的と手段が分かれているということは、行動に柔軟性があることでもある。

目的と手段が未分化なままであると、その場に相応しい行動はできない。例え
ば、指でつまんだ物はビンに入れなくても、しばらくしてほかす場合だってあ
る。子どもが、その場その場で、柔軟に行動を組み合わせる姿を目にした時に、
我々は赤ちゃんの行動に意図を感じるのだろう。

5.2 情動の発達

共同注意の発達

　三項関係があらわれるきっかけになるのは何だろうか。それは、ここで述べ
る「共同注意」と呼ばれるものである。「共同注意」とは、自分と他者の注意
が同じ対象に向けられており、相手が注意を向けている対象が自分が注視して
いる対象と同じものであることを知っている状態をさしている。

　では、共同注意ができるためには、赤ちゃんにどのような力が備わっていな
ければならないのか。それには、「赤ちゃんが他者の注視した物に気づくこと」
と、「赤ちゃんが注視した物に他者の注意を向けさせること」が必要だろう。

　そこで、まず、「赤ちゃんが他者の注視した物に気づくこと」について考え
てみよう。赤ちゃんが他者と目を合わせた状態で、他者が視線を左か右いずれ
かの方向にそらせた時、反射的に同じ方向に眼球を運動させるだけなら4か月
ころの赤ちゃんでもできる。しかし、大事なのは、他者の視線の先に注意がで
きるかどうかである。それは、4か月児には困難である。

　ところが、生後9か月ころになると、他者の視線の先にある物と自分が発見
した物が同じかどうかを確認する様子が観察できる。具体的には、ある物を見
ている「他者」と、自分が気にとめた「物」との間で視線を交互に往復させる。
このような凝視を「交互凝視」と呼ぶが、赤ちゃんが人と物という2つの対象
に同時に注意できるようになったことを示している。

　次に、共同注意の成立にはもう1つ必要なことがあった。それは、「赤ちゃ
んが注視した物に他者の注意を向けさせること」である。これは、赤ちゃんが
注意して見ている物を他者に気づかせ、それに他者の注意を向けさせることで

もある。12か月ころの赤ちゃんであれば指さしをすることもできるだろうが、それ以前の赤ちゃんには困難である。

　それでは、1歳未満の赤ちゃんは、どのような方法で他者の注意を操作するのだろうか。あるいは、周囲にいる他者は、赤ちゃんが関心をもった物をどのようにして知るのだろうか。ジョーンズ（Jones, Collins, & Hong, 1991）によると、10か月児は視線を物から人へ移す前に＜すでに笑ってしまっている表情＞を示すという。このような他者に視線を振り向ける前に出現する微笑は、他者の反応を期待した＜予期的な微笑＞と考えられた。

　ジョーンズらが＜予期的な微笑＞と考えたのはなぜだろうか。それは、養育者がその時に何をしていたかによって微笑の頻度に違いが見られたからである。すなわち、10か月児が玩具で遊んでいる状況で、＜すでに笑ってしまっている表情＞浮かべながら養育者に視線を振り向けたのは、養育者が本を読んでいる時よりも、養育者が赤ちゃんに注目している時の方が多かったのである。ここには、赤ちゃんの側に「お母さんもそれを見るなら面白いと思うだろう」という予期が働いている。このような＜予期的な微笑＞は、赤ちゃんが生後8か月目から10か月目の間にあるときに増加する。

　このような＜予期的な微笑＞がもつ意味は大きい。なぜならば、赤ちゃんが物に魅了され続けるのを中断して、自らの注意を養育者に向けるからである。それでは、赤ちゃんの注意が物から離れて養育者に向かうのはなぜか。おそらく、そこには「自分が面白いと思ったことをお母さんに知らせることで一緒に楽しみたい」という赤ちゃんの意図が働いているからだろう。

　以上のように、共同注意には、図13のように、「赤ちゃんが他者の注視した物に気づく」という局面と、「赤ちゃんが注視した物に他者の注意を向けさせる」という局面がある。どちらの局面でも、それらが初めから完全な形であらわれることはないだろう。

　初めのうちは、赤ちゃんがはっきりとした意図をもたない存在であっても、養育者は赤ちゃんを「心をもつ存在」と見なして、熱心に繰り返し働きかけるだろう。例えば、養育者が注目したオモチャを赤ちゃんにも見てもらいたいと

きは、それを振ったり、目の前に呈示したりする。また、赤ちゃんの注意がウサギのぬいぐるみに気を奪われているために養育者を見ていないような時は、養育者は「ウサギちゃん、可愛いね」と言って、そのぬいぐるみを手にとって見せたり、自分の顔に近づけて見せたりして、赤ちゃんにぬいぐるみと養育者の両方が見えるようにしてやるだろう。

　このような意図しない親子のかかわりが、二項関係から三項関係へと赤ちゃんを引き込んでいく。そして、徐々にではあるが、養育者が注視する物に赤ちゃんが注意を向けたり、赤ちゃんが注視する物に養育者が注意を向けたりするようになっていくのである。

三項関係の成立と指さしの発達

　これまで述べてきた共同注意だけが三項関係の成立に関係しているのではない。既に述べたが、物の受け渡しの活動も関係している。物の受け渡しの活動とは、子どもと大人の間で交わされるところの、ぬいぐるみなどの〔具体物の受け渡し〕であった。このようなやり取りは、はじめは大人が子どもに対して言う「ちょうだい」や「どうぞ」の声かけで始められる。このような具体物の受け渡しでは、情動を交流させながら物を受け渡す経験を共有するなかで、相

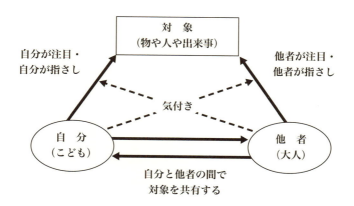

図13　共同注意と三項関係

手の反応を予期する力が高まる。このような具体物の受け渡しを楽しむ遊びが、三項関係の成立に影響していると考えられる。

　しかし、三項関係の発達を考えるときに、もう一つの重要な変化があることを忘れることはできない。それは指さしの発達である。やまだ（1987）は、9か月児や10か月児の赤ちゃんが、やや遠くにある目立つものに感動して、はじめて指をさす行動を観察し、これを「驚き・定位・再認の指さし」と名づけた。このような第1段階の指さしは、外界の変化に驚き、その驚きを他の人に伝えようとすることから「感嘆・共有」機能をもつものと考えた。

　次の第2段階であらわれる指さしは、外界への志向性というよりも、人とのやりとりを楽しむ方に重心が移り、「交流」機能をもつようになる。すなわち、前の段階では見慣れないものに驚き、その感動を他者に伝えようとしたが、第2段階では自分にとってはおなじみの物を指さすようになる。

　やまだは、自分の子どもを観察するなかで、第2段階の指さしは、第1段階の指さしがあらわれてから10日くらい後で見られたという。第1段階から第2段階に至る過程で指さしに変化があらわれたのは大人の積極的な応答があったからである。例えば、子どもが指さした照明器具に、母親が「電気よ」と応答しているうちに、「電気は？」と大人が聞くと、子どもはそれに応答して照明器具を指さすようになる。つまり、第2段階では「応答の指さし」の意味をもつものが認められたという。

　さらに、第1段階の指さしがあらわれてから2か月くらいすると、第3段階の指さしが見られたという。それは要求を意味する「要求の指さし」であった。つまり、欲しい物を指さしたり、行きたい方向に指をさしたりする。この要求が大人に受け入れられないと、赤ちゃんは不機嫌になって泣き、泣きながらもまだ指さしをしている。

　三項関係のなかでは、子どもは大人が発したことばの音韻的側面だけを手がかりにしているのではなく、大人の表情もとらえている。それは次の場面も明らかである。子どもが自分の視線や指さしを使って、ある物に注目したとしよう。子どもが注目した物が危険な物であれば、大人は子どもを近づけないよう

にするために、大人の表情はこわばり、声を荒げるだろう。反対に、子どもが注目したものが安全な物であれば、注目した子どもの心に共感して、接近しても構わないことを示すかのように大人の表情は柔らかく、声も穏やかだろう。

このように、三項関係のなかでは、子どもは大人の表情や声を手がかりにしているのである。つまり、物を介した子どもと大人のやり取りのなかで、子どもは物への関わり方を大人から学んでいくのである。

赤ちゃんへの絵本の読み聞かせ

絵本の読み聞かせが盛んになるのは、赤ちゃんが9か月か10か月になったころからである。9か月ころというのは読み聞かせで安定した姿勢が確立する時期で、お母さんが赤ちゃんを自分の膝にのせて絵本を読んであげられるようになる。これは三項関係の成立と深い関係がある。なぜならば、絵本を介して養育者と子どもの関係ができるからである。

しかし、赤ちゃんと絵本の関係は、実際にはこれ以前から始まっている。赤ちゃんも5か月くらいになると「乳児－物」という二項関係ができることは既に述べたが、絵本を見せると、赤ちゃんは絵本を触ったり、たたいたり、引っ張ったりしながらも絵本に馴染んでいく。

さて、絵本とつながりが強くなる9か月ころの子どもが興味をもつ絵本は、『いないいないばあ』（松谷みよ子 文・瀬川康男 絵）のような、読み手が本を媒介にしながら子どもと遊べるような絵本である。また、『もこ　もこもこ』（谷川俊太郎 文・元永定正 絵）のような日本語の音韻・リズム・メロディを生かしたオノマトペ（擬音語・擬声語や擬態語など）を多く含んだ作品も人気がある。

視覚的な面から言うと、この時期の子どもにふさわしい絵本は、大きくて輪郭がはっきりしたものである。これは、赤ちゃんの視力が1歳ころでも0.3程度であることと関係している。また、赤ちゃんは明るい色やコントラストが明確な色の組み合わせ、幾何学的な形が好きだが、これらの色や図形の特徴が視覚系を効果的に刺激するからである。さらに、場面の構成という面から言うと、見開き一場面で話が完結し、単純な話の繰り返しで構成されているものを好む。

それは、この時期の子ども達は未だ文脈を追って理解するということが難しいからである。

社会的参照

あいまいな状況で自らの行動を選択しなければならないとき、そこにいる他者の意見やその他の情報（表情や発声やしぐさ等）を参考にしようとする。つまり、他者の考え方を「参照する」ことから「社会的参照」と呼んでいる。誕生から 12 か月の子どもを対象にした社会的参照の研究にはいろいろな実験状況での検討が行われてきた。そのいくつかを紹介する。

キャムラスとザックス（Camras & Sachs, 1991）の研究は、音を出して動き回る 2 種類の見慣れないオモチャを子どもに提示する事態で子どもの行動を観察した。すなわち、デイケアセンターの女性ケアワーカーにはそのオモチャに対して 2 種類の情動表現をしてもらうように予め頼んであった。それは、楽しそうな喜びの表情をする条件と、怖そうな恐怖の表情をする条件である。実験の結果、生後 1 歳前後の大半の子どもたちは、ケアワーカーが不快情動を示したオモチャよりも、快情動を示したオモチャに接近して遊んだ。また、日常的に表情豊かなケアワーカーの表情は、不快条件において子どもに参照されることが多かった。

また、このような社会的参照は、赤ちゃんに奥行き知覚があるかどうかを調べる「視覚的絶壁」と呼ばれる実験でも検討された。ギブソンとウォーク（Gibson & Walk, 1960）の実験は有名であるが、説明しておく。実験には市松模様をしたテーブルの天板の片方の端に厚くて頑丈な透明ガラスが水平に固定されている装置を用いた。天板から下の床面までは約 1 メートルで、床面も市松模様である。赤ちゃんはテーブルの上に置かれ、母親には絶壁の向かい側からガラス越しに赤ちゃんを呼んでもらう。もし、赤ちゃんに奥行知覚があればテーブルの端でためらうだろう。実験の結果は、予想通りで、生後 6 か月半ころからためらう傾向が認められた。

さて、このような「視覚的絶壁」の実験事態で社会的参照を調べたソースら

（Sorce, Emde, Campos, & Klinnert, 1985）らが用いた実験装置は、ギブソンらが用いたものと少し違っていた。すなわち、ソースらのそれは絶壁の高さが調節可能になっていて、絶壁の高さを 30cm にした。また、絶壁下の床面に魅力的なオモチャを置くことで母親の表情が最も生起しやすいことを予備実験で確認していた。

　そして、行った一連の実験では、母親に依頼した表情が 12 か月になる赤ちゃんの社会的参照に影響するかどうかを調べた。つまり、赤ちゃんが絶壁を見て躊躇した時、母親には笑顔を見せるとか興味ある表情をすることが頼んであった。また、別の母親には恐れた表情か怒った表情をするように頼んであった。その結果、母親がポジティブな表情をした時は 7 割以上の赤ちゃんが絶壁の落差を感じながらも渡ってきた。それに対し、母親に恐れの表情をしたときは誰も渡らなかったし、怒りの表情を依頼した場合でも 1 割程度の赤ちゃんしか渡ってこなかった。さらに、母親に悲しみの表情を依頼した時には、笑顔や興味を示した時に見られた行動と、恐れや怒りを示した時に見られた行動のほぼ中間にあたる 33％の赤ちゃんが視覚的断崖を越えてきた。

　このような結果は、悲しみという情動は、行動を回避したり禁止したりするときに使われる情動ではないことによるものと考えられた。つまり、視覚的絶壁を越えてでも移動すべきか否かを判断する事態に直面したとき、赤ちゃんに与えられる情動シグナルがその場の文脈に適していることが重要なのである。

　しかし、この実験結果から、聡明な 12 か月の赤ちゃんを考えてよいのだろうか。社会的参照を支える認知的要素は実に多い。そこには共同注意はもちろん必要だが、他者の心的状態を理解しなければならない。他者の心的状態を理解するには、表出された情動を弁別できなければならないし、表情などの情報が何を意味しているか分からなければならない。しかも、判断に迷うあいまいな事態で、咄嗟に他者の表情を探索しなければならないし、必要な情報を引き出すスキルも必要だろう。このように社会的参照が成り立つ認知的要素は多いが、そもそも自己と他者を明確に区別して他者の情動シグナルを自己の行動に利用したと言えるだろうか。おそらく難しいだろう。それは、少し月齢が低

い11か月の赤ちゃんでも、他の子どもが転んで泣くのを見て自分も泣きだし、指をしゃぶって母親の膝に頭を埋めるのを見ても明らかである。

それでは視覚的絶壁の実験で何が12か月の赤ちゃんに見られた行動を可能にしたのか。1つの可能性として考えられるのは、赤ちゃんが母親の笑顔や興味深い表情を見て絶壁を進んだり、恐れや恐怖の表情で停止したりしたのは、生理的レベルでの筋緊張の弛緩（母親の笑顔）ないしは亢進（母親の恐怖の表情）が影響した可能性が高いと考えられる。

また、異なる解釈もできる。日常生活のなかで母親の表情表出のパターンと接近－回避行動の連合を学習しており、それが有効に働いたとも考えられる。社会的参照というとき、自他を区別したうえで、他者の表情を参照し、その評価によって自己のとるべき行動を選択すると考えがちになる。しかし、ここで考えたような認知的要素が完璧に揃わなくても、情動のチャンネルを用いれば、それまでの日常生活で蓄積した母子間の学習によって適応的な行動をとることができたのだろう。

生後1歳前後になると、自己とは異なる他者の存在を意識した情動行動が観察される。そのことを裏づける事実として、心理的に依存する養育者の存在を意識した情動表出が観察される。それは、泣くという行為にしばしば現われる。フォーゲルとテーレン（Fogel & Thelen, 1987）によると、生後1年目ころにはステレオタイプ化した、うわべだけの泣きが見られるという。

また、デーモス（Demos, 1986）は、養育者がどこにいるのかという場所の違いによって泣き声に強弱をつけることを明らかにしている。ただし、このような事実をもって、赤ちゃんが常に意図的に泣き声を調節しているとは判断できないが、他者の存在を意識した情動の表出が、この時期に現われることは間違いないようである。

情動の調整に関わる現代の危機

1歳までは自他の区別が必ずしも十分でないとはいえ、この時期の養育者のあり方は赤ちゃんの情動調整に大きく影響する。赤ちゃんが情動を調整するに

は、いろいろな大人の中でも養育者からのフィードバックの影響は大きいし、欠かすことができない。なぜならば、赤ちゃんが示した内的な情動の状態はその呼び方も異なるし、それらはコントロールもできるものであること、について養育者から学べるからである。

このような時、養育者には心の余裕が求められる。養育者がイライラしていたのでは話にならない。ましてや赤ちゃんに対する虐待やネグレクトなどは論外である。そのような場合は、赤ちゃんは強い恐怖を感じ、情動表出すること自体を抑え込んでしまう。反対に、子どもの情動表出に対して、養育者が自己の感情を抑制的に表出するのも好ましくないだろう。なぜならば、養育者からの返されるフィードバックが分かりにくければ、子どもは情動をどのように調整すればよいのかという手がかりが得られないからである。子どもの情動表出に対する養育者からのフィードバックは、過剰でもなく過少でもない適度な水準であることが求められる。

ところで、養育者に何らかの事情があって、赤ちゃんは自身の不安な気持ちをなぐさめてもらえない時がある。そのような時は、赤ちゃんは泣きに泣いたあげく、泣き疲れて眠りに入るしかないかもしれない。しかし、愛情たっぷりに育てられている赤ちゃんであれば、養育者から慰撫が受けられない時でも自分なりの情動調整法を偶然的に見つけられるようである。

また、子どもが10か月ころから1歳前半ころになると、愛着を感じている養育者に対して「分離不安」を強めていくことを知っておかなければならない。養育者の姿が見えなくなると、赤ちゃんは大泣きして探そうとする。しかし、それでも見つからないときは、自らの身体に対して自己刺激を行う。これは運動機能の発達とも関係するが、身体をゆすったり、性器をさすったり、指を咬んだりする。このような自己刺激によって、不安定な気持ちを自分で調整するのである。

さて、ここで述べた「分離不安」は、自己と他者の分化という点から見てどのような意味があるのだろうか。この時期の赤ちゃんが未分化な自他関係であったとしても、愛着を感じる他者が近くにいないことで感じる不安は、自他

第 5 章　9 か月児から 11 か月児まで　87

の分化を準備するものと考えられる。つまり、赤ちゃんが大切な他者に対して
「分離不安」を感じるということは、自我の萌芽を意味している。その意味で、
母親でなくても、愛情豊かな養育者が傍にいて、泣けば敏感に反応して慰撫し
てくれる環境が用意されることが大事である。

　ここで、近年しばしば問題になっているネグレクト（育児放棄）を受けた子
どもの問題について考えてみたい。ネグレクトとは、母親が一時的に子どもの
視界から消えるのとは訳が違う。赤ちゃんが自分の要求を泣くことによって知
らせても、無視されるのである。そのような子どもたちは、情動機能の発達に
おいてどのような問題をもつのだろうか。

　ネグレクトや虐待の場合は、赤ちゃんの情動が養育者によって受けとめられ
ず、支援も受けられない。そのような赤ちゃんがやがて幼児期になると、自分
の不安な気持ちを調整できないばかりか、自分の行動を制御できなくなる。ま
た、他の子どもが示す苦しみに対して関心を示さないばかりか、自らが受けて
いる暴力に対して無神経になり、他者に対して攻撃的な行動をとることもある。

　虐待を受けた子どもが示す行動は、ある意味で ADHD の子どもと似ている
と言われる。それは、虐待を受けた子どもは注意集中と刺激弁別で異常が生じ、
刺激に対して無差別的に過剰に反応するからである。このような被虐待児に見
られる特徴は、ADHD 児に見られる不注意と多動性と衝動性と共通するとこ
ろがある。しかし、被虐待児は絶えず何かに脅えているところがあり、幼児期
からのトラウマ体験や虐待を受けた大人への恐怖が想起されるため、自発的な
行動が極めて抑圧されている。

　虐待の問題を掘り下げていくと、「世代間連鎖」だけでは説明がつかない場
合がある。虐待の「世代間連鎖」とは、虐待やネグレクトを受けた子どもは、
成長すると自分も親と同じことをしてしまうという負の連鎖があると言われ
る。しかし、自分がそのような負の体験をしていても、自分の子どもに虐待を
することがない場合もある。逆に、自分はそのような負の体験をしていなくて
も、子どもに虐待やネグレクトをしてしまうケースがある。

　個々のケースを検討していくと、養育者自身が気軽に自分の気持ちを誰かに

ぶつけ、受けとめてもらえるような場をもっていたかどうか、自分の辛い体験を言葉でとらえ切れていたかどうか、が連鎖を断ち切れるかどうかの違いとなってあらわれるようである。

この章のまとめ

10か月ころの赤ちゃんには「子ども－物－大人」という三項関係の形成が見られたが、そこには、共同注意、物の受け渡し、指さしの発達が関係していることが明らかになった。

一方、情動に関しては、生後10か月ころまでに「社会的参照」があらわれ、赤ちゃんは他者の表情を参照して自分の行動を調節するようになる。また、情動の表出に関しても、生後10か月から1歳前半にかけて変化があらわれ、情緒的な絆で結ばれた養育者に対して「分離不安」を強めることが明らかになった。

第6章

幼児期前期（1歳児、2歳児）

　表象とは心に思い浮かべる像のことであった。前章では、表象が形成される過程について述べたが、表象の発生はその後の発達にどのような影響を及ぼすのだろうか。

　まず、表象ができることは、認知構造の発達に大きな影響を及ぼす。なぜならば、子どもなりに「こうしたい」という「つもりの世界」ができるからである。「つもりの世界」ができるようになると、自分のつもりと他者のつもりが衝突する。子どもはこのような経験を通して、しっかりと自分に気づき、他者に気づくようになる。

　また、表象の発生は、情動の発達にも影響する。幼児期前期には養育者との間で愛着が形成されるし、「だだこね」もあらわれる。また、自他の分化のなかで、＜嫉妬心＞、＜共感＞、＜てれ＞、＜羨望＞のような社会的情動もあらわれるようになる。

6.1　認知の発達

表象の発生と「知っている世界」の広がり

　表象の発生は、遊びをはじめとして、子どもの生活に大きな変化をもたらす。例えば、1歳児になれば積木をつなげて電車に見立てるなど、目の前にない物を想起していることをうかがわせる行動が出現してくる。

神田（2004）によると、表象が成立することで子どもの精神生活にはいろいろと変化するが、もっとも重要な変化は「知っている」という自覚的な体験が生じることだという。1歳児はいろいろなこと体験のなかで「知っている」ことを増やしていく。言葉を覚え始めたばかりの1歳児は知らないことばかりだが、言葉が急激に増えることで「知っている世界＝自分の世界」に変わってくるという。

　ここで、言葉の初期発達について考えておこう。生後10か月頃にあらわれる初語に続いて語彙は順調に増加していき、1歳半には語彙は30語から40語くらいに増えるようになる。そして、「ワンワン、きた」というような電報文のような2語文が現われる。それが、2歳の前半には「リンゴ食べたい」「リンゴ食べた」など、同じ2語文でも動詞を活用することで自分の気持ちを相手に伝えられるようになる。

　言葉をもつことにより、子どもはしっかりと像を思い浮かべられるようになる。このことは、感覚運動的行為だけで外界を探索していた頃に比べると、比較にならないほど安定した外界の認識が得られる。言葉は、「いま、ここ」の世界から我々を解放し、直接的に知覚できない事物でも心に思い浮かべることを可能にする。子どもは、混沌とした世界から抜け出して、過去のこと、未来のこと、遠く離れた所のこと、についても考えられるようになる。このような生活のなかで「期待」や「予期」が生まれる。

　表象が生まれることは運動面にも影響する。1歳までに四つ這い、つかまり立ち、伝い歩きによって骨格筋の発達が培われた。そして、それらが結実したものとして、1歳3か月ころまでには直立二足歩行ができるようになる。マーラー（1981）によると、このような歩行は、母親から分離しようとする子どもが自己の個体性をますます強く意識するものとして働くという。やがて、走ったり、滑り台に昇って降りたりする。このような運動発達は、子どもの行動範囲を広げ、家の中から外へと活動範囲を広げていく。

　しかし、このような目覚ましい運動能力の発達をそれ以外の心理機能の発達から切り離して見ていたのでは、この時期の特徴はとらえられない。1歳半ま

第6章　幼児期前期（1歳児、2歳児）　91

では母親の後追いが激しいが、1歳半を越えると表象が発生する。そのため、「ワンワン、見に行こう」などというように、子どもは何かをイメージして、あるいは何かを期待して、どんどんと遠くまで歩いて行く。これは、表象の発生が意図的な運動を引き出すうえで重要な働きをしていることを示している。

　同じことは、手指の操作についても言える。1歳前半では、スコップなどの道具で砂をつついたりするような使い方しかできない。しかし、1歳半を越えると手首の回転が可能になり、道具らしい操作ができるようになる。スコップで単に砂をつつくのではなく、スコップで砂をすくってバケツに入れ、運んでいくようになる。スコップ以外にもスプーンや箸などの道具を使うようになるが、そのような道具の使用は生活を一変させる。つまり、表象が発生したことで、イメージをもって行動できるようになってくる。

　1歳を過ぎると、子どもは常に大人の行動に関心をもつようになる。その点では、1歳の前半児でも後半児でも同じように見える。しかし、1歳前半児は、大人の行動に目を向けるが、大人の行為の個々の点には注意しない。ところが、1歳半を過ぎると、子どもは「大人がしたように自分もする」ことに願いの質を変えていく（近藤, 1989）。もちろん、大人と同じようにはできないことの方が多い。そのような時は、大人と自分の間にある壁に気づき、自我が芽生える。

　ところで、このような表象の発生や自我の芽生えの陰に隠れて見逃してしまいがちなことがある。それは、1歳半を過ぎると見られる随意的な注意の発達である。前に述べた「ワンワン、見に行こう」という例でも、犬がいなければ別の場所を探そうとする。また、「スコップで砂をつつく」場合でも、障害物を避けながら砂をつつく姿が認められる。これは、随意的な注意のあらわれであり、見逃すことができない重要な心理機能である。

　しかし、随意的注意と、3か月児から5か月児に見られた「過去の記憶にもとづいて予期を形成する」ことは同じものではない。なぜならば、3か月児から5か月児に見られる予期は、繰り返し呈示された刺激のパターンから次の刺激生起を予期するだけであった。これに対して、1歳半を過ぎた子どもの予期は、目的意識的に対象に働きかけた結果からもたらされる。つまり、対象に積

極的に働きかけたからこそ、対象の性質を明らかにできたのである。

子どもが物に働きかけたり、意のままに行動できたりすることは、自分自身への信頼感につながるものである。それが生活全般で認知と情動の豊かな発達を促すものとなる。

言語が行動をコントロールする働き

さて、2歳ころになると、200語以上の言葉がわかるようになる。このことはコミュニケーションの幅が飛躍的に広がることを示している。しかし、それだけではない。それは言葉の発達が行動のコントロールにも影響するからである。そこで、言語の行動調節機能について考えておきたい。

リュブリンスカヤ（Lyublinskaya, 1965）の実験を紹介しよう。彼女は1歳半から2歳半の幼児を対象に、緑の箱と赤い箱を呈示して、キャラメルが入っている箱を子どもに選ばせた。被験児を2群に分けた。1つの群は、実験者が「赤い箱にキャラメルをいれよう」と言いながらキャラメルを入れるのを見ていた。他の群は、実験者が黙って赤い箱の中にキャラメルを入れるところを見ていたのである。実験の結果、実験者が黙ってキャラメルを箱に入れるのを見せられた群は、当てずっぽうに箱を選んだ。それに対して、実験者が「赤い箱にキャラメルをいれよう」と言いながらキャラメルを入れるのを見た群は、正しくキャラメルが入った箱を当てたのである。この実験は、実験者がつぶやいた独り言でも、その言葉が子どもの正しい反応を引き出す手がかりになったことを示している。

この実験から、言語には行動をコントロールする働きがあることがわかる。これは「言語の行動調節機能」とも呼ばれるが、1、2歳児を対象にそのことを端的に示したルリア（1976）3つの実験を紹介したい。

1番目の実験は、物を選択するときの視覚痕跡の効果をみた実験である。1歳4か月から1歳半の年下の群と、1歳8か月から2歳の年上の群に分けて次のような実験をした。子どもの前に茶碗と盃を置く。そして、子どもの見ているところで茶碗の下にお金を隠した。そして、その直後に「見つけなさい」と

子どもに指示をした。この条件では、どちらの群も正しく茶碗を持ち上げることができた。これは、両群とも "茶碗の下のお金" という視覚的痕跡が反応の手がかりになったからである。

2番目の実験では、子どもの前に茶碗や盃を並べて置くところまでは前の実験と同じである。しかし、子どもと茶碗や盃の間に衝立を立て、実験者がどちらにお金を隠したのかは見せないようにした。その代わりに、実験者は茶碗の下にお金を隠した後で、衝立を取り払ったうえで、言葉で「茶碗の下にお金があります。見つけなさい。」と言ったのである。つまり、お金を隠すところを見せない代わりに言語刺激（「茶碗の下にお金があります」）を与えた。実験の結果、1歳半を過ぎた群は言葉を手がかりに簡単に見つけられたのに対して、1歳半までの群は間違える子どもがあらわれたのである。つまり、言語刺激を手がかりにできるか否かで、両群に差が見られたのである。

3番目の実験は、衝立によってお金を隠すところを見せないで実験者が「茶碗の下にお金があります。」と言うところまでは2番目の実験と同じである。しかし、「茶碗の下にお金があります。」と教えてから「見つけなさい。」と言うまでに10秒の間隔をおいた。つまり、お金の場所を教えた直後に見つけさせるのではではなく、10秒間待たせたのである。1歳半を超えている群は、ほぼ全員ができたが、1歳半までの群は全員ができなかった。この結果は、1歳半までの子どもでは「お茶碗の下にお金がある」という言語情報を10秒間保持しておくことが困難だったことを示している。

言語には行動をコントロールする働きがあることを示したルリアの実験は、年上の子どもにも行われている。この続きは、第7章の「随意的行為の発達」で述べることにする。

1歳半を境にした前と後

このような1歳半を境とした違いは、他の課題でも認められる。西川（2003）は、「はめ板」の検査で1歳ころと1歳半ころの子どもに違いがあることを明らかにしている。

検査は、まず、子どもの前に図14－Aのように、丸と三角と四角の穴があいた長方形のはめ板を提示する。検査者は手本として、円孔に円形積木を入れる動作を見せる。その後で、円形積木を子どもに渡して、丸い穴に入れさせる。これが課題である。この条件では、1歳ころの子どもも1歳半を過ぎた子どもも上手に積木をはめることができた。

　さて、次の検査条件は、前と同じはめ板を使うのだが、今度は子どもの目の前ではめ板を180度回転して置いた。つまり、円形の穴の位置は前の検査とは反対側に来るように置いた（図14－B）。この条件で子どもに円形積木を入れさせたのである。実験の結果、1歳ころの子どもは、最初の検査の時と同じように円形の積木を右側に何度も四角形の穴に押し込もうとするが、形が違うので入らない。一方、1歳半を過ぎた子どもは、はじめは右端の穴に入れようとするが、入らないと気づくと、気持ちを切り替えて左端の穴に向かい、うまく丸い穴にはめることができた。年齢がさらに高くなると、試行錯誤しないでも入れられた。

　机上で行うこのような課題でも、この時期の子どもの情動が明確にあらわれる。課題ができない場合はイライラして、泣き出しそうになるが、試行錯誤の末に課題に成功した場合は誇らしげで輝かしい表情を見せる。

　1歳前半児と1歳後半児の違いは、はめ板以外でもが認められる。白石（1994）は、3つ以上の積木を垂直に積む課題で2つの点で違いが見られた。

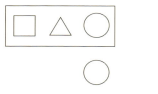
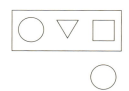

A（円孔の前に円板を置く条件）　　B(はめ板を回転させて円孔が円板とは反対にくる条件)

図14　はめ板（生澤雅夫・松下 裕・中瀬 惇　2002　新版K式発達検査2001実施手引．京都国際福祉センター．p.59, p.60より）

第6章　幼児期前期（1歳児、2歳児）　95

　1つ目の違いは、検査者に対する視線の交わし方にあらわれた。1歳半まで
の子どもは積木をひとつ積んでは検査者と視線を合わし、共感を求めた。一方、
1歳半を過ぎると積む過程で視線を交わすことはなく、全部積んだ後で検査者
と目を合わせた。これは、1歳半までの子どもの活動は、積むというひとつひ
とつの意図＝目的から成っているのに対して、1歳半を過ぎると全部積むと
いう大きな意図＝目的から成っていることによる。

　また、2つ目の違いは、積木が途中で崩れてしまったときにあらわれた。1
歳半までは、積木が崩れると、その場から逃げるように活動を終わらせるか、
イライラして積木を机から払い落とした。一方、1歳半を過ぎると、再挑戦の
葛藤があったためか、間を置いてから積み直したという。

　以上のように、1歳前半児と1歳後半児が「はめ板」や「積木積み」の課題
に取り組む姿を見てきたが、その基本的な違いはどこにあるのだろうか。

　田中・田中（1982）によると、1歳前半児は目標に向かって直線的に進むの
に対して、1歳後半児は直線的に進むばかりではなく、妨害物があれば方向転
換できるという。また、別の表現では、1歳前半児は「・・・ダ」式に行動す
るのに対して、1歳後半児は「・・・デハナク・・・ダ」式に行動するという。
つまり、1歳前半児は目の前にある対象（刺激）に即時に反応するが、1歳半
を過ぎると刺激と反応の間に「間（ま）」が入れられる。

　田中らは、1歳前半の子どもに見られたように、直線的に行動することを「1
次元的行動」と呼び、発達的に「1次元形成」の特徴をもつものとした。それ
に対して、1歳半を過ぎた子どもは目標に直線的に進もうとするが、妨害物が
あれば方向転換して目標を達成する。ことを「1次元可逆操作」と呼んだ。

　「1次元可逆操作」とは何だろうか。田中らによると、「1次元可逆操作」は、
同じ次元で対の関係にある2つの要素を1つの単位として視野に入れ、要素間
を可逆的に交通させることである。1歳半を過ぎると、日常生活では「行く―
戻る」、「入れる―こぼす」、「のぼる―降りる」など、対の関係にある要素間を
行き来する切り替えができるようになる。

　それが2歳ころになると、認識の幅はさらに拡大する。それまでは1つの次

元内における２つの要素しか意識が向かわなかったのが、丸－四角、赤－白、熱い－冷たい、といった知覚次元の区別ができるようになる。これは、「同じ」「違う」という対立する概念で物を分類することができることによる。

　描画においても、２歳ころになると○や十字の模写ができるのは２次元で決定される面への注目ができるからである。積木の構成でも、横と縦を意識した構成ができるようになる。例えば、いくつかの積木を子どもに渡して、それで汽車をつくらせてみる。２歳になるまでは積むか並べるかのどちらかで活動が終わっていた。それが２歳を過ぎると、横に並べたうえで積む、などのような横と縦の結合をつくり出そうとする。

　数の認識において「たくさん－すこし」、「全体－部分」、「大きい－小さい」を理解するようになる。これは、２つの集合を数的、量的に比べる対比的認識ができるからである。

　田中らは、「２次元形成」段階にある行動の特徴について、「・・・シテカラ・・・スル」式の行動と表現している。このような行動があらわれる意義は、「行為の見通し」ができることである。なぜならば、ある目的をもった行動をするためには、行為を実行に移す前から２つの活動の系列を想定しているからである。

　さらに、２歳後半から３歳前半になると、多－少、大－小、長－短、上－下、などの量や位置についての反対概念（対比概念）が形成されるようになる。このような反対概念の形成によって、認識のレベルで大きな変化があらわれる。それは２つのイメージや概念を操作できるようになることである。このことについては、次の第７章で述べることとする。

現実生活における危機

　この時期の子どもに関しては、現実生活との関連で検討しておかなければならない問題がある。それは、テレビやビデオの問題である。親のなかには、「子どもはテレビを通してたくさん言葉を覚えるし、興味をもって見ている」という意見もあるが、この時期の子どものテレビの見方を観察すると、「釘付けになっている」とでも言えるような見方をしているのが気になるところである。

第6章　幼児期前期（1歳児、2歳児）　97

　吉良（2005）は、幼児期の課題は、自分が「人間であること」を学ぶことであるとしている。それは、直接に人間に接し、「まね」する能力をもって学んでいくことであると考えている。つまり、幼児は人間や物事に直接出会って、その本質を知り、自分を育てていくことであるという。したがって、テレビから流れ出る自分の生活とかけ離れた間接的な情報と向かい合っても、人や物の本質に出会うことはない。吉良は、特に2歳になるまでの幼児がバーチャル（仮想的）な世界である映像に出会う必要は全くない、としている。

　もし、仮に言葉が意味を伝える働きしかもってないのならば、テレビを通した学習でもある程度は可能だろう。テレビやビデオは音声や映像を伝えるが、あくまでも現実の疑似体験である。テレビを通して視聴した体験は間接的で、身体感覚を通したものではない。ましてや、情動を介してやりとりをするような人間関係はそこにはない。子ども達にとっては、生活の中で具体的な場面と結びついて話される言葉を聞くことが大事である。このような体験の中で、子どもは思考を広げ、他者と交流し、行動をコントロールする言葉を身につけていく。テレビの力を過信すると、必ずツケが回ってくるだろう。

　子どもとテレビの問題を考えていくと、大人の側の問題につながることがある。例えば、親にとって家庭でくつろぐことがテレビを見るだけ、という生活スタイルは子どもが育つ環境としてはどうだろうか。また、視聴率重視という番組制作者の意図が背景にあることを考えれば、子どもとテレビの問題はもっと腰を据えて検討されるべきものだろう。

　加えて、早期教育としてテレビやビデオが利用される問題がある。吉良が言うように、バーチャルな「質のない世界」は子どもの中に「私」をつくれないばかりか、周りの人間のなかに「他者」をつくることも困難である。なぜならば、そこには生身の人間と接して共感したり、反発したりすることがないからである。テレビを過信すると、その行き着く先がコミュニケーションの困難、というのは火を見るよりも明らかである。

6.2 情動の発達

情動の表出

　1歳半を越えると、子どもは「イヤ」という言葉を連発し、親を困らせる。これは、自我のあらわれである。この頃の心の働きは前にも述べたが、「行く－戻る」、「入れる－こぼす」など、対の関係を認識する。それは情動面にも影響し、「好き－嫌い」という対の世界が明確になり、「自分で選択する」ことを大事にする。そのために、親から「～しなさい」と言われても、自我のあらわれを反映して、自分のやり方にこだわるようになる。

　また、この時期は表象が発生するため、「つもりの世界」ができる。「つもり」は、自分の意図ができることであり、他者の意図と対立することもある。1歳半ころの子どもは、砂場の砂を食べ物に見立てて、食べられないことは分かっていても食べる真似をする。

　それが、2歳ころになれば、見立て遊びが活発になってきて、2つのものを関連づけて遊ぶ。例えば、人形にコップで水を飲ませるふりをする、などの「ふり遊び」が盛んになる。このような遊びのなかで、子どもは「のどが渇いたねえ、お水あげますからね。」などと遊びの対象である人形の情動状態や喉の渇きなどについて言及し、それを調整する（人形に水を飲ませる）役割を演じる。

　また、2歳児は、自分ですることを大事にするため、手伝おうとすると「ぼくが自分で」が口をついて出てくる。このような言葉の意味は、「自分でするから構わないで」と言っているのではない。そこには、「自分でするので、傍で見守ってほしい」という気持ちがある。それは、大人に対して2歳前半児が自分でするのを「見ていて」と言ったり、できなければ「手伝って」と言ったりしてくることからも明らかである。ここには「自分一人でできれば褒めてほしい」、「できなければ助けてほしい」という自立心の芽生えがある。

　さらに、2歳半ころになると、「つもり」でつながった見通しが形成される。このような見通しには、いくつかの運動系列が含まれており、それらを継時

第6章　幼児期前期（1歳児、2歳児）　99

的に実行したり、その順序を考えたりする力が求められる。白石（2007）は、このような力は楽しいことを内包した主体的な生活がないと現われにくいと考えている。つまり、「アレしてコレして」という思いが生き生きと湧いてくるような生活を過ごしていることが大事という。

　2歳後半になると、情動面で変化があらわれる。この時期の認知の特徴は、多－少、長－短、などの反対概念が形成されることであった。このような認知は情動にも影響し、情動の調整を可能にする。例えば、自分はオモチャを「いっぱい使ったから貸してあげてもいい」など、言えるようになる。

　しかし、反対概念の獲得はいつも情動によい影響ばかりとは限らない。対比的な認識に過敏になりすぎて、自分が「できたのか、できなかったのか」という評価にこだわってしまい、できないことが積み重なってしまうと苦手意識をもつようになりかねない。

情動の調整

　情動の調整においても、1歳前半児と1歳後半児に違いが見られる。1歳前半児は、座り込んで動かないとか頑固に同じやり方を続けようとする。また、自分の要求が拒否されると、何が何でも我を通そうとする。それに対して、1歳後半児は、寝転んだり、靴を脱ぎ捨てたりはするが、寝転ぶことで気持ちを整え、やがて立ち直ることができるようになる。

　また、日常生活では子どもの思いと大人の思いがぶつかることがある。そのような時には、しばしば子どもに「だだこね」が見られる。「だだこね」は1歳半ころによく見られるが、それはどのような意味があるのだろうか。

　西川（2003）は、「だだこね」はそこにいる相手に対する期待を表した行動であるという。それは、自分が地団駄を踏めば相手は関心を払ってくれるだろうとか、自分が大声で泣けば相手は何か言ってくれるだろう、と考えるからである。

　また、河合（2002）は、「だだこね」は、自分の目標を達成するための行動調節系として働いていると考える。「だだこね」は我がままだからではなく、

自我が誕生し、拡大していく姿を示しているという。

では、親は「だだこね」にどう対応するか。親が必要以上に厳しく叱ったり、親の要求を押しつけたりしてはいけない。なぜならば、「だだこね」には大人が気づきにくい子どもの自己主張が潜んでいるからである。子どもの気持ちを理解し、子どもが納得して行動を選択できるように導いてやりたいものである。

この時期の情動の調整に関しては、「だだこね」以外にも特徴的な行動が見られる。それは、子どもが＜不安＞を感じたときに、毛布やぬいぐるみをしっかりとつかんで葛藤状況に耐えようとする姿である。コップ（Kopp, 1989）は、このような心の支えとなる物を「移行対象」と呼んだ。

移行対象を求める行動は1歳半ころから明確になってくる。母子分離が進む過程で見られるこのような行動の起源は何だろうか。おそらく、それは子どもが＜不安＞な気持ちでいるときに、偶然に手に触れた柔らかいタオルや毛布などによって気持ちが癒されたことに始まるのだろう。

アタッチメントと個人差

情動の調整には母子の間でどのような関係性が築かれているのかが大きく影響する。そのことを示す実験がある。それは、エインズワースら（Ainsworth, Blehar, Waters, & Wall, 1978）によって行われたアタッチメント（愛着）の個人差に関する研究である。彼女は、1歳から1歳半ころの子どもを対象に、ストレンジ・シチュエーション法を考案した。

その方法とは、その名の通り、赤ちゃんには馴染みのない場所で行われるもので、次のような場面で母子1組ずつの様子が観察された。①実験者は母子を室内に案内した後に退室する。②子どもはオモチャと遊んでいるところに、知らない人が入室する。③母親は退室（1回目の母子分離）し、知らない人が子どもに働きかける。④母親が入室し（1回目の再会）、見知らぬ人は退室する。⑤母親が退室し（2回目の母子分離）、子どもは1人で残される。⑥見知らぬ人が入室し、子どもを慰める。⑦母親が入室し（2回目の母子再会）、見知らぬ人は退室する。

以上のように母親と子どもが分離と再会をする場面を観察したところ、子どもの反応は次のようなＡ，Ｂ，Ｃの３パターンに分類できた。

まず、「Ａタイプの子ども」は、母親との分離にあまり混乱や困惑を示さず、再会時でもどことなくよそよそしかった。次に、「Ｂタイプの子ども」は、母親との分離の際に泣いたりして混乱を示すが、再会時には自分から身体的接触を求め、容易に落ち着きを取り戻した。ところが、「Ｃタイプの子ども」は、分離時に非常に強い不安や混乱を示し、再会時には身体的接触を求めながらも、怒って母親を激しく叩いたのである。

子どもに認められた個人差は、いかなる要因が関係したのか。日常の母子相互作用の観察で、各タイプの子どもの母親には次のような傾向が認められた。

まず、「Ａタイプの子どもの母親」は、全般的に子どもからの働きかけに拒否的に振舞うことが多かった。そのため、子どもが愛着行動を示しても報われないことが多いため、子どもは愛着行動を自ら最小にしていた。それは母親に受け入れられなかったときの心理的ダメージをできるだけ小さなものにしたかったからである。

また、「Ｂタイプの子どもの母親」は、子どもの要求に敏感であり、母子間の相互作用は調和的だった。子どもは母子の分離時には抵抗を示したが、再会時は分離ストレスを緩和できていた。つまり、子どもの愛着要求を満たしてくれる養育者がいるので、子どもがネガティブな情動をもっても安心して養育者に表出できたと考えられた。

「Ｃタイプの子どもの母親」は、子どもが発する愛着シグナルへの応答が弱く、情動を調整も不得手であった。このことは、子どもからすれば要求を伝えるためには情動表出を最大にしなければならず、養育者の関心を常に自分に引きつけなければ安心できなかった可能性があると考えられた。

その後の研究では、これら３つのタイプに該当しない「Ｄタイプの子ども」が認められた（遠藤・田中，2005）。このＤタイプの子どもは、抑うつ傾向が強く、精神的に極度に不安定であった。また、その母親は、何らかのトラウマを抱え、安定した精神状態にない傾向が認められた。虐待やネグレクトを受けた子ども

が多く該当した。

　以上のような養育者の傾向は、子ども自身の気質と相互作用するところがあり、両方の要因が複雑に絡み合っていることが考えられる。エインズワースらがアメリカで行った研究では、Ｂタイプ（67%）＞Ａタイプ（21%）＞Ｃタイプ（12%）であった。これに対して、三宅（1990）が日本で行った研究では、Ｂタイプ（74%）＞Ｃタイプ（26%）＞Ａタイプ（0%）であり、文化的な差異が認められるようである。

　文化的差異があるならば、時代差もあるだろう。現代日本には地域の崩壊で子育てのサポート体制に弱さがある。また、親の就労事情の不安定さとも重なって、家族内の情動的な交流の弱さが親子間の愛着関係にも悪影響を及ぼすことが考えられる。

　愛着関係は、情動の調整にも影響する。アレンドら（Arend, Grove, & Sroufe, 1979）は、縦断的研究によって１歳半のときの愛着の安定性と２歳のときの自律性は、４歳や５歳になったときの自己統制力や自己回復力と関係することを明らかにした。また、情動状態が良好な子どもは、根気強さと柔軟性に加えて、問題解決に必要な個人的リソースを多くもっているという。子どもが日常的な活動にポジティブであるための要因を１つに絞ることは困難だが、安定した愛着関係をもつことは大切な要因であると考えられる。

社会的情動の発生

　子どもは１歳半ころから他者の存在を意識し、他者から見られる自分を意識するようになる。これが自我の誕生である。自我の誕生によって、これまで見られなかった社会的情動（二次的情動ともいう）が見られるようになる。つまり、＜嫉妬心＞、＜共感＞、＜てれ＞、＜羨望＞という社会的情動があらわれる。これらには共通点がある。それは他者の存在を意識した情動である、ということである。このような情動は、微笑や泣く行為などの誕生直後から認められる快・不快で生じる情動（基本的情動とか一次的情動）とは区別されており、ここで述べる社会的情動とは分けてとらえられてきた。

第6章　幼児期前期（1歳児、2歳児）　103

　さて、＜嫉妬心＞について考えてみよう。子どもが2歳頃になり、自分の下に弟や妹が生まれるとする。そうすると、年上の子どもには次のような葛藤がしばしば起こる。それは、親の関心を引こうとする競争心であり、自分の下に生まれた弟か妹に親が独占されてしまうのではないか心配する。このような場合、弟か妹かが母乳を吸っているのを目にすると、自分も同様のことを要求したり、＜嫉妬心＞をあらわにしたりする。

　このような時は、年上の子に「赤ちゃんみたい」とは言わない方がよい。なぜならば、きょうだいができたことで我慢しなければならないことは分かっていても、そのようにできないもどかしさを感じているからである。

　次に、＜共感＞について考えてみよう。そもそも＜共感＞とは何か。澤田（1992）によると、＜共感＞は「認知と感情を含む過程であり、他者の感情の代理的経験、あるいは共有を伴うもの」と定義する方が妥当という。それでは、認知と感情を含む共感は、どのような発達的変化をたどるのだろうか。

　この時期の＜共感＞の発達を示す実験をみてみよう。松澤・山口・板倉（2002）は、1歳児と2歳児を対象に共感行動を引き起こす場面で観察をした。それは、母親が子どもにバッジをつけてあげるという設定で母親がピンで自分の指を刺して痛がっているという場面である。このような母親の演技に子どもがどのような行動をとるのかを観察した。その結果、1歳児群は2歳群にはない母親への「甘え」反応がみられたのに対して、2歳児群は母親への「慰め」反応や母親が痛がる「真似」をする反応が認められたのである。つまり、自己に生じた苦痛を軽減しようとする「自己指向」的共感行動は1歳児に多くみられ、他者の苦痛を軽減しようとする「他者指向」的共感行動は2歳児で多くみられた。

　同様なことは、日常生活でも見られる。2歳児は他者が困った状態にあるときに、「大丈夫？」と言って近づいて来て、心配な素振りをする。このような結果は、自他の区別が共感行動の基礎になっていることを示している。つまり、この時期の＜共感＞は、自分と他者を区別したうえで、他者の感情を察知して他者に感情移入をする、という特徴をもっている。このように、2歳児では自他の区別を明確にできるからこそ＜共感＞という情動が生活のなかで明確

になってくるのである。

　それでは、＜共感＞という点で、1歳児はどのような特徴をもつのだろうか。ワロン（1983）の観察では、1歳代の終わりに近づいても自他を区別したうえでの＜共感＞は十分でないという。それは、1歳10か月の子どもでさえも、泣いている子どもを助けずに、逆にその子を叩いてしまうことがあったという。これついて、ワロンは「まるで泣く原因を後から与えようとしているように見えた」としたうえで、この子どもは泣いている子の悲しみに融合しただけでなく、泣かせる役割まで補完してしまったと表現した。

　このようなワロンの観察から、我々が学ぶべきことは何だろうか。それは、自他の区別が生後2年目を越えて、さらに長い時間をかけてゆっくりと進行することである。澤田（1992）は、＜共感＞の発達という点で自他の区別が突然に現れるのではなく、時間をかけてゆっくりと進むという。そして、そのようにゆっくり進むことの意義について興味深い考察をしている。

　澤田の考察はこうである。仮に、自他の区別が突然にできるとすれば、他者の＜苦しみ＞と自分の＜苦しみ＞は共通性をもつことがなく、切り離されたものになる。それでは共感の感情は生まれない。しかし、自他の区別が明確でない時期が長く続けばどうか。他者の＜苦しみ＞と、それを目の当たりにしている自己の＜苦しみ＞を同時に感じることができるだろう。両者の苦しみが同時に感じられるからこそ、どちらの＜苦しみ＞も終わらせたいという願いが生じ、そこに＜共感＞が生まれる、というのである。

他者の情動の理解

　1歳半ころに自我の誕生があると述べたが、他者の情動の理解はどうか。ワロン（1983）は、意識において自我と他者は同時に形成されると考えたが、他者の情動を読み取ったり、共感したりする能力はどのような脳の活動と関係しているのだろうか。

　船橋（2007）は、この問題を解く手がかりが、リゾラッティら（Rizzolatti, Fogassi, & Gallese, 2001）が発見したミラー・ニューロンにあると考えている。

第6章　幼児期前期（1歳児、2歳児）　105

　ミラー・ニューロンとは、リゾラッティらがサルの運動制御を調べる目的で、運動前野に針電極を刺してニューロン活動を記録していた時に偶然に発見されたものである。サルに物をつかませると、運動開始の直前から脳の運動前野でニューロン活動が観察されることは既に知られていた。

　ある日、手の運動制御を調べるためにニューロン活動を記録していたときに、実験補助者の1人が何気なくサルの前に置いてあった物を取り除こうとして手でつかんだ。それを見ていたサルは、見ていただけなのに、そのサルが物をつかんだときと同様なニューロン活動が運動前野で出現したのである。このことは、他者がするのを見ただけでも、行為者と類似したニューロン活動が見ている者にも出現することを示している。「ミラー・ニューロン」と名づけられたのは、鏡のように他者の行為を映し出すからである。

　ミラー・ニューロンは運動制御にかかわるものだが、船橋（2007）は言語や感情についても同じようなミラー・ニューロンがあることを予想した。なぜならば、言語の獲得では「聞いてまねる」ことが大切であるし、感情理解でも同様のニューロンを仮定すれば、相手の感情を読み取ったり、共感したりする仕組みが理解できるからである。

　この点に関連して、1歳ころの子どもに、次のような動作模倣が観察されることは興味深い。それは、指に怪我をした他の子どもを見て、自分の指も痛むかどうかを確かめるために、「自分の口に指を入れる」という行動が観察された。ここで観察された模倣にはどのような働きがあるのだろうか。おそらく無意識的に相手の表情やしぐさをまねることで他者の感情を知る手がかりにしているのではないか。そうであるならば、このような動作模倣は＜共感＞のための一つの要因となっている可能性があるだろう。

　さて、感情に関してもミラー・ニューロンがあると仮定すれば、それはいつ頃から働くのだろうか。その始まりは1歳半から2歳半ころだと考えられる。では、1歳半を過ぎれば他者の気持ちを読み取ったり、共感したりすることが十分にできるのだろうか。もちろん、できないだろう。他者の気持ちを理解したり共感したりできるには、幼児期後期から児童期、そして青年期にまで及ぶ

長い期間が必要だろう。

　長い時間が必要なだけではない。生活のなかでリアルな情動を豊かにやりとりできる環境が重要である。なぜならば、仲間との密度の高い交流のなかで、友達がかかえる＜不安＞や＜苦しみ＞を、その子が置かれている状況とともに理解しなければならないからである。しかも、自分も同じように胸を痛めるような経験を積み重ねていなければ本当の意味で共感はできないだろう。

自己の情動への気づきと情動の表現

　他者の情動を理解するのと同様に、自己の情動に気づくことは大切である。1歳半から2歳半ころにかけて自我が誕生し拡大するなかで、子どもは自他の情動状態に気づく。このことは、この時期の言葉をみても明らかである。

　この時期は、かなり多様な情動語を用いるようになる。「うれしい」「悲しい」「こわい」「好き」「嫌い」など、がそれである。また、2歳半以降は、それまでの2語文を超えて、発話に3語以上のキーワードを含む多語文が話せるようになる。

　ブレザートンとビーフリイ（Bretherton & Beeghly, 1982）の研究によると、2歳ころから自分の情動に気づいて話し始めるが、他者の情動については2歳半以降に推論できるようになるという。それ以前でも他者の情動について話すこともあるが、そのような場合は、誰かが泣いている、など外から見て明らかな手がかりがある場合に限られる。

　また、松永・斉藤・荻野（1996）は、保育園の0歳児から5歳児クラスの幼児と保育者を対象に、内的状態をあらわす言葉を縦断的観察のなかで収集した。その結果、1歳児クラスの子ども（観察時の平均年齢は2歳3か月）では内的状態をあらわす言葉が多く出現し、それ以降もさらに増えていくことが認められた。

　松永らの研究で子どもの言葉を分析すると、大人の言葉が重要なことがわかった。子どもが自己の内的状態をほとんど話さない0歳児の保育でも、保育者は内的状態をあらわす言葉を頻繁に使っていた。特に注目すべきことは、保

育者が口にする内的状態をあらわす言葉は保育者自身の内的状態だけではなく、子どもの内的状態を代弁していることである。保育者の言葉で多かったのは、「お腹空いたねえ」などの情動をあらわす言葉であった。また、「じょうずねえ」「おりこうねえ」などの言葉も多かった。つまり、保育者が子どもの内的状態について話す場合は、共感や賞賛を表す言葉が多いことがわかった。

　内的状態をあらわす言葉が重要なことは、親子のやり取りでも同じである。ファーロウら（Furrow, Moore, Davidge, & Chiasson, 1992）は、子どもが2歳と3歳の時の親子のやり取り場面をビデオ録画して、分析した。その結果、子どもが2歳の時に母親が内的状態をよく話すとか、ある心的状態になるまでの過程を話すことが多かった母親ほど、子どもが3歳になった時には自分の心的状態についてよく話した。つまり、養育者から与えられる言語的フィードバックは、子どもが自身の内的状態（情動）を知るうえで有効な手がかりになる。このように、2歳児は自分の思いを十分に言葉で表現できなくても、養育者の助けを借りながら自分の情動に気づいたり、情動を伝えたりするのである。

　ところで、子どもが自分の情動状態を言葉で表現できることは、どのような意味があるのだろうか。それは、身近な大人との間で情動を共有できるということだろう。例えば、「お母さん、怖いよう」などと言えることは、不安な気持ちや恐怖心を母親と共有してもらうことであり、子どもは自分が抱いた不安な情動に有効に対処したことになる。

　したがって、大人が子どもの気持ちをどれだけ受けとめてやれるかは重要である。2歳ころになると子どもの記憶力がしっかりしてくるので、地震や雷などの体験や、その他の種々の社会体験（祭りで見た恐ろしい鬼のお面や獅子舞い）で生じた恐怖心は長く記憶に残ってしまうことがある。そのような時に、母親の言葉や身体的接触は、子どもの恐怖心を和らげるものになる。しかし、我が子が泣き叫ぶ姿を見ても、それに親が無関心であれば、子どもは対処できない負の情動に圧倒され、恐怖心を消し去ることができない。

　親子間で行われる情動の調整は、母子相互の愛着のあり方によっても影響を受ける。2歳までに形成されるアタッチメントは、親の助けを借りなくても、

やがて子どもが自己の情動を制御する力をつけていく。また、親に限らず重要な他者との間で形成された愛着関係があれば、強いネガティブな情動でバランスを崩しそうになったとしても、他者の力を借りながら安定をとりもどしていく。

この章のまとめ

　1歳半を境として認知面でも情動面でも違いが見られた。1歳半までの子どもは、目標物に対して直線的に進んでいく行動を示す。また、感情表現も直線的で、拒否されると大泣きをする。しかし、1歳半を過ぎると、子どもは認知面では目標物に進むばかりではなく、妨害物などがあれば方向転換できる。

　2歳児になると、2つのことを同時に心の中に保持して操作するような心理活動の高次化が見られるとともに、情動面でも「できる自分－できない自分」という2分的な評価をするようになり、できないことの蓄積のなかで苦手意識をもつことがある。

第7章

幼児期中期（3歳児、4歳児）

　前章で明らかなように、1歳半を過ぎると、子どもは何かをイメージして行動するが、それがうまくいかなくても柔軟に行為の修正ができる。また、要求が拒否されても気分の立て直しをする姿が見られるようになる。さらに、他者から見られている自分を意識した情動に＜嫉妬＞、＜共感＞、＜てれ＞、＜羨望＞という社会的情動がみられたが、他者の存在を意識した「だだこね」も認められた。

　それでは、幼児期の中期になると、認知や情動にどのような変化があらわれるのか。3歳になると、言葉で理由をつけて自己主張するようになるし、自分の興味にもとづいて遊びに夢中になる。また、子どもは遊びを通して集団のなかで自他の交流を活発に行う。本章では、幼児期中期の認知や情動にどのような発達があるのか、について検討する。

7.1　認知の発達

2つのイメージや概念の操作

　前章で既に述べたように、1歳半から2歳ころは自他を区別しながら相手に共感したり、同情したりできるようになる。そして、遊びのなかで自他の交流が進み、自己に関することばかりでなく、他者のことを考えるようになる。

　それが3歳前後になると、子どもの言葉に「僕のもの」とか「私のもの」と

いう所有を表す言葉がでてくる。1歳半でも「自分のもの」へのこだわりが認められたが、それは言葉で表現されるものではなかった。3歳になると、所有を意味する言葉で明確に主張するようになる。これは自我がますます充実してきたことを示している。

　また、自己と他者の区別ができるようになったことと関連するが、2つのイメージや概念を操作できるようになる。2歳半から3歳前半になると、多一少、大一小、長一短、上一下についていずれかを選択したり、描き分けたりする。また、日常生活では、貸し、借り、順番、交代が見られるようになる。

　このように、認識できる次元の数が拡大することは、情動にも影響を及ぼす。例えば、他児と比べて「小さな自分」とか「できない自分」を感じるようになる。その結果、指しゃぶりという形で集団に入っていくときに不安をもつことがある（白石, 2007）。

　前章では、1歳半を過ぎると、「行く一戻る」、「入れる一こぼす」、「のぼる一降りる」など、単一次元内で対の関係にある要素の関係をとらえるようになると述べた。それが2歳ころになると、丸一四角、赤一白、熱い一冷たい、などの知覚次元の区別ができるようになる。さらに、2歳後半には、量や位置に関する反対概念が形成され、多一少、大一小、長一短、上一下を区別できるようになり、どちらかに該当する視覚刺激を選べるようになる。

　それが3歳ころになると、子どもは描画において、大一小、多一少を描き分けられるようになる。また、衣服に関しては表と裏、上と下、前と後ろが分かる。これは衣服を着脱したり、たたんだりすることとも関係している。しかし、3歳前半ころまでの特徴は、2つのイメージや概念の操作をそれぞれ独立したものとしてとらえているところにある。

　ところが、3歳後半から4歳に近づくと、それまでよりも一歩進んだ姿が見られる。4歳に近づくころになると、2つのイメージや概念を独立にとらえるのを超えて、それらを交互に可逆させながら1つの動作にまとめられるようになる。「交互に可逆させる」とは、2つの別々の動作を「シナガラ」という形で1つの動作にまとめることである。田中（1977）は、このような操作の高

次化を「２次元可逆操作」と呼んだ。

田中らによると、このような２次元可逆操作は、子どもの活動のいろいろなレベルで観察できるという。「体幹－四肢のレベル」で言えば、ケンケンや兎跳びができるようになる。ケンケンでは、片足で跳ぶという動作と前に進むという動作をバラバラではなく、「・・・シナガラ・・・スル」という活動スタイルにまとめている。

また、「手－指レベル」では、鋏で紙を切る動作を例にあげることができる。この動作には、紙を片方の手で持つことと同時に、他方の手で鋏を操作することが含まれる。この場合も、両方の手の動作を「・・・シナガラ・・・スル」という活動スタイルで１つの動作にまとめている。

さらに、「音声・言語－認識のレベル」でも２次元可逆操作の特徴が見られる。例えば、４歳児や５歳児は「しんどいけれども頑張る」という表現をする。「しんどいこと」と「頑張ること」は意味的には直接的なつながりはない。おそらく、このような表現を獲得するまでは「しんどいことをしながら頑張る」という意識だったのだろうが、やがて「しんどいけれども頑張る」に移行したのだろう。それは、「けれども」を文中に入れることで後の「頑張ること」を強調することができるからである。このように、４歳に近づくと、２つのイメージや概念を交互に可逆させる心的操作が心理活動の全般にあらわれる。

なお、遅くなったが、「次元」という言葉について考えておく。「次元」という言葉は、空間の広がりだけを表したものではない。それは、田中らが考えた「次元」の意味が粘土や積木を使った表現活動における空間の広がりだけに限定されたものではないことでも明らかである。田中らが考えた「次元」の意味は「行動に影響する要因」とか「行動を説明する変数」に近いものであったと思われる。つまり、「１次元」であれば「行動に影響する要因」の数が「１」で、「２次元」であればその数が「２」というように。

随意的行為の発達

心理学では自分が意図したように自己の行動を制御することを「随意的行為」

と呼んでいる。それでは、このような随意的行為はいつ頃から見られるのか。この章は3歳児と4歳児の検討しようとしているが、3、4歳児では無理である。そのような行為の基本ができるのは、5歳ころだろう。5歳になると起床、衣服の着脱、排泄や洗面などが一人でできるようになるが、このような特徴は随意的行為の発達を反映したものである。

　随意的行為で大事なのはプランニングである。しかし、プランする力は5歳になれば突然あらわれるのではない。ロシアの著名な神経心理学者であるルリアは、随意的行為の発達を明らかにした人だが、随意的行為の研究という大きなテーマに取り組めたのは、彼の恩師にあたるヴィゴツキーの考えに導かれたところが大きかった。

　ヴィゴツキー（Vygotsky, 1962）は、大人の言葉が子どもの思考に及ぼす影響について、こう述べていた。すなわち、「子どもは、はじめは大人の言葉にしたがって、大人の指示にしたがって行為するが、後には自分自身の言葉にもとづいて行為しはじめる」と。つまり、随意的行為が発達するまでの段階では、養育者から「〜しなさい」とか「〜してはいけません」という指示が出され、子どもはその指示にもとづいて行為したり、行為しなかったりする。つまり、〔大人＝指示を出す人〕で、〔子ども＝行為する人〕という形で分業が行われている。この段階では言語はコミュニケーションの働きしかないことがわかる。

　ところが、発達がさらに進むと、子どもは自分の頭で「〜をしよう」と考えて行為する。この段階ではじめて、指示を出すのも行為するのも子ども自身ということになる。つまり、それまでは〔指示を出す人〕と〔行為する人〕という形で行われていた分業作業が、子どものなかで統一した機能になったことを意味している。

　このようなヴィゴツキーの考えにもとづいて、ルリア（1976）は一連の実験を行っている。ここで紹介する実験は、第6章の「言語が行動をコントロールする働き」の節（p.92参照）で紹介した実験の続きである。一連の実験とは次の実験①から実験⑦である。

第7章　幼児期中期（3歳児、4歳児）　113

　実験①：2歳から2歳半の子ども（年少群）、2歳8か月から2歳10か月の子ども（年中群）、3歳から3歳2か月の子ども（年長群）の3群を対象とした。子どもをランプの前に座らせ、次の教示を与えた。それは、「これから目の前のランプが点いたり消えたりします。ランプが点いた時だけゴム球を押してください」というものだった。ゴム球は、かつて豆腐屋さんが集客に使ったラッパの先についたゴムの部分である。実験で用いた装置は、ゴム球を押した時の空気圧の変化を電気的に変換し増幅し、手の把握反応をペン書きレコーダに記録する。このような装置がなければ「光が見えたら手を上げなさい」でもよい。

　実験②：このような、「ランプが点いたらゴム球を押す」という約束事を予めしておいて、後に提示する光の点滅に対して約束事を実行するのだから簡単ではない。光は条件刺激（信号刺激）で、刺激が生起する度に運動反応をさせるので「運動条件反応」と呼ばれている。実験の結果、年少群は光に関係なく押してしまった。また、年中群は、光が点くとゴム球を押すが、消えても握り続けるので、光の点滅に呼応した反応はできなかった。このような条件で正しく反応出来たのは3歳以上の年長群だけであり、言語が運動を始動するだけでなく、抑制する働きをもつことが示された。

　実験③：それでは、このように行為する前に予め約束事として言葉を与え、それが調節的な役割を発揮するのはいつ頃か。ルリアによると、生後3年目の全部と4年目のはじめが必要であるという。これは前に述べたこととの関連でいうと、「押す」と「押さない」という2つの別々の動作をバラバラにするのではなく、「交互に可逆させる」活動スタイルが4歳になって身についたことと関係している。

　ここで注意すべきことは、4歳ころになれば言語の調節的機能が開始するということで、どんな行為でも随意的にコントロールできると思い込んでしまってはならない。実験はさらに続く。ここからの実験は、赤と青の2種類のランプが用意し、それぞれに異なる反応をさせる。異なる信号に各々異なる反応をさせるので「分化運動条件反応」と呼んでいる。

実験④：次の実験では、赤ランプと青ランプが子どもの前に並べて置いた。対象は3歳から3歳6か月の子どもと4歳から4歳6か月の子どもである。子どもにはこう教示する。「これから赤ランプや青ランプが点灯しますが、赤ランプが点いたらゴム球を押し、青ランプが点いたらゴム球を押してはいけません」と。実験の結果は、2つのランプの信号的意味を区別して反応しなければならないので両群とも困難であった。

実験⑤：そこで、課題を易しくするため、赤ランプが点いたときは実験者が「押せ」を、青ランプが点いたときは「押すな」を刺激が呈示される度に発声してやった。子どもは、ランプがつく度に実験者のかけ声に従えばよいので、両群とも簡単にできた。

実験⑥：上の実験⑤は課題を易しくし過ぎたので、今度は課題をもう少し難しくすることにした。子ども自身に「押せ」とか「押すな」と発声させながらゴム球を握らせたのである。実験の結果、年少の3歳から3歳6か月の群は、「押せ」と言いながら押さなかったり、「押すな」と言いながら押したりする誤りが多く見られた。それに対して、4歳から4歳6か月の群ではできたのである。つまり、彼らは黙ってやらせた最初の実験④ではできなかったにもかかわらず、「押せ」とか「押すな」と自分の声を出しながら課題をさせると、正しく運動反応ができたのである。

実験⑦：実験⑥の課題をもっと年上の4歳6か月から5歳6か月の子どもで実施してみた。そうすると、「押せ」とか「押すな」という発声はもはや不必要であり、むしろ邪魔になった。黙ってゴム球を握らせた方がうまくできたのである。これは自分自身の内言（内的言語、内言語とも言う）が行動をコントロールする働きをしたことによると考えられた。

以上の一連の実験から明らかなように、4歳後半から5歳前半になると、内言が行動をコントロールするようになったと言える。このことは、日常生活において、5歳に近づくにつれて道を渡るときは自分から信号に注目したり、何も言われなくも手が汚れたら手を洗ったりするようになることと関係してい

第7章　幼児期中期（3歳児、4歳児）　115

る。

言葉の急激な発達

　内言についてはルリアの一連の実験で述べたので、ここでは外言の発達について述べておく。外言とは、はっきりと声に出して言う言葉であり、コミュニケーションを目的としたものである。前章では、2歳後半には2語文を超えて多語文が発話にあらわれるようになることを述べた。また、2歳半から3歳にかけて、語彙数は飛躍的に増え（園原・黒丸, 1966）、500語を超えて1000語近くになる（田中・田中, 1986）。

　3歳児になると語彙数の増加だけでなく、文構造がかなりの程度出来上がってくる。例えば、「葉はみどりで　それから　お花はきいろ」の発話で「それから」という接続詞を用いた従属文を話す。また、「ごはんを食べてから　お風呂に入った」の発話では「から」という助詞を用いた従属文が作れるようになる。

　それだけではない。過去形や未来形の表現もできるようになる。3歳児が話す言葉を聞いても、聞き手は時間的関係をほぼ理解できる。また、「誰が」とか「なぜ」などの疑問詞をつかった疑問文をつくることができるようになる。

　しかし、3歳児の話し言葉には未完成なところもある。それについて園原・黒丸（1966）は、次の2点を指摘した。1つは、言葉を構成する音声（音韻）に未熟な点があり、「赤ちゃんことば」が見られることである。「おはな」を「おあな」というように母音化したり、「らいおん」を「だいおん」のようにラ行の音をダ行の音に入れ換えたりする。他にも「テレビ」というところを「テビレ」などと言うように、音韻の順序を間違えたりすることがある。

　園原らが3歳児の発話で見つけたもう1つの未熟な点がある。それは、3歳児の言葉は十分に社会的機能を発揮していないという点である。それは3歳児が数人集まって遊びをする場面で観察されたのだが、各自が自分勝手な遊びをしながら、自分勝手な言葉をしゃべっていることが多いことである。つまり、お互いが相手の意思や気持ちを察して言葉を使っているとは言えないところがある。言葉の重要な役割の1つが、人と人が互いに意思疎通をするところにあ

ると考えると、園原らが指摘したことは言葉の発達に関して3歳児がもつ限界を浮彫りにしたと言える。

　しかしながら、3歳児が示した未熟さも、4歳になると克服される。田中・田中（1986）は、4歳後半になると、言葉が行動を調節することに関連して、言葉を使って友だちと呼びかい、手をつなぎ、協同の目標を達成しようとするという。白石（1994）も、北国で育つ4歳児達が雪で「お山」をつくるという目的に導かれて、一人ひとりが真剣に力を合わせて雪を運ぶ姿をいきいきと表現している。

　さて、4歳児が獲得する語彙数は1500語から2000語になる。また、「いつ、どこで、誰が、何をした」という文章の基本構造が完成する。このことは自分の経験を相手に伝える基本的な様式が獲得されたと言えるものである。

　また、自分が一方的に話すのではなく、相手の話を聞きながら思いめぐらすことができるようになる。白石は、4歳児のこのような変化は、「ながら」行動がとれるようになった証しであるという。つまり、4歳児は2つの別々の動作を「しながら」という活動スタイルで交互に可逆させながら1つの動作にまとめることができると述べたが、このような特徴は話のキャッチボールができるようになることにも関係している。

　さて、このような言語活動における「しながら」という活動スタイルは、容易に獲得できるものでない。それは、幼児が発話を生成する過程を分析すれば明らかである。「えーっと」とか「うーん」とか「あのう」という「ためらい現象」があらわれる。これは、自分が言おうとする内容を調整しているからであり、発話内容の「自己編集」と呼んでいる。

　藤崎（1982）が、3歳から6歳までの幼児に「きのうの経験」というテーマで他児や保育士の前で生活発表をさせたところ、3つのタイプのつなぎの言葉が見られたという。1つのタイプは、「うんとね、僕がね」のような発話単位の頭にくるもの。2つ目のタイプは、「動物園でね、うんとね、キリンとゾウ見たの」のような発話の途中にくるもの。3つ目のタイプは、「・・・あのね　うんとね　何かね　顔がね・・・」のように「あのね」とか「うんとね」

が発話単位とは独立にあらわれるもの、であった。3つのなかで、年齢の増加とともに明確に増えるのは3つ目のつなぎの言葉であった。聞き手には聞きづらいが、幼児が積極的に話す内容を苦労して編集していることを示している。

それでは、他者の話を聞いて理解する過程はどうか。4歳は相手の話をしっかりと「聞きながら」、次に自分が言うべきことを考えている。そして、「だって～なんだもん」というように、相手が言いたいことを理解したうえで、自分の主張の根拠も含めて述べられるようになる。これは、一方的な自己主張しかなかった3歳児とは大きく異なる。

このような話し言葉の理解と表現は、学齢期になって文字を学習するうえで非常に重要である。それは、人の話をしっかりと聞いて理解し、自分の考えを言葉で伝えることは、学齢期に習得する書き言葉にも影響するからである。

7.2 情動の発達

想像遊びと社会情緒的能力の発達

近年になって人の能力評価に感情とか人格に関係した言葉が前面に出てきたのはなぜだろうか。これに大きな影響を及ぼしたのは、アメリカのノーベル経済学賞受賞者のジェームズ・ヘックマンである。ヘックマン（Heckman, 2015）は著書、『幼児教育の経済学』において、人的資本を投入するのであれば子どもが幼いほど有効であること、また、学力テストでは測れない「非認知能力」こそが将来の高年収や高学歴や良好な就業形態に影響していること、を収集したデータから明らかにした。

ヘックマンが研究のフィールドとしたのはミシガン州のペリー幼稚園であった。ここで行われた就学前教育プログラムは、低所得のアフリカ系アメリカ人の3歳から4歳の幼児を対象とした。中室（2015）によると、その教育プログラムの特徴は次の諸点であった。まず、すべての教師は修士号以上の学位をもつ児童心理学の専門家であること。子ども6人に対して教師が1人の少人数制であること。午前中に約2時間半の読み書きや歌などのレッスンを週に5

日間、2年間受講すること。1週間につき1時間半の家庭訪問を実施すること、であった。なお、貧困家庭の資源を補うために家庭訪問が行われ、教師が普段どのように子どもと遊んだり話しかけたりしているかを実際にやってみせた。

ヘックマンの研究が契機となって「非認知能力」について関心が集まった。「非認知能力」なる言葉はそれまで心理学では使われず、概念としては漠然としている。しかし、IQ信仰に対して疑問が出されるなかで、提起された情動知能（EI: Emotional Intelligence）への期待とともに出てきたものである。

しかし、知能検査で問題にされた能力を「認知能力」と言い、それ以外を「非認知能力」とするならば、社会性や自尊感情をはじめとして「非認知能力」には実に多くの心理機能が含まれる。「非認知能力」なる新しい言葉で括ることで、これまでとは違う心理機能を問題にしているような印象を受ける。しかし、非認知能力に含まれる心理機能は従来の心理学でも長く検討されてきたものであることは明記しておかなければならない。

誤解をなくすためには、「非認知能力」は「社会情緒的能力」という言葉で置き換えた方が妥当である。しかし、問題は用語の問題だけではない。それは、ヘックマンの研究には不十分さがあり、非認知能力を反映する具体的な取組みをどのように実施したかなどは触れられいない。また、その効果の検証に実験群と対照群を比較する、などの手続きは行われていない問題がある。

この点では、バークとウィンスラー（Berk & Winsler, 2001）をはじめとして多くの研究者が、幼児期の想像遊びの意義について継続的な研究を行ったことは注目に値する。バークらの研究によると、ごっこ遊びに代表される想像遊びは、子どもに現実にはできないことでも取り組める虚構の場をつくりだしていること。また、人形を子どもに見立て子ども自身を母親に見立てる簡単な遊びでも親の行動ルールに合わせている。つまり、想像遊びには行動のルールを含んでいること、が重視された。

バークの研究はヴィゴツキーの遊びに関する考えをもとにしているが、遊びの中では物は決定的な力とはならないという。例えば、初期のつもり遊びでは乳児は本物に近いオモチャしか使わない（例えば、電話のオモチャ）。しかし、

第7章　幼児期中期（3歳児、4歳児）　119

2歳前後になると電話機の代わりに積木を使ったりする。そして、3歳を超えると何もなくても電話をかけるフリをする。つまり、知覚に束縛され、状況に束縛されていた乳幼児とは違って、幼児の想像遊びでは見た対象から何を想像したかが重要になる。これは、対象から思考を分離することであり、もっと後であらわれる抽象的思考の発達に向けた準備となる。

しかし、遊びの発達は、思考や認知の発達だけに意味があるのではない。遊びは、子ども達に衝動的な行動をしないことを要求する。衝動的な行動をすると、遊びが楽しいものにならないし、遊びが続かない。その意味では、行動のルールに従うことが求められる。つまり、遊びには自己制御的な性質があり、それを幾度となく繰り返すなかで身についていく。

ごっこ遊びの役割についてバークらは、言語や記憶をはじめとした認知活動全般に貢献するだけでなく、社会的スキルの発達にも促進的に働くという。特に、社会的スキルでは、他者の感情を理解したり、その場に適した社会的行動がとれたりすることである。ヴィゴツキーが「遊びは幼児期の最も優れた教育活動」とした正しさが米国の心理学者によって裏づけられることになった。

それでは、ここで3、4歳児のごっこ遊びの特徴について述べておこう。3歳児になると、いろいろなごっこ遊びをするようになる。この頃のごっこ遊びをよく見ると、大人の生活や仕事への憧れの感情が認められる。つまり、大人の生活を観察し、それを再現したような遊びが見られる。しかし、3歳児のごっこ遊びの限界は、友達と場の雰囲気は共有しているが、役割を分担してないことである。

それが4歳児ともなると、役割分担を決め、イメージを共有しながらごっこ遊びを楽しむようになる。例えば、「お父さん役」、「お母さん役」、「子ども役」などが決められ、それぞれの役割を演じる過程で自分の気持ちを伝えたり、共感したりする。このようなごっこ遊びには、役柄を演じる過程で情動の擬似的表出がみられる。また、情動面だけではなく、認知面にも影響する。子どもが「お父さん」になったり、「お母さん」になったりするのは現実にはあり得ない。現実にはないことを前提に遊ぶわけであるから、もっと後の段階であらわれる

論理的思考の道につながるものとなる。

他者との交流で発達する自己意識的情動

　3歳前後になると自我が充実してくることは既に述べたが、自我の充実と並行して自制心が形成される。田中・田中（1986）は、「訪問者との出会いの場面」の観察を通して、自制心の微妙な変化を見事に表現している。それを以下に簡単に紹介したい。

　まず、3歳前半児についてである。3歳前半児は出会いが苦手で、隠れたり目をつむったり、くるっと後ろ向きになってしがみついたりする姿が見られる。これは他者を受け入れる自我と、自己主張する自我の間に生じた矛盾を反映しているという。それが、3歳後半から4歳前半になると、自制心がより明確に働くようになる。そのため、出会いの際に首をかしげたり、横向きに足を出したりはしながらも、訪問者の働きかけに応じられるようになる。

　さて、田中らの観察で興味深いのは3歳前半児である。3歳前半児に見られる情動は、＜はにかみ＞である。このような情動には、自分ができることは他者に見せたいという＜誇り＞（自我の拡張）があるとともに、知らない人の前で失敗して笑われるのが嫌だという＜恐れ＞（自我の委縮）が混在している。つまり、2つの感情が葛藤する。

　このように、3歳児や4歳児では自我の充実と自制心の発展がみられる。その特徴は遊びのなかでも見られる。例えば、遊びのなかで友達と要求が対立した場合、一時的に不愉快な思いはするけれども、そのような不快な情動は乗り越えられる。それは嫌なことがあっても遊びに集中し、仲間と遊ぶことの楽しさを実感しているからである。

　子どもは、遊びのなかで社会的ルールを学び、他者による賞賛や叱責に敏感になっていく。子どもは他の子どもと遊ぶなかで、自分自身に気づき、「私」の中身を形成する。そればかりではない。自分のなかに他者の目を浸み込ませ、他者のなかにある「私」にも気づくようになる。このことは、目の前に他者がいる場面だけでなく、いない場面でも「見られているかもしれない自分」を意

第7章　幼児期中期（3歳児、4歳児）　121

識して、他者の目を気にするようになる。

　このことが、3歳児において一歩進んだ社会的情動の出現を可能にする。ルイス（1997）によると、2歳半から3歳くらいの子どもは＜思いあがり＞、＜誇り＞、＜恥＞、＜罪＞というような社会的情動を経験するという。

　ルイスは、このような情動を「自己意識的情動」と呼んだ。自己意識的情動は、「外界のことを知っている」というだけの「主観的自己覚知」では生じない。それが生じるには、「自分が知っていることや、したいことを"知っている"」状態をさす「客観的自己覚知」が必要である。このような「客観的自己覚知」は、「主観的自己覚知」よりも後であらわれる。

　それでは、自己意識的情動が生じるには、客観的自己覚知がどのように働くのだろうか。ルイスは、そこに2つの要因を考えている。1つの要因は、「基準、規則、目標」である。自分のなかに「基準、規則、目標」がしっかりと堅持されてなければならないという。例えば、「他人の物を奪ってはならない」「他の子と仲良くしなければならない」などの意識が、それである。そうであれば、このような「基準、規則、目標」は文化によって異なることになる。＜思いあがり＞、＜誇り＞、＜恥＞、＜罪＞という4つの社会的情動が文化の影響を受けるのは、そのためである。

　ルイスが考えたもう1つの要因は、「成功や失敗の自己帰属」である。成功や失敗につながった原因に対して、自分の「全体的」な特徴が影響を及ぼしたとみるか、「部分的」な影響を及ぼしたとみるか、の違いが関係していると考えた。「全体的」というのは、成功や失敗の原因は自分がもっている全体的な特徴によると考える。一方、「部分的」というのは自分がもつ部分的な特徴が失敗の原因になったと考える。

　したがって、自己意識的情動は、「基準、規則、目標」に関して「成功か失敗か」で分かれる。また、「結果の自己帰属」に関して「全体的か、部分的か」で分かれることになる。つまり、4つの社会的情動は、図15のように2要因の組み合わせで決まるという。

　図15を見ながら、4つの社会的情動について考えてみよう。

まず、＜思いあがり＞について考える。このような情動は、「基準、規則、目標」に照らして成功した結果が、自分の優れた「全体的」特性から由来しているととらえた結果から生じる。例えば、いつも親から褒められ、自分自身も何をしても優れていると思っている子どもは、＜思いあがり＞、＜うぬぼれ＞、＜傲慢＞になりやすい。

逆に、「基準、規則、目標」に照らして叱られてばかりいる子どもが、叱られた原因を自分の「全体的」な特性によると受けとめた場合は、＜恥＞、＜自己評価が低い＞、＜自信がない＞などの様子を示す。これらの情動は、失敗した結果について自分のどの部分が悪かったのか、という見方をしていない。

それでは、＜誇り＞の情動は、どのように解釈されるのだろうか。＜誇り＞は、成功した結果について、自分の優れた「部分的」特性に関係づけるときにあらわれる。例えば、積木で塔を作る競争課題で早く完成できた子どもは、自慢げに目を見開き、微笑み、勝ち誇った表情で他の子どもたちを見る。このような子どもは、「物をつくるのが得意」という意識はあっても、すべての点で他児に対して優れているとは思っていない。

さらに、＜罪＞は、「基準、規則、目標」に照らして失敗した結果を、自分が行った「部分的」な行為の特性による、と考えたときにあらわれる。＜悔い＞が生

		基準・規則・目標に対する評価	
		成功	失敗
自己への帰属	全体的	思いあがり	恥
	特殊的	誇り	罪

図15　ルイスの自己意識的情動のモデル(ルイス，M．　1997　遠藤利彦・上淵 寿・坂上裕子(訳)，
高橋惠子 (監訳) 恥の心理学—傷つく自己．ミネルヴァ書房．p.77 を改変)

じるときも同じである。2歳を過ぎると、自分の物と他児の物を区別できるようになる。子どもが他児のオモチャを触っていて壊した場合は、伏し目がちで、笑うことはなく、緊張した面持ちでオモチャを見ようとしない。

このように、社会的情動は2つの次元で決められる。これは3歳や4歳児に限らないが、子どものなかには絶えず他児のことばかりを気にして、自分のなかに「基準」をもたない子どもがいる。そのような子どもは、他児の成功に強い＜嫉妬＞や＜うらやみ＞を感じる一方で、他児の失敗に強い＜軽蔑＞を感じることがある。これは、自分が行為者になった場合を想定した評価基準がないことによる。また、自分のなかに「基準」がないと、自分が行為した結果に自信がもてず、他者の評価に一喜一憂することになる。

情動についての知識の発達

この時期は、情動の調整でも著しい発達がある。3歳ころになると「社会的表示規則」を理解するようになる。社会的表示規則とは、対人的状況に応じて情動を抑制したり、強調したりする暗黙のルールのことである。つまり、3歳ころには自己の情動を「表示するルール」を知るようになる。このような社会的表示規則は、文化的慣習が違えば表示ルールも異なったものになる。

次に紹介するのは「社会的表示規則」にもとづく情動表出の実験である。実験は、子どもが自分の本当の情動を隠して偽りの情動を表出する様子を明らかにしたものである。

コール（Cole, 1986）の実験は、何かをしてくれたお礼にと3歳児に品物（玩具）を与える場面を設定し、魅力的でないオモチャを渡されたときの子どもの表情をみたものである。子どもが品物の包みを開ける場面で、品物を渡した実験者がいる場合と、いない場合で子どもの反応を比較したのである。その結果、その場に実験者がいなかったときは、子どもはがっかりした表情を見せたのに対して、その場に実験者がいたときには、がっかりした表情を見せなかったのである。この実験で明らかなように、3歳児は社会的表示規則にもとづく情動の表出を行っていることが認められた。

また、3歳ころの子どもでは情動の外的な表出を偽ることもできることがわかっている。サーニ（Saarni, 2005）によると、顔の骨格筋をコントロールすることで情動表出を隠したり、本心とは異なる表情をつくったりするという。また、就学前児は、平静な情動状態にあるときには喜びの表情をつくることができる（Cole,1985）。しかし、怒りや悲しみの状態にあるときに喜びの表情をつくるのは小学校入学後でもできなかった（Saarni,1979）。

　情動の表出を偽る能力は、自己の情動が周囲の人に与える影響を理解したうえで制御される。このような能力は、他者の行動を観察するなかで学習されるものであり、モデリングの効果によるところが大きい。

　さらに、この時期の情動の調整能力は、言語発達の影響もある。それは、2歳半を過ぎると情動が喚起した原因を話せるようになるからである。ブレザートンとビーフリイ（Bretherton & Beeghly, 1982）は、28か月（2歳2か月）児の会話を調べたところ、自分の＜喜び＞や＜悲しみ＞や＜怒り＞の情動について話すだけでなく、その原因についても話すのを観察した。

　3歳児はどうか。3歳児は他者の情動まで言及できるし、情動が生じた原因やその時の状況を言葉で理解できる。例えば、「僕が犬をいじめたのでお父さんが怒った」などと言える。また、3歳児は自分の過ちについて自分が理解できる範囲で責任を認めるようになる。さらに、ある情動が生じた原因と結果を理解するだけでなく、状況が進行するなかで他者の内的状態を推測できる。

　しかし、3歳児には限界がある。それは、ある場面で生じると思われる情動を推理する課題で、相手の意図をとらえることが難しいことである。スタインとレヴァイン（Stein & Levine, 1989）は、「意図を表わす句」と「結果を表わす句」をそれぞれいくつもつくったうえで、両方の句をランダムに組み合わせて短文を作った。そして、「組み合わせてできた短文があらわす場面では、どのような情動が生じると思うか」という質問を3歳児、6歳児、成人に行った。また、回答した理由についても質問をした。

　その結果、ある短文課題では、3歳児は適切な情動を選べなかった。その課題とは、「男の子が見ていたテレビを友達がわざと消してしまいました。」とい

う短文であった。この短文の場面で生じる情動を質問すると、3歳児は＜悲し
み＞の情動を選択したのである。このような短文が与えられ、しかも「男の子」
の立場に立てば、＜怒り＞の情動を選択すると予想していた。しかし、結果で
は3歳児は＜悲しみ＞を選択した。選択の理由は、「テレビが消えたので悲しい」
からなのだろう。この結果から3歳児が「男の子」の立場に立つことや、テレ
ビを消した友達の意図を十分に理解できてないことがわかる。このように、短
文の意味がしっかりと理解できるか否かで＜悲しみ＞と＜怒り＞の情動表出が
微妙に分かれる問題は3歳児には難しかったのである。

　このように、短文の理解においては、3歳児は＜怒り＞と＜悲しみ＞を区別
することが難しかった。しかし、遊びのような相互作用があるなかでは、情動
が喚起された原因について一般化して話すことができる。それができるのは、
ある状況のなかで他者の内的状態に気づき、他者の内的状態と自己の内的状態
が似ていることに気づくからである。この頃の子ども達は、他児と遊ぶなかで
自分自身（「私」）に気づくだけではなく、他児のなかにある「私」にも気づく
ようになるのである。

この章のまとめ

　3歳児や4歳児の認知面の特徴は、2つのイメージや概念を操作できるよう
になることであった。また、4歳になると内言の出現が認められるが、内言の
働きによって随意的に行動が調整できるところまでには至っていない。

　一方、情動面では、他者を意識した＜誇り＞、＜罪＞、＜恥＞、＜思いあが
り＞などの自己意識的情動があらわれた。また、状況に応じて自分の情動を隠
したり偽ったりする「社会的表示規則」が認められるようになった。

第8章

幼児期後期（5歳児、6歳児）

　前章から明らかなように、4歳の後半になると行動をコントロールするだけでなく、自分の考えを編集しながら相手に話せるようになる。また、情動面でも他者を意識しながら自分の意識を反映した情動表現をするようになる。

　それでは、次の段階である5歳児、6歳児の発達の特徴はどこにあるのだろうか。この時期は小学校入学を前にして友達とうまく集団活動ができる力が育ってくるときである。また、物語の理解においてもそれまでとは大きく異なる発達が見られるようになる。認知の発達や情動の発達がどのように関係しているのかについて、以下にみていくことにしたい。

8.1　認知の発達

系列化の発達

　5、6歳児にみられる発達の大きな特徴は、系列化が見られることである。5、6歳児にみられる系列操作の発達は、4歳児とは大きく異なる。例えば、子どもの前にB4判程度の紙を横長に置いてやり、「ここに一番小さな丸から一番大きな丸まで、だんだん大きくなるように順番に描いてごらん。」という課題を与える。4歳児の場合は、小さな丸と大きな丸を交互に描くような結果であった。一方、5歳児は、数は少ないが、小さな丸から大きな丸を順に描けるようになる。それが6歳の後半から7歳になると、丸を少しずつ順に大きくしてい

けるため、多くの丸を紙面に描けるようになる。

このような円の系列化の課題からも明らかなように、5歳ころを境にして系列操作が進む。4歳ころまでは、対象の量的、数的な特性についての判断が2群化した。そのため、大きいか小さいか、多いか少ないか、長いか短いか、などで判断が2つに分かれた。それが5歳ころを境にして、大でも小でもない「中間の世界」を発見するようになる。

子どもが「中間の世界」を発見する意義は、その後の発達において非常に大きいものがある。時間的認識で言えば、「昨日－今日－明日」の区別のみならず、「朝－昼－夜」、「去年－今年－来年」の区別ができるようになる。また、空間的認識では、遠くでも近くでもない「中くらい遠い所は何処ですか」という質問に答えられるようになる。

同様な変化は、構成活動でも観察できる。新版K式発達検査に「階段再生」という積木構成課題がある（図16参照）。検査者が衝立の陰で10個の立方体積木で階段を作り、それを子どもによく見せた後で、子どもの目の前で崩し、見ていたのと同じ階段を子どもに構成させる課題である。5歳半頃の子どもは、完成のイメージをもって1段目から4段目まで再生できる。この結果にも系列操作の発達が関係している。

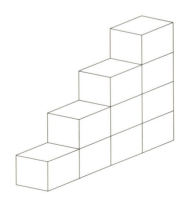

図16 階段の再生（生澤雅夫・松下 裕・中瀬 惇 2001 新版K式発達検査2001実施手引. 京都国際福祉センター. p.51 より）

系列化は、心のなかで筋道を立てて考えることにも関係する。例えば、家から保育園に行く道順を描いてもらう課題を4歳児に与えれば、家と保育園は直線で繋がるだけの表現しかできない。それが、5歳半を超えると、曲り角の他に、目印になる店などを描き込もうとする。これは、「中間の世界」ができるからである。

脳の働きと系列化

　このような系列化は脳の活動とどのように関係しているのだろうか。ルリア（Luria, 1973）は、人間の認知活動を継次総合、同時総合から成り立っていることを明らかにした。継次総合は、情報の個々の諸要素を系列的にまとめる操作である。それに対して、同時総合は、情報の個々の諸要素を概観できる空間群にまとめる働きである。

　ルリアの考えにもとづいたダスら（Das, Kirby, & Jarman, 1979）は、継次総合を継次処理、同時総合を同時処理と呼び方を変えたものの、2つの処理様式に関する定義に変更はなかった。ルリアは頭部に銃弾を受けた傷病兵を対象にした研究を行ったが、ダスらは健常児や知的障害児をはじめとして比較文化的な研究も行っている。

　今日、継次処理と同時処理の指標を含む新しい認知能力検査（K－ABC検査やDN－CAS）が考案され、発達障害児を中心として認知の偏りを評価する検査として使用されるようになった。そこでの解釈は、継次処理は左半球皮質の働きと関係し、同時処理は右半球皮質の働きと関係すると考えられている。

　それでは、なぜ左半球皮質が継次処理と関係し、右半球皮質が同時処理と関係するのだろうか。それは、大脳両半球機能の非対称性を調べた研究から、言語の受容と表出をはじめとして時間軸にそった刺激の処理は左半球が優位であるのに対し、顔の認知をはじめとして空間関係の把握は右半球が優位であることが知られているからである。特に、言語活動は主に継次処理に関係しているので、外言や内言を含めて、左半球皮質と強い関係があることは脳損傷患者を対象とした研究でも周知のことである。

第8章 幼児期後期（5歳児、6歳児） 129

さて、話題を5、6歳児の問題に戻そう。5、6歳児の発達特徴をとらえるうえで脳の活動との関連でみると興味深いことが分かってくる。サッチャー（Thatcher, 1994）は、1歳半から14歳までの子どもを対象に、脳の部位間の相関値をあらわす脳波のコヒーレンス値を指標にして脳活動の発達的変化を研究した。脳の異なる部位間のコヒーレンス値が高いということは、脳の離れた部位同士で脳波の基礎律動（リズム）に類似性が認められるということである。したがって、脳の部位は離れていても、コヒーレンスが高い部位間では協応した脳活動をしていると考えられる。図17は、その結果を示したものである。

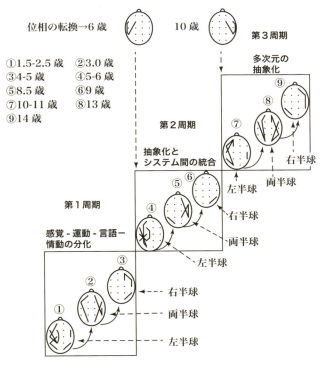

図17 サッチャーの研究で得られた脳波のコヒーレンスの発達的変化（Thatchar, R. W. 1994 Cyclic cortical reorganization: Origin of human cognitive development. In G. Dawson, & K. W. Fischer (Eds.), Human behavior and the developing brain. New York: The Guilford Press. p.252 より）

図 17 から明らかなように、左右の半球でコヒーレンス値が変化するパターンをみると、6 歳と 10 歳を境にして 3 つの区間で大きな周期が認められる。そして、各周期では、始めは左半球でコヒーレンス値が高まり、次いで両半球で高まり、最終的には右半球で高まるという小さな周期が見られた。

ここで、いま検討している 5、6 歳という時期をサッチャーの結果と照らし合わせると、丁度、左半球皮質のコヒーレンス値が高まる時期に該当する。つまり、5、6 歳という時期は左半球皮質での協働性が高いときであることが分かる。この時期に左半球活動の高まりを示唆する特徴とは何だろうか。この点に関して見逃すことができない特徴は 2 つある。それは、左半球皮質の働きに関係が深い系列化と内言の発達である。それでは、内言と系列化の発達について次に述べることにする。

内言の発達

先にも述べたが、系列化は筋道を立てて考えることに関係している。しかし、筋道を立てて考えることには、内言の働きも関係している。外言は 4 歳頃に一応の完成をみるが、それ以降は内言が行動のコントロールや思考活動に強く関係するようになる。

田中・田中（1988）は、ルリアが随意行為の研究で使ったゴム球を把握する実験装置を使って内言による行動調節の働きを明らかにした。具体的には、強さ、速さ、長さに関して、把握の仕方を系列的に把握できるかどうかをみたのである。例えば、強さに関しては、ゴム球を 3 段階で少しずつ強く握らせた後に、次は少しずつ弱く握らせたのである。その結果、5 歳半を過ぎると、少しずつ強く握っていく系列でも、少しずつ弱く握っていく系列でも、握る強さをうまく調整できたのである。

同じような結果は、速さや長さに関する実験でも認められた。このことは、内言による手の制御がしっかりしてくることを示している。このような内言の発達は、日常生活では、5 歳半ころになると、起床、衣服の着脱、排泄や洗面などが一人でできるようになることと関係しているのだろう。

第8章　幼児期後期（5歳児、6歳児）　131

　ここまで、5、6歳になると複雑な手の運動制御ができること、について述べた。しかし、それだけではない。子どもはイメージをもちながら、積木や粘土を使って縦や横や奥行きに配慮した構成ができるようになる。

　このように3次元的特徴をもった造形物を構成できるようになると、子どもは益々、計画的に構成しようとする。そして、作ろうとしていた物をイメージしながら、自分の作成中の構成物を頻繁にモニター（監視）するようになる。そうすると、当初、作ろうとしていた物と出来上がった物の差異に気づき、修正するために積木を置き直す。

　このような経験を重ねるにつれて、子どもは自分から離れた外部から自分を見つめるようになる。つまり、「自分自身を対象化」するとか、「内なる目」で見るようになる。このような力は、前、後ろ、横の3方向から人の絵を描く課題にも関係する。5歳半を過ぎると、どの方向からでもほぼ正確に描けるようになる。

　このように自分とは離れた視点で見れるようになってくると、今度は視点を友達に移せるようになる。このような視点の移動ができるようになると、言葉や行動だけでは理解できない友達の内面的世界をとらえるようになる。そのため、相手の立場に立って教えたり、相手の気持ちを推測したりすることができるようになる。

創造性の発達
　ここまで内言の発達について述べてきたが、それと関係が深いのが創造性である。幼児期における行動の自己制御機能の発達を調べた柏木（1988）の研究では、創造性や能動性を示す行動は5,6歳児で高い水準に達することを示している。

　柏木は、3歳児から6歳児を対象に「自己主張・実現」と「自己抑制」の研究を行った。研究の方法は、自己主張・実現に関係する25項目（例：「嫌なことは、はっきり『いや』と言える」）、自己抑制に関係する46項目（例：「友だちとおもちゃの貸し借りができる」）からなる行動評定尺度を用いて、幼児

の担任教師に5段階(「全く当てはまらない」「ほとんど当てはまらない」「どちらともいえない」「少し当てはまる」「かなり当てはまる」)で評定してもらった。

　柏木の研究結果のなかでも、自己主張・実現に関わるデータの分析から得られた結果について紹介する。自己主張・実現に関係する質問項目から得られたデータを因子分析したところ、「拒否・強い自己主張」、「遊びへの参加」、「独自性・能動性」と命名できる3因子があることを確認することができた。

　この3因子のなかで注目したいのは、「独自性・能動性」の因子である。この因子に高い負荷量が認められた項目は、遊び方や制作などではアイデアをもって取り組むというような項目(例「遊び方や制作などにアイデアをもっている」)と、課題に能動的にかかわろうとするというような項目(例「新しい遊びや難しそうな課題に興味をもつ」)であった。これらの因子に関係が認められた項目の合計得点を算出し、年齢増大にともなう推移をみた。それが図18であり、「独自性・能動性」の年齢増大に伴う推移を表している。

　図18に見られるように、4歳後半までは順調に得点が増大した後、5歳以降では変動はあるが同じ水準にとどまることが認められる。このような能力を柏木は「独自性・能動性」と名づけたが、それは「創造性」とも言えるだろう。つまり、柔軟な認知と表現の自由さが重視される「創造性」は5歳までに準備

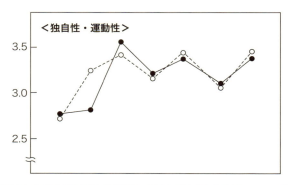

図18　柏木の研究における「独創性・能動性」の尺度得点(柏木惠子　1988　幼児期における「自己」の発達－行動の自己調節機能を中心に－．東京大学出版会. p. 30より)

第8章　幼児期後期（5歳児、6歳児）　133

されることが示唆される。それ以降の5、6歳ころには、そのような創造性が
「系列化の発達」や「内言の発達」に支えられると考えられる。

　しかし、創造性に必要なのは「系列化」や「内言」だけではないだろう。それでは、他に何が必要なのか。それは、「創造性を育む環境」とでも言えるのではないか。もう少し具体的に言えば、一人ひとりの子どもの興味や感性が大事にされ、自由に自分を表現できる場が必要だろう。それとは逆に、速さや正確さを求めるあまりに、一人ひとりの子どもがもつ興味や感性の豊かさを見失わないようにしなければならないだろう。

　先程、柏木の結果で、5歳以降の「独自性・能動性」は変動があるが同じ水準にとどまる、と述べた。しかし、そこで認められた変動にどのような意味があるのだろうか。このような結果について柏木は、個人差を反映したものと特徴づけているが、このような個人差を生むのは創造性を育む環境かどうかの違いなのかもしれない。

　創造性は、特別な人に与えられた天賦の能力ではない。残念ではあるが、心理学の歴史において、そのようにとらえた時代もあった。創造性は誰にでもあるもので、育てていくものである。子どもが活動の過程でこれまでにはなかった新しいものを見出し、興奮して語るときに、大人はどのように反応するだろうか。例えば、子どもが学校で牛乳のパックで消防自動車を作ってきて、親に見せたとしよう。もし、親が何の興味も示さなかったり、ゴミ同様に扱ったりしたならば、子どもに創造性は芽生えるだろうか。子どもの創造性を問題にするときは、大人の創造性が問われるだろう。

　また、創造性の発現が厳しく制限される環境について考えてみよう。戦時下の子ども達、親の虐待にさらされている子ども達について創造性を考えると、空しさを感じないではいられない。なぜならば、我われは自分が暮らしている環境に危険や脅威がある場合、ネガティブな情動で心が占有されてしまい、差し迫った危険から身を守ることにしか意識が向かないからである。よりよいものを求める創造的な活動には、安全な環境のなかで試行錯誤できる自由と、ポジティブな情動で満たされることが必要である。

8.2 情動の発達

系列化の発達で生まれる情動

この時期は、時間認識のみならず、空間構成においても系列化の発達がみられた。このような認知面の発達は、情動面にも影響が認められる。例えば、系列化ができて「中間の世界」が生まれることにより、「きれい」「きたない」の他に「少しだけきれい」とか、「好き」「嫌い」の他に「どっちでもない」など、両極だけでなく中間項が現れる。このような傾向は5歳ころに芽生え、快から不快までを連続体のなかで自己の情動をとらえるようになる。

また、情動の表出という点でも、子どもの心の機微に触れることもある。例えば、泣くことを考えても、こらえ泣き、悔し泣き、うそ泣き、など多様な形をとるようになる。系列化ができると、道筋を立てて自分の気持ちを他者に伝えられるようになる。例えば、なぜ悔しかったのか、なぜ楽しかったのか、について自己の情動の内容を相手に正確に伝えられるようになる。

さらに、5歳児では「昨日-今日-明日」などの時間的関係の認識が発達することは既に述べたが、このような時間観念の発達は、情動にも影響を及ぼす。時間概念があらわれるとともに、＜未来に対する不安＞が発生する。また、＜過去に対する後悔＞というような社会的情動が生まれ（福田, 2003）、自分の思い通りにならなかったことに対して悔し泣きをすることがみられる。さらに、時間概念との関連で言えば、＜希望＞や＜失望＞がある。＜心配＞という情動も時間に関係したものかもしれない。

ところで、時間概念に関係した＜未来に対する不安＞は、興味深い問題がある。それは、ちょうど5歳ころから子どもは死や死後の世界に関心をもったり、死に対して漠然とした不安をもったりすることである。

竹中・藤田・尾前（2004）は、3歳から6歳の幼児を対象に、死をテーマにした絵本を紙芝居にして子ども達に見せた後で、子どもと個別面接をして紙芝居に登場したアナグマの死について質問した。その結果、死の不動性（死ん

第8章　幼児期後期（5歳児、6歳児）　135

だら動かないこと）、死の不可逆性（死んだら生き返らないこと）、死の普遍性（誰でも死ぬこと）、のいずれについても5歳ころを境にして半数以上の幼児が理解していることを示す結果を得ている。

　しかし、幼児が死に対してもつイメージは、学童期に見られる不安や嫌悪のイメージとは同じではない。「アナグマさんは死んじゃったけど、今どう思とるかね？」、「どうなっとると思う？」と質問すると、5歳以上では半数以上の幼児が言葉で死のイメージを表現したが、反応は多様であった。例えば、「悲しい」、「死んでる」、「骨になっとる」、「食べ物食べれん」、「墓に埋める」という反応があれば、「天国におる」、「お月さまになる」、「うれしい（天国にいけるから）」というような死後の世界を想定する反応もあった。

　死に関する認識は、幼児が身近なところで死の現実に直面したかどうかが影響する。また、死に関して現実の世界と物語の世界の差異も考慮しなければならない。いずれにしても、生の問題とつなげて死の問題を考えることは幼児においても必要である。

　さて、5歳児や6歳児になって時間的に系列的にとられるようになることは、情動だけでは網羅できない意識をもたらす。「こうなりたい自分」を意識するのも、その1つである。また、「まえはできなかったけど、今はできるようになった。」と自分の成長に気づき、満足できることもある。田中・田中（1988）は、これを「自己形成視」と呼び、6歳前後の特徴ととらえている。

　このような自分の成長に気づく力は、他者の変化に気づくことにもつながる。そのため、他者が変化するのを楽しみにして相手に教えられるようになるし、教えた相手が変わるなかで自分も自信を深めるようになる。

内言の発達が情動に及ぼす影響

　5歳半を過ぎると、内言はますます充実してくる。内言は思考ばかりではなく、情動にも大きな意味をもつようになる。それでは、内言は情動のどのような側面に影響するのだろうか。もし、内言の働きがなければ、刺激によって喚起される感覚的印象は、それ以上のものにはならないだろう。喚起された感覚

的印象を内言の働きで言語化できるからこそ、明確な情動を伴った体験として定着できるのである。

　須田 (1999) によると、内言は主観的な情動的体験を生み出すものと考えている。つまり、内言は、自分の体験をどのようにとらえるかということに強く関与しており、自らの体験を決めるカギになるという。例えば、クラスで子ども達が同じ体験をしたとしても、その体験をどのように蓄積するかは子どもによって違いがある。遠足について生徒の感想を聞くと「とても楽しかった。」と楽しそうに話してくれる子どもがいる一方で、「別に。」というだけの子どもがいる。自分の体験のなかから、それをどのように汲みあげて言語化したかは、その子どもの適応を左右する重要な問題である。もし、体験したことを歪んで読み取るのであれば、その子どもの適応を著しく困難なものにするだろう。

　このように、内言は自分の情動への気づきを可能にするし、情動をともなった体験を定着させる働きがある。このような働きは、その後の長い発達のなかで変化していくものであり、5歳や6歳で完了するものではない。

　そのことを示すハリスら (Harris, Olthof, & Terwogt, 1981) の研究を紹介する。その研究では、6歳児と10歳児にいくつかの質問をした。例えば、「あなたは、自分が幸せを感じていることをどうやってわかるの?」という質問をした。この質問に、6歳児は「自分の誕生日だから」とか「歌ったり踊ったりしているから」と答えた。一方、10歳児は「私は幸せを感じているから」という回答をした。つまり、6歳児は外的な状況を手がかりにするのに対して、10歳児は気分のような内的な状態を手がかりにするのがわかる。

　このように未熟さが残る6歳児ではあるが、6歳児は視点を自分の外に移すことができるようになる。それによって、6歳児はそれまでよりも一歩進んだ情動の理解ができるようになる。それは、他者の意図のあり方で決まる自己の情動の選択問題に正答できるようになることである。その例として、スタインとレヴァイン (Stein & Levine, 1989) の研究 (p.124 参照) を思い出していただきたい。この研究では、「意図を表わす句」と「結果を表わす句」をランダムに組み合わせて短文を作り、できた短文を聞いて「どのような情動が生じ

るか」を 3 歳児と 6 歳児と成人に問う問題だった。その結果、「男の子が見ていたテレビを友達がわざと消してしまいました。」という短文が与えられた時は、3 歳児は＜悲しみ＞を選択したのに対して、6 歳児は正しく＜怒り＞を選択できたのである。6 歳が正しく反応できたのは、他者（ここでは男の子）の内的状態に気づくこと（視点の移動）とととともに、短文の理解を可能にする内言の発達によるところが大きいからだろう。

さて、内言の発達は、動機づけの自己調節という点でも大切である。このことに関して、ミシェル (Mischel, 1981) やロドリゲスら (Rodriguez, Mischel, & Shoda, 1989) が行った実験は、次のようなものだった。幼稚園児にお菓子を提示したあとで、実験者は部屋から離れることを告げた。また、子ども達には次のような 2 つの選択肢があると話した。1 つの選択肢は、「実験者が戻ってくるまで待つことができれば、お菓子が 2 つもらえること」。もう 1 つの選択肢は、「ベルを鳴らして実験者を呼んでもよいが、お菓子は 1 つしかもらえないこと」、である。子ども達はどちらを選択するのかをみたのである。

この実験のねらいは、大きな報酬を得るために小さな報酬を我慢する力があるかどうかを調べることである。研究の結果によると、大きな報酬を手にすることができたのは 5 歳児に多く、実験者が戻ってくるまでは他のことをして気をまぎらわせていたのである。つまり、このような満足を先送りにする課題では、内言によって注意をコントロールすることが有効であることが伺える。また、興味深いことに、どの程度長く待てるかは、その子どもが後に獲得する社会的能力や対人関係スキルを予測するものだった。

もし、ここで述べた実験に ADHD 児が参加していたとすればどのような結果が予想されただろうか。内言の発達が遅れ、衝動性が高い ADHD 児が実験に参加していたとすれば、おそらく 6, 7 歳であっても、待つことは極めて困難だったことが予想される。

この時期の遊びの保障

ごっこ遊びについては、3、4 歳児のところでも述べたが、5、6 歳児のそ

れと比較できるように、再度、4歳児のごっこ遊びについて振り返っておく。4歳児は、それまで見られなかった役割分担を決めて、イメージを共有しながらごっこ遊びを楽しんだ。例えば、「お父さん役」、「お母さん役」、「子ども役」などを決め、それぞれの役割を演じる過程で気持ちを伝えたり、共感したりした。

　これが、5歳代になると、ルールのある遊びや、ストーリーのあるごっこ遊びを展開する。このような創造の世界で遊ぶ集団的活動のなかで、お互いの意図を共有したり、仲良く遊ぶために個々の子どもは情動を調整したりする。子どもの自制心はこのようなかで形成される。遊びのなかでは、自分の要求と他者の要求が対立することは度々ある。しかし、自分の気持ちだけを相手に押し付けると、仲良く友達と遊べないので、自分の欲求を抑え、自分の気持ちをコントロールして葛藤を乗り越えていく。

　5、6歳児にとって友達の存在は非常に大きい。田中・田中（1988）は、この時期は家でもない、園でもない、友達だけでつくる「第3の世界」に繰り出していくことを重視している。これは友達関係が広がって、家庭や園以外の世界で遊びを展開していくことを意味している。そして、友達同士で約束をつくり、それを大事にする。また、男同士でする遊び・女同士でする遊びというように、遊ぶグループが性で区別されるようになる。

　小学校への就学を前にして、このような「第3の世界」に繰り出していくことは非常に重要である。しかし、今日、このような世界が保障されているのかどうかを、今一度、確かめてみる必要があるだろう。例えば、「母子密着」問題が子ども達の第3の世界への繰り出しを阻んでいないだろうか。集団活動よりも「個性化」を重んじる風潮や、多様な習い事への誘導は影響していないだろうか。さらに言えば、繰り出していける友達の家や公共の場所はあるだろうか。また、仮にあったとしても、そこには創造的に遊べる素材はあるだろうか。もし、エネルギーに溢れた5、6歳児が思い切り遊べる空間や素材がない場合は、家で乱暴な行為をして発散する傾向があるし、そのような傾向は男児に強いので気をつけなければならない。

現代日本の家族

　日本の子どもたちの自己意識的情動はどのように育っているのだろうか。坂元（2000）によると、日本の子どもたちの自己肯定感は諸外国の子どものそれに比べて極めて低いという。その原因として、日本では3歳以前という早い段階から競争意識をもたされ、大人からの絶え間ない促しのなかで、比較と競争の感情が激しくなっていることをあげている。競争に負けた場合は抑うつ的となり、その反動として攻撃的態度を明確にし、衝動的で暴力的になっていくことがある。

　それでは、日本においては、幼児期という早い段階から競争が激しくなったのはなぜだろうか。堀尾（1997）は、現代の家族を「教育家族化」という言葉で特徴づけている。それによると、企業国家、企業社会が成立した戦後日本においては、経済と教育、能力と競争、という思考軸が大きな比重を占めるようになり、学校制度は人材選抜を行う機構として働くようになったという。

　堀尾によれば、このような傾向は1970年代以降に強まり、社会が学校的価値＝偏差値を重視する風潮の中で、社会全体が学校化する、いわゆる「学校化社会」が進んだという。また、学校だけが変わっただけでなく、家庭の機能まで変わってしまった。かつて家庭は家内労働を中心とした生産の単位であり、独自の家庭教育（しつけ）の場であったが、そのような社会的機能は縮小化してしまった。そして、現在では幼児期から教育競争を意識する「教育家族」を生み出し、結果として家庭の教育機能を低下させてしまった。

　堀尾が指摘するように、現代日本では家族までも学校化しており、「教育家族化」は一部の裕福な家庭だけでなく、どの社会階層にも見られるものとなった。中間層はもっとも強い影響を受けている階層であるが、底辺層にも学校化社会の圧力がかけられ、親は「せめて高校までは行かせたい」という思いや、「できれば大学まで行かせてやりたい」という思いをもつ。その結果、家計に占める教育費の負担が大きなものになる。

　このようななかで、高学歴をめざすことは子どもの将来を約束する、と信じ

て疑わない親は多い。しかし、親の主体的な判断である「わが子をどのような人格をそなえた人間に育てるか」という点については後回しになってきた。その結果、知育中心主義、学歴主義、業績主義という家庭外の価値に圧倒され、支配されてしまった。

　この問題と関連して、軽視できない問題がある。それは、遊びの軽視である。お稽古事であれば、与えられた課題を指示通りにやれば済むだろう。しかし、遊びは自分で考え、困難に直面すればそれを解決して、絶えず新しい遊びを創出していかなければならない。遊びのなかで子どもは自然とかかわり、その過程で子どもの本性が陶冶されていく。現代の大人社会がつくった幼児教育の「外注化」は、自発的な子どもの遊びを弱体化させていないだろうか。

　問題はそれだけではない。「少なく生んで良く育てる」という今日の少子良育戦略は、他者への関心や、他者にかかわる力まで子どもから奪った。公園で子どもの遊びを見守る母親達の姿がある。それ自体は安全性という点で今日は昔と事情が違うのでやむを得ないが、ちょっとしたことでも親が遊びに口をだすのはいかがなものだろうか。

　柏木（2008）は、日本の育児の特徴を「先回り育児」としてとらえている。これは、子どものテンポや関心を考慮せずに、親の予定や都合に合わせて無理矢理に子どもを従わせようとすることである。ピアノ、水泳、英語、などの早期教育はその典型である。親が子どもに教え込もうとする余りに、子ども同士の触れ合いや情動発達の側面を軽視することにつながっていないだろうか。

　ましてや、幼児期の後期にもなれば、自分で積極的に物事に取り組む気持ちが強くなるのが自然な流れである。同年代の子ども同士では、積極性がぶつかり合うことは十分に予想できる。子どもがいろいろなことに興味を示し、自発的に取り組む限りでは問題はない。しかし、親の関心が高じ過ぎると、子どもが競争に負けたときには、自分に罪悪感まで抱え込ませてしまう。エリクソンが幼児期後期において「自発性」に対置させたものが「罪悪感」であったことを深く認識しておく必要がある。

　さて、既に述べたように、子どもの知的発達に大きな関心が払われた。しかし、

その一方で、情動発達は見逃される傾向が強まったのではないだろうか。つまり、知育中心主義、学歴主義、業績主義が蔓延するなかで、子どもの情動面への気づきが弱まっているのではないだろうか。親の心に忍び込んだ競争意識は、意識するかしないかにかかわらず、子育てに必要な情緒面の土台を崩すものとなった。今、失いつつある親子間の情緒的交流は子どもの人格発達に想像以上に悪影響を及ぼすものであることを再認識する必要がある。

　久保（2008）は、子どもの情動調整における養育者の働きを3つにまとめている。1つ目は、日常生活のなかで、親は自らの身体、声、表情を子どもに同期させることが大切なこと。2つ目は、親と子が「今、ここ」のみならず、過去の出来事（「あのとき、あのこと」）で生じた情動について語り合うこと。これは、子どもが過去の出来事をとらえ直しやすくすることにつながる。3つ目は、子どもの感情に気づくこと、感情が揺れるときは話し合うチャンスであると思うこと、そして、共感をもって子どもの話を聞くこと。これらが子どもの情動調整をコーチングする親の働きであるとしている。このような養育者に育てられた子どもは、その後の社会情緒的発達においても進歩がみられるとしている。

　子どもの情動調整には大人の役割は大きい。たとえ子どもがネガティブな情動表出をしても、大人が不機嫌にならないこと。むしろ、ここで大人が共感的に子どもの情動に応じることができるならば、やがて子どもは自分で情動調整する力を獲得していくだろう。

現代日本の食卓風景

　それでは、親子が家庭で情緒的交流できる場とはどこだろうか。それは主に食卓の場面ではないか。亀口（2004）は、家族が果たす機能を「家族力」という言葉で呼んでいるが、現代においては家族力が低下したことは否定できない。その顕著な変化は、今日の食卓風景にあらわれるようになった。

　現代の家庭を見ると、「孤食」という言葉が物語っているように、家庭内の会話が乏しく、関係が希薄化している現実がある。かつては家族揃って食事す

るというのは当たり前のことであった。ところが、今日では、そのような家族の団欒を象徴する食卓風景は少なくなり、「個食」とか「孤食」という言葉が生まれている。家族の誰が何を食べたか、についても全く分からないという状態になっている家族も増えている。

　家族でとる食事は、空腹感を満たすとか、栄養摂取をするためだけでのものではない。かつて、食卓は家族のコミュニケーションの場であった。家族の構成員がどんな考えをもち、どんなことで悩んでいるのかを知ることができた。そして、その場で話される何げない父親や母親の言葉は、子どもにとって大きな支えになった。

　食事場面は、子どもがいかなる情動をもったとしても、親に受容されやすい場である。子どもはその日の情動体験を家族に話すことで安心するだろうし、混乱した経験であっても話す過程で気持が整理されることもあるだろう。家族内での会話は情緒の交換を超えた働きがある。親が話す情動を伴った体験は、人生の「知恵」と言えるような働きをすることがあり、子どもの視点を転換して問題の解決につながることがある。

　それだけではない。子どもは親の価値観を知ることができるし、自らの体験では知り得ないことを親の話を通して知る機会にもなる。親の生き方を子どもに伝えようとすれば、親が子どもに説教するという形で諭すよりも、食卓を囲んだ何げない会話のなかで親の考えが自然な形で浸み込んでくる方がよい。

　「個食」や「孤食」が進んでいる現状の中で、我々に何が求められているのだろうか。親の生活時間の見直しや改善と言っても、勤務先の事情で容易でない場合が多い。また、職場への通勤時間も諸外国に比べて日本では長い。さらに、家庭の経済的困難から母親のパート労働なども増加している。このような事情から、どうしても食事を一緒にとるのは難しい場合もあるだろう。そうであるならば、食事以外でもゆっくり家族でコミュニケーションがとれるような場を意識的につくっていかなければならないだろう。しかし、問題を家庭内の努力だけに終わらせるのではなく、社会全体で家庭の意味や家族揃って食事をする意義を再認識しながら、価値観の転換をはかっていかなければならない。

この章のまとめ

　5、6歳の段階で認められた系列化と内言の発達は認知機能にも情動機能に
も影響を及ぼすことが明らかになった。系列化に関しては、「昨日-今日-明日」
などを区別する時間認識の発達が認められたし、近い所と遠い所の他に、中く
らいに遠い所という空間認識の発達が認められた。また、情動では、＜未来に
対する不安＞や＜過去に対する後悔＞など、時間に関係した情動をもたらした。
　一方、内言の発達によって複雑な手の運動の制御が可能になり、3次元的な
特徴をもった造形物を構成できるようになることが明らかになった。また、内
言の働きによって自己の情動に気づいたり、主観的な感情的体験を蓄積したり
できるようになった。

第9章

小学校低学年（7歳ころから8歳ころ）

　7歳ころから8歳ころは、小学校の学年で言えば、ほぼ低学年に該当する。小学校への入学は子どもに大きな変化をもたらす。特に、書き言葉の獲得によって、これまでとは違う新しい精神活動を展開していく。また、集団生活のなかでは、子どもどうしが教え合ったり、模倣し合ったりしながら育っていく。さらに、子ども達が取組む学習内容は、具体的な思考活動を中心に、入学後は系統的な学習活動に入っていくことになる。

　さて、このような学習や集団生活を支える基本的な認知操作はどのようなものなのか。また、新しい生活が始まることでいかなる情動があらわれるのか。

9.1　認知の発達

時間と空間の系列化

　児童期の思考の特徴は何だろうか。岡本・浜田（1995）によると、幼児期に比べて児童期に入った子ども達は論理的に物事をとらえるようになるとしている。つまり、自分の生活の中で出くわす物や事象がバラバラであっても、それらを頭の中で「論理的に」、「筋道立てて」とらえなおそうする態度が出てくる。

　これは、バラバラな物を特定の観点で整理する枠組みが子どもの中にできることを示している。例えば、いろいろな物を色で分けたり、形で分けたりして整理し直すことである。これは、「現実の再構成」と呼べるものである。

第9章　小学校低学年（7歳ころから8歳ころ）　145

　それでは、このような「現実の再構成」ができるのはなぜだろうか。それは、7歳から8歳という時期は時間と空間の系列化が発達するからである。系列化の発達と言えば、5、6歳児でも認められることを前章で述べた。それでは、7歳から8歳頃に見られる系列化にはどのような特徴があるのだろうか。このことを明らかにするため、この時期の系列化が進む様子について、いろいろな事実を通してみていくことにしたい。

　ピアジェとシェミンスカ (Piaget, & Szeminska, 1962) は、9cm から 16.2cm まで 0.8cm ずつ長さに差がある 10 本の棒を、長さの順に配列する課題を幼児に行わせた。この課題は、複数の棒を比較する必要があるので、長さという基準で一貫した比較をしなければならない。また、すべての棒を系列的に配列するには、ある棒がそれよりも前に配置した棒よりも長く、残りの未配列のすべての棒よりも短いという双方向性の関係にあることを同時に理解する必要がある。しかも、この関係は特定の棒だけでなく、配列全体のどの棒についても当てはまるという全体の関係を認識していなければならない。

　実験の結果から、4 段階の発達的変化があった。

　第1段階は、4 歳以前の子どもに特徴的で、配列の意味を理解しないで並べるため、デタラメに並べる。

　第2段階は、4 歳児から 6 歳児に見られた結果で、大きさの次元が大事なことに気づき、数本は部分的に系列化するが、大きい棒と小さい棒のグループに分けるだけであった。

　第3段階は、6 歳児から 7 歳児に特徴的で、長さに注目して棒を置くことができるが、試行錯誤的であり、既に置いた棒と見比べて置き直す行為を繰り返した。

　第4段階は、7 歳以降の子どもに多く見られた。棒を配列する前に全部の棒の端をそろえて比較する。そして、ある棒を置くときは、それより前に置いた棒よりも長くなることと同時に、残りのすべての棒のなかでは一番短い棒を置くという操作を繰り返した。

　以上のように、長さが異なる 10 本の棒を順に短いものから長いものまでを

並べるという課題は、7歳児以降でしっかりとできることが認められた。

　系列化は長さだけとは限らない。新版K式発達検査に「5個のおもり」という検査がある。この検査は、重さが少しずつ異なる5つの箱がごちゃまぜにして置かれた状態で、重い順から1つずつ横一列に並べさせる課題である。5つの箱はどれも立方体で、色も同じなので、見かけは同じに見える。教示は次の通り。「ここにある5つの箱は、皆同じように見えますが、重さが違うのです。1つも同じ重さのものはありません。」「さあ、よく調べて、一番重いものをここに（指差す）置きなさい。その次には、よれより軽いものをここに（指差す）。それからまた、少し軽いものをここに（指差す）、それから少し軽いものをここに（指差す）、それから一番軽いものをこの端に（指差す）置くのです。」。

　この検査項目で50％の被験児が通過（正答）する年齢は、7歳超から8歳である。つまり、7歳を超えておれば半数以上がこの課題がクリアできる。これらの結果は、長さにしても重さにしても、7歳を超えれば、一貫性のある比較によって全体を系列化できるようになることを示していると言える。

　同じことは、子どもにゴム球を持たせて、4段階に握らせた長沢・荒木（1974）の研究でも言える。実験は、図版上に長さが異なる4本の水平線分が短いものから順に長くなるように引かれた図を見せて、次のように教示した。「このように（一番短い線を指でさしながら）、一番短く握ってごらん。」「（二番目に短い線を指して）もうちょっと長く。」「（三番目に長い線を指して）次は、もっと長く。」「（一番長い線を指して）一番長く握ってごらん。」と言って、4段階で握らせた。それができれば、今度は逆に短くなっていくように図版を見ながら握らせた。ゴム球を握る動作は、握る強さや長さが記録できる装置を使って記録された。実験の結果、5、6歳児は図版を見ながらであればできるが、図版を取り去ると系列的反応が崩れてしまった。これに対して、7歳児は図版を見ないでも、昇りの系列も下りの系列もできたのである。

　これらの研究が明確にしたことは、7歳児は個々の要素を順序だてながら、全体にまとめる働きができるということである。

　長島・寺田（1977）によると、このような全体にまとめる働きは、重要な

意義があるという。つまり、時間と空間の系列化が同時に行われることで1枚の絵を見ただけでもそこから話をつくる力にも関係していると考える。その例として、改訂版鈴木ビネー式知能検査には「絵の内容の説明」問題がある。子どもに呈示する絵カードは、図19のようなものであるが、この絵を見て何の絵であるのかを子どもに答えさせる問題である。

1枚の絵から話をつくることは、動画ではないので非常に抽象度が高い課題である。6歳か7歳以前の子どもであれば、絵に描かれた人物や物を列挙するだけである。しかし、6歳から7歳頃を過ぎると、「お母さんが座って本を読んでいる。男の子が立って遊んでいる。」というような場面を説明する答えができる。このような答えができるのは、時間的に系列化するばかりではなく、個々の人物や物を全体としてまとめる働きが必要であることがわかる。

このような個々の物を全体にまとめるには、全体と部分の関係を把握すること、情報価の高い部分への注目すること、さらには無関係な刺激を捨象すること、が必要である。まさに、このような働きこそ空間の系列化である。したがって、時間と空間の系列化が同時に行われるところに7歳ころの子どもの特徴があると言えるだろう。

図19 改訂版鈴木ビネー式知能検査の「絵の内容の説明」(鈴木ビネー研究会 2007 改訂版鈴木ビネー検査法 問題カードファイル．古市出版 p. 7より)

知的操作の可逆性

　時間と空間の系列化について述べたが、再度、4段階でゴム球を握らせた長沢・荒木（1974）の実験を振り返ってみることにする。7歳になると図版を取り去っても、だんだん長く握ることができ、次はだんだん短く握ることができたことに注目していただきたい。同じようなことは他の課題でも見受けられる。例えば、7歳になると、1から20まで数えることはもちろんできるが、20から逆に1まで数えていくことができる。これは、ある思考操作を行ったら、次は逆にして出発点にさかのぼってみることで、柔軟な知的操作があればこそできることである。このような柔軟な知的操作を「可逆性」と呼んでいる。

　ところが、7歳以前の子どもはこのような知的操作の可逆性をもたないために主観的な判断をしてしまう。そのことを示す実験がある。それは、ピアジェが行った保存実験である。図20に示したように、この実験では、始めに2つの同じ容器に同じ量の水を用意しておく。そして、子どもが見ている前で、そのうちの一方の水を細長い円柱型の容器に注ぐ。他の一方の水を底は広いが高さは短い円柱型の容器に注ぐ。そして、子どもに「水がたくさん入っているのはどちらの方だと思う？」と質問する。

　実験の結果、7歳以前の子どもは水面の高さに注目してしまい、「細長い容器の方だ。」と答える。それに対して、7歳を超えると、「どちらも同じ。」と正しく答えられる。これは、見かけはどちらか一方が多く水が入っているよう

左図のように同じ大きさのカップに同量の液体を入れておいて
右図のように底が広い容器と狭い容器にそれぞれを入れ替える

図20　ピアジェが行った液量の保存実験

第9章　小学校低学年（7歳ころから8歳ころ）　149

に見えても、頭の中で元の状態に戻せば同じ量であることが分かるはずである。

　さて、このような知的操作の可逆性であるが、このような経験を積み重ねることは、「計画性」ないしは「プランニング」につながるものと考えられる。なぜならば、プランニングには“行為した結果を最初の目的と比較照合する過程”が含まれているからである。われわれが目的を達成するには、絶えず行為した結果をモニター（監視）しながら最初の目的と比較しなければならない。そして、両方に食い違いがあれば、その度に誤りを修正しなければならない。つまり、プランニングの過程には、絶えず目的に立ち戻るという可逆性に通じる働きが認められるのである。

　竹内（1986）はプランニングには可逆性が関係していることを、4歳7か月から6歳8か月までの幼児を対象に、いろいろな検査を実施することで明らかにした。検査は、液体量、数、重さの保存課題とともに、積木叩き課題と数唱課題を実施した。

　ここで、積木叩き検査と数唱課題について説明しておこう。まず、積木叩き課題では、子どもの前に5個の立方体積木を横一列に5cmずつ間隔をあけて並べる。そして、検査者が子どもの目の前で3つの積み木を叩くが、その順番通りに叩かせるという課題である。叩く速さは1秒に1個のテンポである。また、検査者から向かって右端の積み木から1，2，3，4，5とすれば（もちろん積木には番号は記されていない）、4，3，1や1，3，4なら一方向なので比較的簡単だが、5，1，3や3，4，1は叩く向きが途中で変化するので難しい。この検査は3種類あって、検査者が叩いた直後に幼児に叩かせる直後条件と、検査者が叩き終わってから6秒後に幼児に叩かせる遅延条件と、検査者が叩いた順番とは「さかさま」に叩かせる逆変換再生条件、であった。

　また、数唱課題については、検査者が1から9までの数の中からいくつかを1秒間に1つの速さで聞かせた後で、幼児に再生させるという短期記憶の課題である。この数唱課題も2条件あって、呈示された数をその通りに再生する順唱条件と、「さかさま」に再生する逆唱条件である。順唱は3数以上、逆唱は2数以上の系列を再生させている。

さて、竹内は実施したいろいろな検査の成績を因子分析したところ、「計画性」と名づけるのにふさわしい因子を抽出したのである。この因子は、各保存課題とともに、積木叩き課題の逆変換再生に高い因子負荷量が認められた。これは、これらの課題で成功するには、どちらも「逆にする」ということが必要だし、「計画性」ないしは「プランニング」そのものも絶えず最初の目的に立ち戻るという可逆性が必要だからである。

書きことばの獲得

　内言の発達と関連してあらわれるのが書きことばの獲得である。子どもが文字に関心をもつのは5歳頃からである。そして、6、7歳から系統的に文字の学習が始まる。人類の長い歴史のなかで獲得した文化的遺産である文字を、生後わずかの間で習得を開始することは、人間発達に驚嘆せざるを得ない。

　文字の習得は、他の諸機能と無関係に突然に現われるわけではない。そこには、音韻を分解し抽出する働きが不可欠である。例えば、「きりん」ということばは、それまではその音韻成分が意識されずに発音されていたのであるが、単語を習得するにあたっては、単語の「きりん」は「き」と「り」と「ん」という音節に分解したり語の音韻的構造を分析しなければならない。このような音韻の分解と抽出ができていないにもかかわらず文字を憶え込ませようしても書きことばの獲得につながらない。また、系列化する働きも不可欠である。音韻の分解と抽出はできても、系列化ができないと「きりん」と書くところが「きんり」などと書いてしまい、話しことばが書きことばに正しく翻訳されないことになる。

　しかし、書きことばの習得に必要なのは、音韻の分解と抽出の働きや系列化だけではない。視写で言えば、文字の視覚的な特徴を抽出する視知覚も必要だろう。しかし、それでもまだ十分ではない。それでは、何が足りないのか。

　まず、考えられえるのは内言である。内言を用いつつ、その場に相手がいなくても、いるものとして、相手に話の筋が分かるように伝えなければならない。さらに、小学校に入学して絵日記や作文を書くには、発話に用いたようなプラ

第9章　小学校低学年（7歳ころから8歳ころ）　151

ンニングも必要だろう。

　さて、書きことばの習得に必要ないくつかの能力は、5歳半を境に伸びるものである。しかし、文脈が明確で誰が読んでも理解できる作文を書くには十分な内言の力が必要であり、これは小学校に入学してからの課題である。例えば、遠足について書くことを例にあげても、経験したことを順に書くだけでは気持ちが伝わらない。特に印象に残ったことに焦点をあてながら書けるようになるのは7歳頃からである。このことは、既に述べたように、この頃になるとできるようになる「時間と空間の系列化」の働きが関係している。

　しかし、書き言葉の発展には書字の練習だけでは足りないような気がする。それは何だろうか。それは、会えない人に自分の気持ちを「伝えたい」という欲求だろう。田舎のおじいちゃんやおばあちゃん、単身赴任のお父さんに手紙を書く、あるいは、すれ違いが多くて会えない家族の者にメモを書き残す、などのように「伝えたい」気持ちが起こらないと書きことばは発展しないだろう。それは絵と文で簡単な紙芝居や絵本をつくる創作活動でも同じである。誰かに「伝えたい」という欲求があってこそ始めて生き生きとした作品になるものと思われる。

　このことからすると、書きことばの学習は「感動する心」と切り離して進められるものではないだろう。確かに、文字と音素を繰り返し提示してその結びつきは学習させたり、模範となる文の視写をさせたりする学習もあるだろう。しかし、新鮮な体験、興味深い話、素晴らしい絵画作品などに感動し、その感動した心を親しい人に伝えたいという欲求がなければ生き生きとした書きことばの獲得はないだろう。

　このことは書字能力だけに限ったことではないだろう。子どもが学習して身につけた能力は、子ども自身の生活や、感動する心とセットになっているだろうか。このような問い直しは常に必要だろう。浜田（2009）は、学校で身につけた能力が子どもの生活から切り離され、学習した努力が試験の成績というものに交換されてはじめて意味をなすかのように子どもに思われてしまいかねない問題点を指摘している。

1次的言葉と2次的言葉

　さて、小学校への入学を機に、書きことばの発達にはめざましいものがある。しかし、それで話し言葉の発達が完了したと考えるのは大きな間違いである。なぜならば、話し言葉に関しても、この時期は重要な課題があるからである。それは、幼児期までに獲得してきた1次的言葉だけでなく、2次的言葉が使えるようになるかどうか、という問題である。岡本・浜田（1995）は、1次的言葉と2次的言葉の相違を明確にしながら、2次的言葉の獲得が学校生活で重要なことを明確にしている。

　1次的言葉と2次的言葉とは何だろうか。岡本・浜田によれば、1次的言葉とは、具体的なことがらについて、状況の文脈にたよりながら、親しい人と直接対話のかたちをもって展開する言語活動である。

　しかし、幼稚園に通うようになると、先生が子ども達全員に話すことが増える。そして、5歳児くらいになると、先生がクラス全員に話していても、それを自分に話しかけられているものとしてとらえられるようになる。小学校では、このような力は特に重要である。なぜならば、授業場面で交わされる言葉は、先に述べた1次的言葉とは質的に違っているからである。

　岡本・浜田は、1次的言葉と比べたとき、2次的言葉には次のような4つの特徴があるという。

　①実際の場面から離れたところで間接的な言葉で表現されるので、状況の助けを借りることなく、言葉の文脈だけで理解しなければならない。

　②言葉をさしむける相手が、自分の経験や状況を理解してくれやすい特定の親しい相手ではなく、自分と直接交渉のない不特定多数の人達を想定して話さなければならない。

　③1次的言葉は1対1の会話で展開するのに対して、2次的言葉は自分の側から話の筋道を決めてから伝えていかなければならない。

　④以上の2次的言葉の特徴は話し言葉ばかりか、書き言葉においてはもっと明瞭に入ってくること。

第9章　小学校低学年（7歳ころから8歳ころ）　153

　したがって、話し言葉が獲得されていたとしても、2次的言葉が獲得されていなければ、授業場面で話される先生の話す内容は理解できない。発達障害の子ども達のなかでも ADHD 児は先生の話が理解できないために何回も聞き直すことがある。彼らは1対1の会話はできても、クラス全員に向けて話される先生の話が理解できない。それは、注意の持続に困難をもつ ADHD 児は、話し言葉と書き言葉の中間に当たるような2次的言葉に注意を向けることが非常に難しいからである。このような2次的言葉の獲得は、これから系統的な学習を進める小学校低学年の子ども達には重要な課題と言える。

9.2　情動の発達

時間と空間の系列化で生じる情動

　小学校低学年の認知機能の特徴には、時間と空間の系列化が見られた。このような特徴は、情動にも大きな影響を及ぼす。特に、時間と空間の系列化が生じることで、全体のなかで一番であることに価値を置くようなとらえ方をするようになる。

　このことは、小学校低学年児には何でも「一番」にこだわる傾向が見られる。例えば、試験で 100 点をとる、徒競争で1番になる、身長が1番高い、体重が1番重い、などいろいろな1番に関心を示す。また、逆に、負けると＜悔しい＞思いをする。

　どんな子どもでも、いつも1番であるとは限らない。一番ビリということもある。そのような場合は強い劣等感を感じる。それが自分でなければ、他児をあざ笑ったり、からかったりすることもある。また、競争的な視点から容赦のない他児への評価も出てくる。そのような場合は、親や教師の指導によって、見えにくいけれども人にはいろいろな「よさ」があることや、友達の「よさ」に気づかせることも大事だろう。例えば、「やさしさ」や「正直さ」や「本当の強さ」、などについて一緒に考える機会をもつことも必要と思われる。

　また、小学校低学年期の子どもでは、人間発達に関して価値判断が一定して

いないところがある。つまり、ある場面では「大きさ」を競うことに心が奪われたり、別の場面では「数の多さ」に心が奪われたりする。長島・寺田（1977）は、このような評価は場面によってばらばらで並列的だが、やがて「大きいことよりも強いことがよい」、「強いよりも上手な方がよい」というように、並列的な価値が少しずつ系列化していくという。

　さらに、小学校低学年期の子どもは、全体を総合して見たうえで、子どもなりに１つの価値基準をもつに至っていない。そのため、「大きくなったら何になりたいか」と質問されても、その時々で変化する。つまり、子どもの回答は質問時に、欲しいと思ったもの、憧れをもった人、経験したこと、などの影響で変わる。この点は、小学校高学年期の子どもに見られるような、自分の生活や要求を全体的にとらえて一貫性のある回答をするのとは違うところである。

文脈の理解から生まれる情動

　時間と空間の系列化が情動に与える影響は、自己への評価や他者への評価だけではない。５歳半を過ぎると、物語の文脈をたどりながら話の筋道を理解できるようになる。また、自分とは違った体験をした友達の話を理解しながら聞くこともできる。さらに、物語の主人公の行動に感情移入し、どんでんがえしの面白さがわかるようにもなる。

　秋田（2001）も述べたように、子どもが出来事をよく理解できていないと、＜興味＞や＜驚き＞といった情動は生まれるものではない。物語の＜面白み＞を感じる心は、物語における出来事の展開と、その理解によって生まれるものである。また、このような物語の理解には、本の読者や読み聞かせの聞き手が、主人公の情動状態を推論することも必要になってくる（楠見・米田, 2007）。

　この点では、本とテレビ・アニメとは根本的に異なる。テレビ・アニメの視聴では、このような主人公の情動を積極的な形でモニターする働きはほとんど必要ない。なぜならば、テレビ・アニメははっきりとした形で状況が展開するからである。これに対して、本を読む場合は、その内容を理解するために、物語に書かれている時間や空間の設定、登場人物の動機や目標、そして主人公の

第9章　小学校低学年（7歳ころから8歳ころ）　155

情動状態の変化、などについて能動的に推論しなければならない。読書に含まれるこのような能動的な過程には読者の情動が働くが、そのことが物語の理解において重要な役割を果たしている（楠見・米田, 2007）。

　それでは、読書の過程にはどのような情動が働くのだろうか。物語の理解では＜共感＞という情動があらわれるだろう。このような＜共感＞は、2歳ころの子どもに見られたものと同じだろうか。同じではないだろう。なぜならば、2歳ころの子どもに見られる＜共感＞は、自他が区別できるようになるのを契機として、相手の表情やしぐさの動作模倣から相手の感情を理解するというものであった。それに対して、小学校低学年児童の物語理解にみられる＜共感＞は、主人公をはじめとした作品の登場人物の心情について、言葉を通した理解によって成り立つ＜共感＞だからである。

　物語の理解過程であらわれる＜共感＞は、言語情報にもとづく一種の疑似体験である。疑似体験ではあるが、子どもは本の中で登場人物と出会い、登場人物の行動を認識し、想像しながら物語の世界で共に生きている。子どもたちは、そこでさまざまな情動を体験する。このような情動の体験は、社会性を育むうえで極めて重要ではないだろうか。守屋（1994）の研究によれば、物語の受けとめ方は、年齢差や男女差の他に、社会や文化の違いで大きく異なることが予想される。また、物語理解における＜共感＞は言語を通したものであるため、言語情報の処理能力の違いによっても＜共感＞の中味に個人差が生じるだろう。しかし、言語理解の差異で生じる＜共感＞の個人差を差し引いても、子どもが物語の世界で味わう豊かな情動経験は極めて貴重なものと言える。

　しかし、この点で心配なことがある。それは、今日の日本の子ども達が想像力を豊かにして物語の世界でさまざまな情動を経験できているのか、という問題である。このことについて、楽天的に「その心配は無用」と言えないのは筆者一人ではないだろう。それは、物語の登場人物の気持ちを理解するには、読み手である子ども自身の実体験を通した情動が必要だからである。今日の子ども達がそのような実体験から遠ざかりつつあることを考えるとき、この問題は決して軽視できないだろう。

さて、ここまでは物語の理解過程で経験する情動として＜共感＞を中心に述べてきた。しかし、読書がもつ情動に対する役割はそれだけではない。読書は情動の調整でも重要な役割をもつ。それでは、物語の理解は情動の調整でどのような意味をもつのだろうか。

児童期以降になると、同じ出来事でも、ポジティブな見方もできるし、ネガティブな見方もできるようになる。子どもが直接には参加していない物語世界の中であれば、そのような見方の変更は容易だろう。同じ出来事でも、異なる見方ができるということは、情動の調整では有効な手段となる（澤田, 2009）。物語の世界と現実の世界との違いはあるが、同じ出来事でも解釈さえ変えれば喚起される情動が変えられるという認識は、子どもが児童期以降の集団生活を送っていくうえで有力な情動調整のスキルになると思われる。

学校生活が始まることで生まれる情動

小学校低学年児の情動を理解するには、小学校の集団生活が開始したこととの関連でとらえることは大事である。なぜならば、小学校への入学を前にして、友達ができるかという不安や期待があったし、学校という場所で仲間との関係をうまくやっていけるかどうかが気になる時期だからである。

学校生活が始まることで、それまでにはなかったような情動を経験する。例えば、先生の指示にしたがって提示された課題を行う際に、他児の取組みが気になるのは避けられない。それどころか、他児の課題への取組みを観察し、模倣することは学習という面から見ても積極的な働きがある。このような中で、他児への＜尊敬＞や＜憧れ＞をもつ一方で、他児を＜嘲笑＞したりする。また、自分の行動が他児に模倣される中では自我の感情を高め、＜自負心＞をもつ一方で、他児と比較して＜羞恥心＞や＜引け目＞を感じることもある。

しかし、他児との比較のなかでは別の感情も起こってくる。他児の課題への取組みが自分よりも劣っていると見たときは、自慢するだけで終わらず、他児を嘲笑したりする。一方、他児に比べて自分の取組みが遅いとか、うまく出来ていないと思ったときには、羞恥心や引け目を感じてしまうことになる。

第9章　小学校低学年（7歳ころから8歳ころ）　157

　また、学校における集団活動の中では、いろいろな場面で友だちと協力することがあるし、競争することもある。そして、自己主張と他者の主張がぶつかり合うことも避けられない。このような中で、子どもはいろいろな自分と出会い、これまで気づかなかった自分の側面に気づくようになる。そのような意味で、自分についての理解が深まるようになる。

　このような自己理解は、自分の「いいところ」だけでなく、「嫌なところ」についても話せるようになる。5、6歳児の発達で述べたが、「自分自身を対象化する」とか「内なる目」で自分自身を見ることが、小学校への入学を契機にして活発になる。このような自己理解は、自分と向き合う他者が変化するなかで理解が深まる。例えば、「お母さんといるときは甘えてしまう」が「友だちといるときはやさしい」など、他者との関係の中で変化するなかでいろいろな自分をとらえることができる。

　このような自己理解が進むのは、内言の発達に由来している。前段階にあたる5、6歳児では、内言は情動や動機づけにも影響すると述べた。しかし、そこで述べたことは、情動や動機づけに対して内言が肯定的な影響をもたらすことについて述べたものであった。

　ところが、内言の発達は、必ずしも肯定的な結果だけにつながるとは限らないこともある。それは、内言の発達があるが故に、強いストレスを子どもに感じさせてしまうこともあるからである。このような傾向は、むしろ定型発達をしている子どもにありがちなことである。子どもは身近な大人を意識する余りに、自己内の対話（内言）のなかで自分に期待される「いい子」を演じてしまうことがある。例えば、お母さんに甘えている妹を見ていた姉が「自分も甘えたいけど自分はお姉ちゃんだから甘えない。甘えるのは赤ちゃんみたい。」と我慢することがある。子どもは、身近な大人の評価や期待を敏感に感じ取ってしまうので、内言の働きが結果的に＜自分の欲求を抑圧＞することになってしまう。

　また、学校生活が始まるとともに、子どもは学業や社会性を忍耐強く勤勉に学ぶことが期待される。しかし、そのような期待に積極的に応えられる子ども

ばかりではない。期待に応えられない子どももいる。そのような子どもにしばしば＜劣等感＞があらわれる。これは、エリクソン（1977）が学童期は「勤勉性 対 劣等感」が中心的なテーマになると特徴づけたことに符合する。学童期は、学業や社会性などの技能を忍耐強く学ぶ「勤勉性」を獲得する時期と言える。しかし、家庭崩壊など何らかの理由でそのような持続力や集中力が保てない子どもは＜劣等感＞を感じざるを得なくなる。

　ここで言う勤勉性とは、社会において必要になる知識や技能を自発的に習得していく働きである。それに対して、劣等感は他者と比べてうまくできなかったり、頑張っても認めてもらえなかったりすると陥る感情で、このような感情は活動意欲を低下させる。

　それでは、子どもに劣等感を感じさせないようにするのはどのようにすればよいのだろうか。それは、一人ひとりの子どもがお互いに認め合い、尊重し合えるような集団が必要である。また、できないことを必要以上に強いると劣等感をさらに強く感じさせる。そこで、子どもの認知特性を考慮した課題を与えて、できればしっかりと評価してやること。また、他の多くの子どもが用いているような問題解決方略とは異なるアプローチを試みること。さらには、苦手なことは苦にしなくてもできるような手がかりを親や教師が一緒になって工夫してやること。このようなことを基本としながら、成功体験を蓄積していくことが大事だろう。

小１プロブレムと低学年期の集団活動

　次に、小学校低学年に関連する教育問題である「小１プロブレム」について考えておこう。1990年代の後半から、授業中に席に座っておれない、先生の話が聞けない、などの行動が全国の小学校で見られ、今日でも少なからず認められている。この問題は幼児教育の問題であるとか、小学校の教員の力量不足であるとか、家庭のしつけの問題である、というように原因探しがされてきた。しかし、どれも該当するものではなかった。

　では、何が問題なのか。この問題を考えるために、子どもの視点に立って考

第9章　小学校低学年（7歳ころから8歳ころ）　159

えてみよう。幼稚園や保育園から小学校へは大きな生活の変化がある。そこには、遊びが中心の幼児教育から、学習が中心の小学校教育へと大きな段差があることに注目する必要があるだろう。しかし、この問題が出現する前から同じような段差があったことは事実である。

また、なぜ今日、「小1プロブレム」なる現象が現れているのか。それは、学級が集団として機能していないことによると思われる。前章では、幼児期の後期から家でも園でもない友だちだけでつくる「第3の世界」が今日十分に保障されているのかについて疑問があると述べた。

さらに、なぜ低学年期に「小1プロブレム」のような現象が現れるのか。幼児期の後期に友だちでつくる「第3の世界」が十分に保障されなかったことはあるにしても、問題はそれだけか。そもそもこの時期の集団活動の特徴とはどのようなものなのか。特に、高学年期は子ども自身が集団活動を展開する時期であるとすれば、その前段階にある低学年期はどのような時期だろうか。岡本・浜田（1995）は、小学校低学年は幼児期の友達関係から高学年児童期に典型的な仲間集団へ橋渡しをする時期であり、先生の支えによりながら集団活動を準備する土台づくりの時期ととらえている。

このように、「第3の世界」で十分に遊ぶ経験をもてなかった問題があるとともに、集団活動では土台づくりにあたるこの時期の特徴が加算されていることがわかる。このような事情を考えると、小学校の低学年では集団形成に関してこれまで以上に力点をおいた取組みが求められていると思われる。

具体的にはどのような取組みか。これについては、先ほど紹介した岡本・浜田（1995）の考えによれば、子どもたちが集団として協力するにはどのような仕事を与えてやるのがいいのか、について教師は課題の性質を含めて考えてやること、としている。また、大事なところで声をかけてやったり、励ましたり、ほめてやったりするような教師の支えが必要としている。

それはクラスの仲間同士が密に交わる経験をもっとさせることだろう。もちろん、学習だけでなく、遊びを通した仲間との交流を十分に経験させ、＜楽しい＞という実感をもてるようにすることである。それは、つまるところ集団づ

くりであると思われる。

このような集団活動を準備するなかでは、友だち関係や自分の生活をひろげていくことができる。また、「われわれ意識」に先立って無意識的な「われわれ感情」が育つことになる。そうすると、友だちと楽しく活動するためにみんなが守らなければならないルールが自ずと明確になる。4月、5月の早い段階で担任教師がクラス運営の基本的ルールを明確にすることは大切だろうが、もう一方で集団活動の土台づくりをするなかで「われわれ感情」があらわれることも大事であると思われる。

この章のまとめ

認知に関しては、7歳ころになると、頭の中で論理的に筋道立ててとらえられるようになり、与えられた刺激がバラバラであっても1つの視点でまとめることができる。また、内言の発達と関連して、書き言葉や2次的言葉の獲得も開始される。

また、情動に関しては、物語の内容理解が進むなかで、主人公の行動に感情移入をし、どんでん返しの面白さを味わうようになる。また、学校生活が始まることで自負心や羞恥心などのいろいろな社会的情動が生まれるようになる。

第 10 章

小学校中・高学年（9歳ころから 12歳ころ）

　小学校の中・高学年期は、活発な集団活動を展開していくことが期待される時期である。このような集団活動には、学校での活動だけでなく、学校外での活動が含まれる。子どもは集団活動を通して社会性を発達させていく。このような社会性の発達は認知機能のみならず、情動機能にも影響を及ぼす。

　しかし、今日、いじめを始めとして、さまざまな教育現場の課題が吹き出している。このことを考えると、集団活動が期待通りに機能しているかどうか、については丁寧な検討が必要なところである。坂元は、9歳から 12歳ころまでを意欲−感情の系が優勢になる段階としたうえで、一致した目的の達成をめざした自主的・集団的活動がこの時期の発達を主導すると考えている。

10.1 認知の発達

抽象的思考のはじまり

　小学校中学年にあたる 9歳、10歳ころの認知機能の発達で重要な点は、それまでに培った豊富な具体的経験を土台にして、抽象的思考がはじまることである。7歳、8歳のころは具体的な場面の、具体的な物や事について考えることが中心であったが、9歳、10歳になると、眼前にないことについても考えることができる。つまり、具体的事物を頭でイメージし、それらを結合したり、分離したり、対応づけたりする操作ができるようになる。

これを鈴木ビネー式知能検査の「ボール探し」課題を例にして説明しよう。この課題では、子どもに円の一部が欠けた図が印刷した用紙を渡し、次の教示を与える。「この丸い中は広い運動場で、ボールを失くしました。そのボールを見つけるには、この中をどういうように歩いて探したらよいでしょう。あなたが歩いて探す道を鉛筆で描いてください。」というものである。検査の結果、9歳、10歳を超えた子どもには、円の中をくまなく探すような鉛筆による線描の軌跡がみられる。しかし、それ以前の子どもには、くまなく探そうとする形跡は見られず、円内には線描の軌跡がない部分も多く認められる。

そもそも、この課題は子どものどのような力を調べているのか。もちろん、この検査の課題には具体的な場面（広い運動場）も具体的な物（ボール）も存在しない。広い運動場は円で抽象化しているだけだし、探すべきボールも円の中のどこかにあると仮定しているだけである。このような仮定のもとで、ボールがどこに転がっていても見つけられるような歩き方を鉛筆で表現しなければならない。また、この課題では、時間的な見通しにもとづいた計画性が必要である。さらに、必ず見つけるには効率よく鉛筆で軌跡をたどらなければならず、空白の部分をつくらないようにしなければならない。

鈴木ビネー式検査の「ボール探し」課題と類似した検査は新版K式発達検査にもあり、「財布探し」課題である。この課題では野外広場は菱形で抽象化され、探すものは財布という点が違うだけである。この検査も先に述べた「ボール探し」課題も、9歳、10歳ころの計画性をみるという点では同じである。

さて、新版K式発達検査には、9歳・10歳の力をみる検査として「財布探し」課題以外の検査もある。それは、「図形記憶」、「8つの記憶」など、である。これらの課題で共通していることは、呈示された図や文を丸暗記するのでは正答につながらず、内言を用いて特徴を一般化しなければならない課題ばかりである。広川（1974）は、「具体的事象の中に法則性を見出すこと」と表現したが、この点にこそ9歳、10歳ころの特徴がある。

この「具体的事象の中に法則性を見出す」とは、「物事を相対化してみる」とか「1つの考えにこだわらず他の考え方もする」という柔軟な認知ができる

第 10 章小学校中・高学年（9 歳ころから 12 歳ころ）　163

ことでもある。しかし、9 歳や 10 歳を過ぎた子どもでも、不十分なことがある。それを加藤（1982）は次の例で示している。例えば、5，6 年生でもキャンプの計画を立てさせると、かなり綿密なプラン（局所的プラン）を立てられるが、「キャンプ・ファイアーの時に雨が降ったらどうするか」というように、大きな思考の枠組み（全体的プラン）に転換させて考えることはできない。

　9 歳、10 歳というと、ピアジェの発達段階説から見ると、具体的操作期から形式的操作期への移行期にあたる。日本の国内、国外を問わず注目される「9、10 歳の壁」の問題は、このような移行期における認知と情動の両面に及ぶ問題として把握できるものである。

抽象的思考の発達にかかわる今日の問題

　さて、今日の日本の社会で、いま問題にしている初歩的な抽象的思考は子ども達にしっかりと育っているのか。この問題を考えておくことは非常に重要と思われる。

　これまでの心理学では 9 歳から 12 歳ころになると、仲間の間で集団活動が盛んに行われると考えられ、この時期を「ギャング・エイジ」と呼んできた。特に、小学校の 3，4 年生くらいになると同性の 4 ～ 5 名で構成されるグループによる活動は、社会的規範や慣習や大人の判断などによるのではなく、自分たちが自律的にルールを決めて集団で行動した。

　しかし、この数十年の間に、産業構造や経済システムの変化のなかで地域社会や学校や家庭が大きく変化し、子どもの生活も大きく変わった。特に顕著なのは、一人で遊べてしまうコンピュータ・ゲームや、いつでも誰とでもつながってしまう携帯電話の普及である。それに加えて、安全に遊べる場所の喪失と、塾や種々の習い事に放課後の時間を使いはたす生活に変わってしまった。

　このようななかで、1980 年代以降はギャング・グループによる活動もほとんど見られなくなった。それは、子どもの論理的思考に負の影響を及ぼしているように思われる。特に、認知面への影響としては、子どもが自然から離れ、自然のなかの具体物と格闘する姿が見られなくなったし、自然のなかにあるい

ろいろな具体物に直接触れる経験が激減したことである。また、情動面にも影響があっただろう。それは、生活が便利になる余りに快感情の追求が進み過ぎて手間のかかることを嫌う傾向が強くなったことである。このような影響は、論理的思考の発達にとって阻害要因になるものである。

それだけではない。集団活動を通して得られた仲間への思いやり、責任感、協力する心など、社会性が育まれる重要な基盤を失ってしまった。むしろ逆に、仲間といるときは安心できず、同調プレッシャーを強く感じるようになった。問題はこれだけにはとどまらない。それは、いろいろな友だちの視点に立って物事を見つめる機会が失われたため、物事を相対化して見たり、柔軟な思考をしたりすることを難しくしてしまった。

それでは、何がこのような変化をもたらしたのだろうか。1つの要因としてあげられるのは、産業構造の変化である。かつて家族が生産の単位であった時代には、親を中心に家庭を単位として生産活動に従事していた。小学校の中学年にもなれば労働力の一部として生産活動に参加できた。また、高学年にもなれば、家業を助ける労働力にもなれ、子どもは家族から頼りにされることで自信をもつことができた。

また、かつて家族が生産の単位になっていたことで地域のつながりが活発であった。それが、親の就業形態が多様に変化するなかで地域のつながりが希薄になり、子ども同士のつながりにも影響した。

もう1つの要因として、教育産業の広がりがあげられる。経済構造の変化とともに、子どもが安定した仕事に就けるようにという国民の教育要求のなかで、教育産業が全国津々浦々で盛んになった。その結果、子ども達の放課後は一変して「遊びほうけた長い放課後」から「塾通いする放課後」になってしまった。そして、塾や習い事中心の生活で生じた隙間時間をどのように手軽にストレス解消に使うかが関心事になった。かつてのように群れ遊ぶ時間も場所も仲間もいなくなったところへタイミングよくあらわれたのがゲーム機であり、今日では携帯電話を利用したオンラインゲームも盛んである。。

第 10 章小学校中・高学年（9 歳ころから 12 歳ころ） 165

理科離れの問題

　今日、「理科離れ」という現象が子ども達に起きている。「理科離れ」の背景に次のようなストーリーがある。教師が実験や観察、そして具体物の呈示を省き、教科書と教師の説明で知識を効率的に詰め込もうとする。しかし、子ども達には具体的な体験が乏しいため、暗記はできるが十分に理解できない。これでは子どもに興味や好奇心は育たない。また、「わかって面白い」という高次な認知的感情は期待できない。

　このような知識の詰め込みでは、勉強したことが自分の生活とは関係がないし、子どもにとって＜面白い＞とも思えないのは当然だろう。これでは子どもにとって勉強することは成績を上げることであっても、自分の生活を変えるものにはなり得ない。小学校高学年や中学校の生徒がよく言う「何のために勉強するのか分からない」という声は、彼らの悩みを正直に表現したものとして受けとめる必要がある。

　テストはできても勉強を＜面白い＞と思えない子どもがいる。これは、テストは「できる」が、本当の意味では「わからない」からである。中村（1983）は、ヴィゴツキーの考えにもとづいて、「わかる力」は認識と感情の統一したシステムであることを強調する。そのうえで、子どもが「できる学力」にとどまってしまうのは、学びのなかに本来は含まれているはずの感情的なものが捨象されていたり、感情的なものを視野におかなかったりする認識論・知性論に影響されているのではないか、と指摘する。

　ヴィゴツキーは、子どものあらゆる心理発達で本質的なことは、感情と知能の間の相互作用のあり方に起因すると考えた。また、中村（1983）は、そのような両者の相互作用を実現するものは「イメージ」ではないかと考えた。つまり、イメージを呼び起こして展開する「想像」が重要であるとしている。確かに、考えてみれば、文芸作品の理解、歴史認識、自然認識のいずれにもこのような過程が含まれている。

　この点からすると、「授業をいかに面白くするか」に腐心する教師の努力は

大きな意義がある。教師が教室に具体的な物を持ち込んだり、学校外の人に教室に来てもらって対話したりすると教室は活気にあふれる。たとえ子どもが抽象的理解が可能な年齢になったと言っても、具体的な物との出会いがなければならない。例えば、「電気」とか「エネルギー」と言っても、それらは見えないだけに子どもは本当のところはよく理解できない。教科書を読んでも、先生の話を聞いても、子どもは十分には理解できていない。

それでは、何が必要なのか。観察することが難しい事象であっても、教師は目に見える経験に置き換える実験ができなければならない。また、教師は子どもが生活のなかで自然な形で身につけていけるものは何であり、目に見えない概念の獲得には具体物を使ってどのように橋渡しをしてやればよいのか、を知っておく必要がある。

しかし、これは教師個人の努力の有無に帰せられる問題ではない。教師は授業だけを任されているわけではない。日本においては、学級活動、部活動、校外活動を通じて生徒との情緒的な結びつきを強めることが求められる。また、親や地域からは、しつけや地域ボランティアをはじめとして教師は何でもやってくれると信じて疑わない人も多い。そして、このような期待に応えないと「熱意のない教師」とされてしまう状況がある。

このようななかで、教師が魅力的で分かりやすい授業をつくっていくことには限界がある。担当する生徒の数、施設・設備の充実、教師のサポート体制の充実など、改善すべき課題は非常に多い。

道徳性の発達

心理学的研究によれば、この時期は道徳性において顕著な発達がみられるとされている。ピアジェ (Piaget, 1957) が行った道徳性の研究では7歳頃に顕著な発達的変化がみられるとされたが、その後の研究では、そのような変化は10歳ころにあることが明らかになった。そこで、以下には道徳性に関するピアジェの考えと、それ以後に行われた研究を述べることにする。

ピアジェの道徳性に関する発達的研究によると、7歳ころまでは、善悪の判

第 10 章小学校中・高学年（9 歳ころから 12 歳ころ）　167

断は行為の結果の重大さによって決まるとする考え（結果論的判断）が強い。それに対して、7 歳を過ぎると、行為の結果よりも、そのような行為を意図的にしたか否かが善悪を判断する基準になると考える（動機論的判断）傾向が強くなるという。つまり、ピアジェは、児童の道徳的判断は、7 歳頃を境にして、行為の結果をもとに善悪を判断する「結果論的判断」から、意図の有無を問題とする「動機論的判断」に移行すると考えた。

　このようなピアジェの研究に対して、それ以降に行われた研究では、動機論的判断をするようになるのは 7 歳よりもさらに後であることが示された。アームズビィ（Armsby, 1971）は、結果で判断するよりも意図や動機で判断するようになるのは、7 歳よりもさらに遅れて、10 歳くらいにならないと難しいことを明らかにした。

　その研究では、6 歳、8 歳、10 歳の子どもを対象に、「故意に 1 つのカップを割った場合」と、次のような 4 つの場合を比較して、どちらがよくないかを判断させたのである。4 つの場合とは、次のようなものであった。

　　① 「過失で 1 つのカップを割った場合」
　　② 「過失で 15 個のカップを割った場合」
　　③ 「過失で母親の新しいカップをすべて割った場合」
　　④ 「過失で新しいテレビを壊した場合」

　さて、アームズビイの研究の結果によると、「故意に 1 つのカップを割った場合」と、①の「過失で 1 個のカップを割ってしまった場合」との比較では、ほとんどの子どもは故意に割った場合をよくないと答えた。これは容易な問題と言える。

　しかし、「故意に 1 つのカップを割った場合」と、過失で割ってしまった②や③や④との比較に関しては、年齢によって判断に違いがあらわれた。すなわち、6 歳から 8 歳児は、過失であったとしても被害（損失）が大きくなるほど、①の「故意に 1 つのカップを割った場合」に比べて、よくないとする子どもが多かったのである。つまり、6 歳から 8 歳までの子どもは、動機論的判断になったり結果論的判断になったりして、道徳性という点で一貫した判断基準をもっ

ていないことが分かったのである。

　一方、10歳児では、故意にカップを割った場合は、被害（損失）の大小にかかわらず過失で割ってしまった場合に比べて、一貫してよくないと判断したのである。この結果は、善悪の判断においては、意図の有無を重視する「動機論的判断」は10歳ころに形成されると判断する根拠になったのである。

10.2　情動の発達

向社会的行動の発達

　10歳ころは道徳的判断とともに、向社会的行動にも変化があらわれる。向社会的行動とは、自分に不利なことでも他者のためなら、報酬を期待しないで自発的に行動することである。例えば、「怪我をした下級生の子の面倒をみていたために、学校に遅刻した」というは向社会的行動である。このような行動は、「遅刻はよくない」ことを知っているにもかかわらず、他者のために自発的な行動をすることである。つまり、所属する社会や組織の慣習やルールを教条的に堅持するのではなく、状況の特殊性や、他者の心情に共感することによって自然な形で他者のための行動が生じてくるのである。

　このような向社会的行動の背景には、対人関係を中心とした社会認識の発達がある。セルマン（Selman, 1976）は、他者に対する「思いやりの心」を「役割取得能力」の発達という視点からとらえている。「役割取得能力」とは、他者の知覚、感情、思考を自分の立場から理解するだけでなく、他者の立場からも理解できる能力のことである。

　このような向社会的行動は、ある年齢段階になると誰にでも見られるものではない。利己心が強いと、そのような行動は見られない。また、他者を気遣うことがなく、共感性が乏しいと向社会的行動は現れにくい。

　それでは、共感性と社会的行動にはどのような関係があるのだろうか。このことについて、ブライアント（Bryant, 1987）は、共感性の高さから社会的コンピテンス（能力）の高さが予測できる、としている。つまり、10歳の時の

共感性の高さは、社会活動への参加や、友人との適応、などの社会的視点取得能力と関係が強いことを明らかにしている。

　ところで、現代日本の社会における向社会的行動は、かつてと同じように見られるのだろうか。これは筆者の印象の範囲であるが、他者のことを気遣ったり、共感したりする力は、衰えているのではないかと思われる。このような印象をもつのは、「ギャング・エイジ」なる言葉が死語に近いものになったことにつながっているように思われる。

　子ども達が昔のように外で遊んだり、集団で遊んだりするような機会が少なくなってきている現在、向社会的行動の今後の推移が心配である。子ども達が誰かの家に集まって、コンピュータ・ゲームで一緒に遊んでいるかのように見えても、よく見れば、一人遊びに近い状態だったということはよくあることである。このような現実を考えると、目の前で起こった他人の不幸に遭遇しても、テレビの向こうで繰り広げられているドラマの一場面としか感じられなくなってしまう日が来るのではないか。

　向社会的行動ばかりでなく、既に述べた道徳性の判断にしても、社会の変化と無関係ではない。荒井（2004）が言うように、かつての日本人には自己利益的感情を露骨に出すことを規制する文化があった。しかし、今日では90年代の長期不況のなかで自己規制に支えられてきた制度が切り崩された。また、新自由主義政策への転換があり、富の集中と格差社会や貧困問題が深刻化してきた。大人社会の問題を反映するのが子どもであるとすれば、格差社会や現代の貧困問題は、子どもの目にはどのように映っているのだろうか。

　子どもにとって現代社会が孕む矛盾は見えにくいかもしれない。また、塾などで出会う子ども達は、ほぼ同じ経済的水準の家庭から集められた子どもであることも意識していない。子ども達は気づかないままに等質化された中で生活している。しかし、意識するかしないかにかかわらず、現代社会の矛盾は進行する。このようななかで、子ども同士の関係はどのようになったのか。集団活動の衰退が抽象的思考の発達に負の影響を及ぼすことは既に述べたが、同じことは情動的側面にまで影響を及ぼしたとしても驚くには値しない。

集団的活動の衰退と情動への影響

　情動発達からみると、集団の中でいろいろな他者とかかわる意味はどこにあるのだろうか。それは、集団の中で自己を相対化し、自分をとりまく複数の他者のよさや苦しみを理解して共感するところにあると言えるだろう。

　精神分析家のサリバン（Sullivan, 1990）は、思春期になると同性同年輩の親友ができ、重要な情緒の交流をするようになるという。また、親友と交わす気兼ねのない会話は、自分のものの見方の偏りを修正する機会となり、人格を形成していく過程であると考えた。

　須田（1999）は、友人との会話はお互いの体験のとらえ方が正しいかどうかを確認しあうものであり、ひとりよがりな歪んだものの見方を修正する働きがあるという。そのため、親友と呼べる友人がいないとか、いたとしても、お互いの気持ちを交流する会話がなければ、内閉的世界に閉じ込もり、他の子どもと見かけだけの浅い関係をつくって、ひとりよがりな考えにふけることになる、としている。

　しかし、競争主義的な傾向が強い環境では、子ども達は精神的に不安定な状態に置かれてしまう。そのような環境では、子どもは絶えず誰かに対しては優っているとか、他の誰かに対して劣っているという意識をもつようになる。その結果として、自己に対するイメージは絶えず揺れ動き、精神的に不安定になる。このような自己と他者の比較が常態化している環境では、集団のなかでの子どもの情動は複雑なものになる。＜友情＞、＜憎しみ＞、＜嫉妬＞、＜内気＞など、集団に加わる圧力で子どもの情動は微妙に変化する。

　土井（2008）が「友だち地獄」と表現したように、今日の子ども達は、お互いが対立することを回避する「優しい関係」を優先するようになった。そして、それができなければ「空気が読めない人」として排除される。このような「優しい関係」は、子どもの社会的経験の偏りを是正することを困難にした。例えば、家庭のなかに偏った見方があったとしても、かつては仲間の間でその偏りは是正された。しかし、本音で語り合えなくなったことから、自分の偏った考

えや、狭い見方は修正されないで後々まで持ち続けてしまう危険性が増大した。

　子どもの生活をみても、自分の個室に置かれたパソコン、ファミコン、携帯電話などで完結してしまう。ゲームに飽きれば、自室に居ながら、これらの機器を介して友達とつながることができる。しかし、そこにあるものは、子ども同士が自己の身体を介して互いが人格を磨きあう姿でない。

　メールにしても、伝達の簡便さと速さを実現した点では確かに便利な道具である。しかし、そこで行われるコミュニケーションは、実際に対面して話し合い、心を通わせるというようなものとは大きく異なるものである。頻繁にメールをやり取りしても、どれだけ自分の心の内面を表現できるだろうか。そのような方法だけに頼ってしまうと、深い感情の交流ができないばかりか、相手の意図を誤解することにもなりかねない。メールについても便利さの陰に落とし穴があることに注意しなければならない。

いじめの問題

　集団活動の衰退は、個人の情動発達の問題だけにはとどまらなかった。新たな問題として、いじめが激化した。道徳性や向社会的行動が10歳を境に一段と進むと言われるにもかかわらず、なぜそれとはまったく逆のいじめが起こるのか。いじめの背景に集団活動の衰退があるにしても、より詳細な生起のメカニズムをとらえる必要がある。

　正高（2007）は、いじめは社会的称賛に価値を見出す感情から起こってくるという。すなわち、「自分は、周囲からどのように見られているか」が気になるとともに、「自分と比較的親しい関係にある他人は、周囲からどのように見られているか」に敏感になるという。そして、いじめは次のように進行すると考えた。自分のことをよく見られたいと思う反面、他人がよく見られると不快になる。不快感をもつが故に、その人が周囲からよく見られないように仕向ける。不快に思う相手に発する「いい子ぶりやがって」という攻撃は、攻撃した相手に対する＜嫉妬＞に他ならない。

　では、このような＜嫉妬＞はなぜ生じるのか。「いい子ぶっている」と感じ

るのは、自分が道徳性や向社会性にもとづいた行動を素直に受け入れられない
のだろうか。つまり、「このように考えるべき」という認知と「そうは言って
も嫌なものは嫌」という感情の不一致を解消できない姿なのか。道徳性や向社
会性があらわれる時期であるだけに、自分の感情を制御できない弱さがいじめ
に拍車をかけるのかもしれない。

　しかし、正高の説では理解できない点がある。それは、嫉妬したり嫉妬され
たりすることは誰にでもあることである。それでは、＜嫉妬＞の感情をもつ度
にいじめる側といじめられる側が簡単に入れ替わるのだろうか。また、いじめ
ることによって社会的称賛が得られずに、逆に非難されることもあるだろう。
これらの点が腑に落ちないところである。

　この疑問に答えるのが、森口（2007）の「スクールカースト」の考えである。
この考えによると、クラス内にはステイタスに違いがあり、低いポジションし
か得られない者はいじめられるリスクは高くなる。このステイタスは、コミュ
ニケーション能力、運動能力、容姿、等で決まる。そして、第1の決定要因で
あるコミュニケーション能力は「自己主張力」、「共感力」、「同調力」であると
いう。

　では、人はなぜいじめるのか。森口によれば、人は幼い頃から自分の中に培っ
てきた「素朴な自己価値感情」と「無条件的な自己肯定感覚」に支えられて生
きているという。しかし、規則による拘束や学校独特の仲良しの強制などが度
を過ぎると、自己肯定的な感情は破壊され、強い精神的飢餓感が残るという。
このような飢餓感が蓄積すると、その反動として「全能欲求」が生み出され、
夢想したり、ゲームの主人公に投影したりする。しかし、それでも満たされず、
他人をコントロールする「いじめ」に向かうという。

　さて、いじめには、いじめる側といじめられる側以外に、傍観者がいる。
2006年に第1次安倍内閣が設置した教育再生会議が「いじめ問題に対する緊
急提言」で述べたように、傍観者も加害者なのだろうか。また、「傍観してい
た生徒たちは、共感的能力が未発達」と結論づけられるのだろうか。どちらも
正しくないだろう。なぜならば、これらの考え方は、いずれもいじめの現場か

第10章小学校中・高学年（9歳ころから12歳ころ）　173

ら傍観者を切り離して議論する誤りをおかしているからである。

　いじめの現場には被害者、加害者の他に、観衆や傍観者がいるが、その関係は固定的ではない。観衆が多くいるかどうかや、傍観者のいじめに対する態度次第で加害者のスクールカーストは上下する。また、傍観者がクラスの中でどの地位にあるかも関係している。もし、加害者よりも地位の低い者がいじめを止めに入ると、止めに入った者が今度は被害者になるリスクは高いため、止めに入ることは極めて難しい。では、加害者よりも地位が同じか高い場合の者は、止めに入ることは容易なのか。いじめを止められたり仲裁できたりすればよいが、うまくいくとは限らない。状況によっては、いじめを止めに入った者が地位を下げるどころか、次の被害者になってしまうことがある。

いじめで生じる情動と解決の糸口

　いじめを目撃すれば、「自分がされたら」とか「他人事ではない」と思うのが健全な感情だろう。このような感情は、一見、自己犠牲になるようで割に合わないように見えるかもしれないが、結果的には自分にも安定した適応をもたらすことになる。なぜならば、自分がいじめの被害者になったときには、クラスの仲間に助けてもらえるからである。

　しかし、今日、「自分がされたら」などという反応がクラス内で出にくくなっていないだろうか。このような集団内の関係性を維持し調整する長期的視野にたった見方ができず、むしろ＜他人の不幸をほくそ笑む（シャーデンフロイデ）＞とか、＜見て見ぬふりをする＞という形で情動を鈍麻させる方略をとるかもしれない。

　それでは、なぜ、いじめを目撃しても「自分に関係する切実な問題」と受けとめられないのか。おそらく、自分が集団の中で守られたという実体験が希薄なことによるのだろう。今日の社会では、他者を「協力する相手」としてよりも、「競争する相手」としてとらえられることが多いこともあって、自分の感情を表現したり、相手のことを気遣ったりする力が乏しくなっているのかもしれない。

しかし、いじめ問題の原因を単に個人の感情鈍麻の問題としただけでよいのか。そうではないだろう。学校という特殊な場で起きているという事実をしっかりととらえることは大事である。学校という場所で起きているいじめ問題を解決する糸口はあるのか。

浜田（2009）は、現代のいじめを「閉じた回路」に喩え、次のような特徴があるという。すなわち、現代のいじめは中心となる担い手（いじめっ子）がはっきりせず、「多数 対 少数」の構図で行われているという。つまり、いじめる側には、多数が参加するため＜共感＞があるという。そこでは、いじめる理由は何でもよく、理由以前に＜ムカツキ＞を感じている。一方、いじめられる側は、いじめる側の理屈に飲み込まれてしまい、その理屈が自分にまで浸み込んでしまって自分で自分を責めるようになる。

そのため、いじめの標的を適当に見つけては回路に巻き込むし、いじめを止めに入ると今度はその子が標的になる。また、学級集団は閉じているため、いじめる側もいじめられる側も、そこから自由に逃げ出せないという。

浜田は、いじめ問題の解決には「閉じた回路」から「開いた順路」にしなければならない、と考える。つまり、学校の中の子ども集団に対して、流動化させる道を模索する必要があるという。そして、多様な人間が集まる学校という場所で、「守る－守られる」という重層性が成り立つところで、お互いの差異を認め合うことを重視している。

一方、森口が考えている対策は、浜田のそれとは異なる。森口は、「いじめ」と「犯罪」を峻別することの大切さを強調する。つまり、恐喝、傷害、暴行、窃盗などが学校で起こったという理由でいじめの問題として処理されているところに学校の異常性があり、犯罪は犯罪として司法機関で対処すべきと考えている。それに対して、仲間はずれや集団での無視など、犯罪でない行為には加害者処罰と被害者保護の措置を含む学校での指導が必要と考えている。

紹介した浜田と森口のいじめに対する対応には、大きな開きがある。しかし、いずれの立場に立つにしても、いじめは学校という閉じられた環境で生じる生徒間の複雑な情動のもつれであることには違いない。ただ、この問題を対処療

第 10 章 小学校中・高学年（9 歳ころから 12 歳ころ）　175

法的に解決しようとしても本質的な解決には至らず、今日の子ども達が置かれている社会文化的現実と切り離して考えることはできないだろう。

この章のまとめ

　かつては 9 歳や 10 歳ころになると、数名の同性の子ども達が仲間意識を高めながら徒党を組んで遊ぶ自律的な集団活動が見られた。このような活動が盛んにみられる時期は「ギャング・エイジ」と呼ばれたが、現代の日本ではそのような集団活動は希薄になってしまった。

　その結果、情動発達という点でも、他者の気持ちを理解したり共感したりすることが困難になった。また、道徳性や向社会性が発達するこの時期に、それとは逆行する行動であるいじめの問題が深刻化した。

第11章

青年期前期（中学生期）

　中学生期は人間発達では青年期前期にあたり、第二次性徴が現れる思春期と重なる。思春期は子どもから大人になっていく過渡期であり、親から精神的に自立する一方で、しばしば不安や混乱を示す。この時期の思考の特徴は、ピアジェが考えた思考操作の最終段階にあたる形式的操作の段階にあたる。

　形式的思考操作は、既に11歳ころから始まり、15歳ころには安定すると言われる。しかし、前章で述べたように、既に小学校中・高学年ころから集団活動の衰退や社会文化的な状況の変化のなかで、抽象的思考の発達のみならず、いじめなどの情動面でも問題の顕在化が認められた。今日の中学生の実像に迫るため、学校や家庭において揺れ動く心の内面を認知と情動の両面から探っていくことにしたい。

11.1　認知の発達

この時期の思考の特徴

　学校教育法にもとづけば、中学校教育の目標は、社会のしくみや労働の意義を学習し、人類が発展させてきた科学・技術の基礎知識を学習すること、また、そのなかで自分に適した将来の進路を選択する能力を養うこと、である。このような目標のもとで、中学校での学習活動では、系統的で抽象的・法則的な思考活動が重視されてきた。

第 11 章　青年期前期（中学生期）　177

　認知の発達を述べるうえで、まずはこの時期の思考の特徴を明確にしておきたい。この前の段階である具体的操作期では、経験した具体的な事柄については論理的に思考することができた。例えば、プラモデルの模型を作るとか、クッキーを作るなどの具体的な経験のなかで筋道が通った考え方をするというように。

　それが、11 歳ころになるころから少しずつ形式的操作が始まる。その思考の特徴は、知覚を手がかりにすることがなくても論理的形式にしたがって考えることである。このような形式的操作の代表として「仮説演繹的思考」、「組み合わせ思考」、「命題的思考」がある。

　「仮説演繹的思考」は、まず仮説を立て、それを現実の出来事に当てはめて確認する思考である。例えば、黒いカラスが何羽もいるのを見て、「すべてのカラスは黒い」という仮説をたてたとする。すると、「次に見るカラスも黒いはずだ」という予測ができるが、そうでなければ仮説を棄却しなければならない。これを仮説演繹法的思考法と言う。

　次に、「組み合わせ思考」は、ある事象の発生に関係すると思われる要因を列挙したうえで、いくつかの要因を統制して特定の要因の効果を調べることである。その例として、「振り子の振動数は何によって決まるか」という問題に対する答えを子どもに発見させる課題があげられる。この課題を解くには、振動数を規定する要因を列挙すること、次に、個々の要因を別々に変化させて、振動数に与える効果を調べればよい。振動数を規定する要因で考えられるものは、おもりを吊るす糸の長さ、おもりの重さ、手を離す高さ、おもりを振り出すときに加える力の強さ、である。振動数を規定する要因を知るうえで、次に大切なことは個々の要因の効果を個別に検討していくことである。例えば、「吊るす糸の長さが関係しているとすれば、糸の長さを変化させれば振動数に変化が起こるはずである」という推理が成り立つ。このような仮説と検証によって、振動数を規定する要因は、おもりを吊るす糸の長さであることがわかる。

　最後の「命題的思考」とは何だろうか。命題的思考とは現実に存在する対象は扱わずに言語や式を使って真偽を判定することである。例えば、小学校では

具体的な物や、物の個数を表す数を使って計算するが、中学校ではxやyやz
のような記号に置き換えて考える。例えば、$(x+y)+z=x+(y+z)$が常に
成り立つかどうかを証明する過程にも命題的思考が働いている。

　しかし、注意しなければならないことがある。それは、小学校高学年から中
学生に該当する年齢に達すれば誰でもこのような形式的操作の段階に到達でき
るのか、という疑問である。J・ハーリー（Healy, 1996）は『よみがえれ思考力』
という自身の本のなかで、抽象的に推論する能力に到達しているのは、米国の
12歳、13歳の中学生のうち、12％だけだったとしている。また、ほとんどの
子ども達は未だその段階には達しておらず、課題を解決するには実際に具体的
に「やってみる」ことが必要だった、としている。なお、形式的操作に移行す
ると考えられる年齢になってもそうならないのは、テレビやゲームの浸透が子
どもの考える力を阻害していることによると考えられた。

　ピアジェの発達段階説から期待されることとは違って、11歳、12歳になれ
ば誰もが形式的思考の段階に達するわけではないことは先に述べたハーリーの
指摘からも明らかである。このような個人差を生む原因については、今後の研
究でより詳細な検討が必要である。

　さて、青年期前期にはもう1つの特徴があらわれる。それは「メタ認知」の
発達である。メタ認知とは、「自分の認識について知っていること」である。
具体的に言えば、「自分はそのことをまだよく分かっていないようだ」とか「こ
の問題はこのようにすれば理解しやすい」というような認識である。このよう
なメタ認知は「認知のための認知」と言われるが、自分の思考過程を意識的に
コントロールする力でもある。

教育改革と学力をめぐる問題

　1990年代になると、中央教育審議会は21世紀を見すえた教育の在り方を審
議するなかで、それまでの教育に対する見直しを行った。特に問題視されたの
は、いじめや不登校が増加する一方で、受験競争が過熱化してきたことである。
過熱する受験競争がある一方で、授業が理解できない子どもが多いことも問題

視された。授業を理解できない子どもは、小学校では3割、中学校では5割、高校では7割もいると言われた。また、知識を詰込む教育の弊害に対しも問題にする声があがるようになった。

このような声を背景に、「ゆとり教育」と特徴づけられる新しい教育改革が始まった。正式な改革は2002年からだが、実際には1992年の学習指導要領から始まっていた。その教育改革の1つの目玉は、教育内容の削減であった。具体的には学校週5日制と学習内容の3割削減であった。また、もう一つの目玉は「総合的な学習の時間」の開設であった。総合的な学習の時間には、知識の詰込みはやめて、体験学習やテーマ学習や調べ学習によって主体的に学習する子どもの意欲を高める、というねらいがあった。

しかし、2002年4月から予定されていた新学習指導要領による教育改革であったが、実施直前になって小・中学生の学力低下に拍車をかけるのではないかという批判が起こった。それは教育改革を目前にしていたさなかに、大学生の学力低下を問題にした出版物の刊行とマスコミによる誇大表現によって教育改革への不安が増大したからである。

また、教育改革が開始された後でも、改革を見直さなければならない事実が明らかになってきた。それは、経済協力開発機構（OECD）による国際的な学習到達度調査（PISA）の結果である。この調査は、15歳（高校1年生）を対象に3年毎に行われている。第1回調査は2000年に、第3回は2006年に行われた。3回目の調査には57か国が参加し、結果は2007年の12月に報告された。PISA調査は高校1年生を対象としたものだが、その結果は中学教育を反映したものと考えられるので、ここで紹介することにする。

まず、科学的リテラシー（応用力）が第1回調査では1位だったのが、3回目の調査では6位に落ちた。また、数学的リテラシーも1回目は2位だったが、3回目では10位に転落した。読解力に至っては、調査の度に低下し、3回目では15位となった。この結果は教育改革を進めてきた教育関係者には容易に受け入れられるものではなかった。なぜならば、教育改革は主体的に学習する子どもの意欲を重視したにもかかわらず、得られた結果はねらいとはまったく

逆だったからである。

　尾木（2006）は、結果について 2 つの点を重視している。 1 つ目は、「学力
の二極化」である。つまり、できる子とできない子の二極化が進んだことであ
る。これは、基礎的な知識や技能を身につけてない群と、身につけている群が
明確に分かれたことである。

　2 つ目は、PISA では「学力」の定義それ自体をとらえ直したことである。
つまり、これまでの学力は学校でしか通用しない知識（「学校知」）の側面があっ
た。それに対して、PISA 調査における学力とは、これまでのような認知主義
的な知識や技能だけでなく、「教科横断的な力量を身につけ、学習意欲や自信
など、生涯にわたって社会に参加できる市民的力量を含むもの」と新しい定義
づけをした。「旧来型の学力」と「新しいタイプの学力」に分けた場合、PISA
の結果はどうだったのか。日本の子どもたちは単純な計算などはできるが、応
用問題になると成績は下がった。つまり、「旧来型の学力」は高かったが、新
しいタイプの学力」は低かったのである。この結果は、皮肉な結果であった。
なぜならば、新しい教育改革の目玉である「総合的な学習の時間」は新しいタ
イプの学力をめざしたにもかかわらず、期待した効果は確認されなかったから
である。

　PISA 調査の結果には、もっと深刻に受けとめなければならない結果があっ
た。それは教科に対する感情や動機づけにかかわる結果であった。つまり、教
科の学習について、＜嫌い＞と答えた日本の生徒が非常に多かったのである。
また、「どの程度努力して解答したか」という質問を 10 点満点で評価させた
ところ、日本の生徒は 6.12 点であり、参加した 57 カ国中で最低点であった。
この結果は、日本の生徒達においては学習意欲の低下、教科への関心の低下に
まで問題が波及していることを示したのである。

　「ゆとり教育」で育った子どもが示した結果に対して、教育関係者のショッ
クは隠せなかった。本来ならば、ここで新しい教育改革で期待した成果が得ら
れなかった原因を検討するところだが、その前に中学生の学力とそれを規定す
る要因を考えてみたい。

旧来型の学力と新しいタイプの学力

PISA 調査で測定した学力は、知識量とともに数や言葉を正確に操作する力（旧来型の学力）だけではなかった。それに加えて、主体的・能動的に様々な課題に取り組んで解決していく力を含むものであった。

ここで、旧来型の学力と新しいタイプの学力の関係が問題になる。本田（2011）は、旧来型の学力と新しいタイプの学力である「生きる力」の間には、一方が高くなれば他方も高くなりやすいという関係が見出している。その研究では、中学2年生を対象にしたアンケート調査を行っている。この調査では、旧来型の狭い意味での「学力」をみるために、調査時点（中学2年生の秋）までに学校で教わる基本的項目10項目（例えば「1から10までを英単語で書ける」など）に対して、回答者である生徒自身が正答できると思った項目を選択してもらい、選択した数で「学力」スコアとした。

一方、新しいタイプの「生きる力」は、自主的、主体的な思考や行動を意味する3項目（「ものごとがうまくいかないとき自分で原因や解決法を考える」「わからないことや知らないことがあるとまず自分で調べる」「すじみちを立ててものごとを考える」）に対して、「とてもあてはまる」「あてはまる」「あてはまらない」「まったくあてはまらない」という4つの選択肢から1つ選ばせた。つまり、「とてもあてはまる」を選択した場合を4点とし、「まったくあてはまらない」は1点として各項目の得点とした。そして3つの質問項目に関する合計点を個人毎に算出して「生きる力」スコアとした。

森田の研究で「学力」スコアと「生きる力」スコアの関係をみた結果は、図21である。図21から明らかなように、旧来の「学力」と新しい「生きる力」との間には、一方が高くなれば他方も高くなるという関係が認められる。しかし、旧来の「学力」の高低にかかわらず、4割強の生徒で「生きる力」が中程度であり、両者はある程度は独立した面もあることが認められた。

つぎに、新旧の「学力」が家庭背景とどのように関連しているのかの分析も行われた。家庭背景は、「経済的資源」と「文化的資源」を調べた。前者の指

標には、子ども部屋やインターネット回線などの8つの物品が生徒の家庭にいくつあるかを回答させた。また、後者の指標には、家庭に本（マンガや雑誌は除く）が何冊くらいあるかを質問した。図22は、その結果である。

図22から、「学力」スコアは、これら2つの資源との間で明確な関係が認められた。学力と経済的資源の関係が深いことはこれまでも多くの調査で明らかにされているところであるが、この研究では文化的資源との関係も明らかになった。なお、「生きる力」についてはどうだったか。「生きる力」も2つの資源との関連は見出されたが、「学力」スコアに比べると資源がもたらす差は小さなものであった。

教育改革の失敗と学力の二極化

それでは、教育改革で期待した成果が得られなかった原因について、話を戻そう。そもそも新しい教育改革は、それまでの教育を「知識の詰め込み」と批判し、子どもの意欲や興味を重視した学習を展開すべき、と考えたことから始まった。そして、総合学習は「国際理解」「情報」「環境」「福祉・健康」などをテー

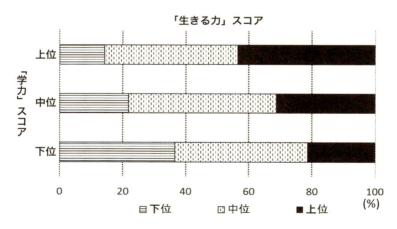

図21 「学力」スコアと「生きる力」スコアの関係（本田由紀 2011 学校の「空気」．岩波書店．p.17 より）

マに、学校と家庭と地域の連携を重視しながら、子ども達が主体的に学習することで豊かな学びを創造しようとした。

ところが、期待した成果が得られなかった訳だが、苅谷（2002）はその原因について、新しい教育改革は知識や技術の軽視につながったからだと指摘した。また、問題解決能力と学ぶ意欲を期待した「総合学習」ではあったが、知識の伝達を軽視した活動主義の教育であったために、生徒は何を学んだのかわからないままに「楽しかったね」で終わってしまったところに問題があった、と考えた。

総合学習は、確かにこれまでの教育にはない豊かな学びを創造する可能性をもつものだった。しかし、総合学習を成功させるには十分な時間が必要だが、教師にそのような時間的補償ができなかったのではないか。また、受験をひかえた生徒の教科の学習も進めなければならないという焦りも教師あったはずであり、悩みを教師が抱え込んでしまう事態が少なからずあっただろう。さらに、学ぶ内容のマンネリ化を防ぎ、生徒への押しつけを防ぐには、教師自身が支援

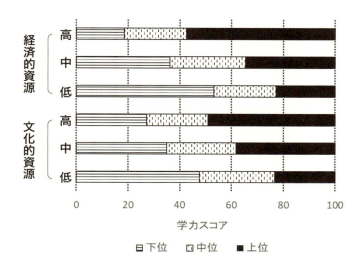

図22　家庭の経済的、文化的資源と学力スコアの関係（本田由紀　2011　学校の「空気」．岩波書店．p.19 より）

されるシステムが必要だったと思われる。これらの点に関して、予め十分な検討がなされなかったことも問題であったと思われる。

さらに、もう1つ重要なことがある。それは、実施された教育改革には社会階層的視点が欠如していたことである。すなわち、親が社会的階層で高く、経済的に恵まれている家庭の子どもならば「学校週5日制」になっても知識の習得には困ることはない。なぜならば、塾に行かせてもらえるからだ。しかし、経済的に恵まれない子ども達には、そのようなチャンスがない。つまり、経済的に貧しい家庭の子どもたちにとって、学習内容の削減は大きな痛手であったばかりか、学ぶ意欲も低下させてしまった可能性がある。そして、結果的には「学力の二極化」がはっきりと表れてしまったのである。

また、本田（2011）が行ったアンケート調査では、学ぶ動機や将来の進路展望との関係も分析している。まず、学ぶ動機については、中学生に「勉強することの意味」について質問している。回答で特徴的だったことは、学力上位群の生徒でも「勉強が分かること自体がおもしろいから」という項目に肯定的な回答をした生徒は半数程度しかいなかった。それに対して、「将来仕事をするうえで必要だから」とか「高い学歴を得るために必要だから」という質問に肯定的な回答をした生徒は実に7割近くもいたのである。

さらに、将来像との関連で勉強することの意味を問う質問も行われた。それは「何のために勉強するのか」、という質問であった。それによると、学力が高い群では6割に近い生徒は「将来のために今やりたいことはがまんできる」を選択したのに対して、低い群では65％の生徒が「今が楽しければよい」という回答を選択したのである。

11.2 情動の発達

中学生の悩み

12歳から13歳までの間にある中学1年生にもなると、形式的操作ができるとともに、自分に対してこれまでとは違ったとらえ方ができるようになる。そ

第11章　青年期前期（中学生期）　185

れは、自分を対象化してみることであり、「自分の考えも多くの考え方の１つ」
ととらえることである。これは、自己を客観的にとらえることを示している。
中学生は、「自分とは何か」「何のために勉強するのか」「何のために生きるのか」
など、について考える。その結果、現実の自己と理想の自己のギャップに悩ん
だり、不安になったりするのである。

　児童期までの関心は、自分以外のものに向かうことが多かった。それが中学
生期になると、自分自身に向かうことが多くなる。つまり、自己の容姿や身体
的特徴ばかりではなく、自分の能力や性格を気にするようになる。この時期の
子どもが親に対してしばしば発する「干渉されたくない」という言葉には、「自
分のことは自分でする」という自立心のあらわれがある。しかし、経済的には
親に依存しているので、その矛盾が大きい。

　さて、中学生の情動面をとらえるうえで家庭の経済的条件の違いは重要であ
る。家庭の経済的条件と学力には強い関係があることは既に述べたが、家庭が
経済的に恵まれているか否かで生徒の情動に差異が生じる。

　経済的に恵まれた家庭の生徒は、自分に対する親の期待が大きいと感じてい
ることから、悩みは決して少なくないだろう。なぜならば、そのような生徒は
塾に行かせてもらったり、家庭教師をつけてもらったりするので、「成績が良
くて当たり前」という圧力を感じているからである。また、自分に求められる
ことが、受験に合格したり、他の生徒より良い成績をとったりすること、とい
う暗黙の縛りを感じている。しかし、その一方で「進学校に合格できたとして
も幸せか」「一度しかないかけがえのない時期に偏差値を上げることだけに一
生懸命になることは意味があるのか」など、いろいろな疑問を感じている。

　それでは、家庭が経済的に恵まれていない場合はどうか。そのような子ども
は塾のような学校以外のところで勉強する機会はないし、家庭の文化的資源も
限られている。よい成績をあげて親や教師の期待に応えたいが、応えきれない
場合の方が圧倒的に多い。また、親が生活をやりくりするだけでも忙しいため、
子どもが通う学校ついて関心を払ってやれないばかりか、子どもと話し合う時
間ももてないことも多い。また、経済的に恵まれない生徒の場合、友達関係に

も影響する。例えば、家族で3度の食事をとるだけがやっとで、友達が話題にしているゲーム機を買ってもらえない生徒は友達の話題についていけずに、段々とグループを避けて、学校を休みがちになることもある。

このような経済格差がある社会は、中学生の目にどのように映っているのだろうか。これについて考えるうえで興味深い結果がある。それは先の本田（2011）の研究で、「自己責任」に関係した質問であった。質問は、「本人の努力しだいでお金もちになれる」「生活に苦しんでいる人は実力がないせいだ」という2項目だった。この質問に肯定的な回答をした生徒は、「旧来型の学力」も「新しいタイプの学力」も高く、家庭の経済的資源が多く、高い教育段階まで進むことを予定している生徒であった。一方、自分の学力に自信がなく、家族が苦しい生計をやりくりしているのを見てきた生徒や、そのことが自分の将来までも制約していると感じている生徒達は、このような質問には否定的な回答をしており、生活苦は自己責任の問題では片付けられないことを知っていたのである。

自分のことをわかってもらえる友達がいない

大人から突き付けられる期待は、中学生には大きなストレスとなる。それも親友といえる友達が1人でもおれば軽減されるだろうが、そうでなければ重苦しいものに感じられるだろう。ここでは中学生の友達関係について考えてみることにする。

本田（2011）の調査では、クラス内で「一緒に行動する友だちが決まっている」という質問項目に約8割の生徒が肯定している。男女別にみると、男子は比較的多人数で行動するが、女子は「1人〜3人」か「3人〜4人」と少人数で行動するのが多かった。

また、クラス内にはいくつかのグループがあり、「地位」の上下もあった。クラス内の地位を「高位」にする要因は、クラス内の友人数が多く、一緒に行動する友達が決まっていること。また、「生きる力」スコアも高いこと、であった。つまり、大勢で徒党を組んで行動し、自主的で主体的な思考ができて成績

第11章　青年期前期（中学生期）　187

も割に良い生徒は地位が高くなる。

　一方、クラス内の地位が低くするように働く要因は、家庭の文化的資源が多く、文化部に所属していることであった。逆に、地位が低くなるのを防いでいる要因は、女子であること、学力スコアが高いこと、クラス内の友人数が多いことであった。つまり、クラス内の地位が低くなる生徒は、文化部に入っていたり、本が好きだったりするわりには成績があまりよくなく、クラス内で友人数が少ない「地味な」男子ということになる。

　この他、クラス内地位に関係のない別の群がいた。それは、「いじられキャラ」の役割を負わされやすい生徒達であった。このような生徒は、「クラスの人気者」でもあり「馬鹿にされている」というように、どちらにも当てはまる生徒だった。男子生徒では5.9％、女子生徒では2.5％認められたが、その特徴は、クラス内の友人数が多く、一緒に行動する傾向が強いところまではクラス内地位が「高位」の生徒と共通していた。しかし、「いじられ」やすい生徒は、「生きる力」に反映される自主的・主体的な思考や行動をとるものの、成績が良いわけではない生徒であり、男子に多かった。

　さて、中学生が友だちと一緒に行動すると言っても、どこまで自分の正直な気持ちを出せるのか。本田の調査では、クラス内「地位」が低い生徒や、ピエロ的役割を演じさせられる「いじられキャラ」の生徒は、仲の良い友だちでも自分のことを分かってもらえないと考える傾向が強かった。また、クラス内地位が高位や中位の生徒でも「自分のことをわかってもらえない」と感じている生徒が約3割もいたことは注目すべきである。

　これまで中学生にとって、気持ちが通じ合える友達は精神的に大きな支えになると考えられてきた。それは、この時期の子どもが、友達との関係をテコにしながら、親から精神的な自立を果たしていくと考えられたからである。しかし、誰かに聞いてほしいのにそのような友達がいないことは、自分の気持ちを整理できないばかりか、精神衛生上も極めて不健全である。

　中学生にとって信頼できる他者が見つけにくいのはなぜだろうか。それは、前章でも述べたが、他者を協力する相手として見るよりも競争する相手として

見ることに慣らされてきたことによると思われる。クラブ活動で親密な交友が生まれればよいが、なかなか難しい。また、はじめから親密な付き合いをするクラブ活動を敬遠する子どももいる。クラブ活動でも、賞をとることを重視するクラブであれば、賞を取るうえで役にたつ人間かどうかで格付けされるため、対等で平等な人間関係は生まれにくい。

　集団活動が衰退し、仲間関係が浅薄化しつつある今日、「友達と理解し合う」という発達課題を積み残した子どもたちが小学校から中学校に入学してくる。そこでは「仲間はずれにならないだろうか」という不安がつきまとい、学力という1つのモノサシだけで生徒を評価する力が加わる。子ども達のストレスは極めて大きいことは容易に想像できる。

　このようなストレスが出口を失くし、いじめという形で誰かを犠牲にするしか連帯できないような惨めな＜共感＞に変形したのかもしれない。仲間からつまはじきにされないようにと、自分が他の生徒からどのように見られているか気になってしかたがない。相手に近づき過ぎても、また、クラスの盛り上がりから距離をとっていても、「空気が読めない人＝KY」と揶揄される。しかも、「暗いと思われたくない」と他人の目を怖がる。こうなると、ありのままの自分を出せずに、クラスのなかでは「もう一人の自分」をつくる。

　ここで前章の小学校の中・高学年で述べた「優しい関係」を思い出していただきたい。土井（2008）が「友だち地獄」と表現したように、子ども同士は、お互いが対立することを回避する「優しい関係」を最優先する結果、言いたいことが言えないという現象である。このような特徴は、そのまま中学生になっても引き継がれ、ますますその傾向が強まっていく。

「学級」という空間と「教師」という存在

　いじめに限らず、不登校の問題も大きな問題となっている。文部科学省の2012年の調査によれば、全国の小・中学校の生徒で年間30日以上の不登校者数は約12万人にのぼり、中学生は約9万人もの生徒が不登校となっている。このうち、小・中学生とも「病気以外の本人に関わる問題」をかかえる者が多

第 11 章　青年期前期（中学生期）　189

くを占めており、そのような生徒は「極度の不安や緊張、無気力などで、他に
直接のきっかけが見当たらないもの」に該当する。このように、不登校の生徒
は情動調整の困難をかかえていることが注目される。

　いじめ、不登校以外にも問題はある。それは、非行や自殺の問題である。非
行や自殺の背景には、自己評価の極端な低下がある。自分が取るに足らない、
つまらない人間と見えてしまうのはなぜだろうか。おそらく「学級」という空
間で居場所を失くしてしまったことによるのだろう。

　それでは、そもそも「学級」という空間は何かについて考えてみよう。そ
の空間は、元々からして生徒に充実感や満足感を感じさせない側面があった。
柳（2005）は 19 世紀の半ばにイギリスで成立した学級制の歴史を辿るなかで、
学級の本質は安上がりな大量教育機関の役割をもつことを目的に設立されたも
のであることを明らかにしている。つまり、教育内容を分業化し、事前に制御
したことで学級が成立したことを指摘している。また、学級の成立過程では、
教師の統制と学校教育に対して、労働者階級からの執拗な抵抗があったことも
明らかにしている。

　欧米との対比で言えば、日本の学級は学習活動の場だけではなく、あらゆる
活動を組み込んだ形で教師と生徒が一体となって行う生活共同体的性格が強
い。柳は、それを「重たい学級」と呼んでいる。このような「重たい学級」で
は、生徒が我慢するのに見合うだけの満足は得られないことが多い。満足が得
られなければ、自己抑制していた衝動が学校を管理する側にとっては容認でき
ない形で溢れ出る危険性を孕むことになる。

　さて、子どもにとって友達との関係は重要だが、それについては既に述べ
たので、教師との関係について述べることにする。本田（2011）の調査には、
生徒と教師の関係について質問した項目がある。その結果によると、「頭がい
い子」、「家が裕福な子」、そして生徒のなかで目立っていて人気がある子は、
教師と親密になれたり、高い評価が受けられたりする傾向が高かった。それに
対して、教室のなかで目立たない子や「地位」が低い生徒は、教師から「とら
えにくい存在」として映る。このように教師と生徒の間の関係の濃さは、生徒

のなかでもはっきりとした違いがあった。

　このような教師の評価は、今度は子どもの意識にまで跳ね返ってしまう。そのため、「親しく先生と話せる」「学校を楽しいと思える」という質問項目に対する回答には、学力が高い生徒と低い生徒ではまったく異なる反応が見られた。成績が良い生徒や人気がある生徒はこのような質問に肯定的な回答をしたが、成績が低い生徒や目立たない生徒は否定的であった（本田, 2011）。

　このような結果は、教師に悪意はなくても、生徒を成績の良し悪しや、クラスでの人気の有無で生徒を見ることにつながることを示している。このような傾向は、決して良い結果につながらない。なぜならば、教師の価値観から外れた生徒は否定的な自己像を抱いてしまうからである。また、そのような生徒は「どうせ俺なんか」と投げやりになって、大人の期待に応えられない自分を卑下することになる。生徒の心がネガティブな感情に支配されてしまうと、注意の範囲を狭めたり、知的好奇心を低下させたりするだけでなく、仲間との間で自分の心まで閉ざしてしまうことになる。

「家庭」から中学生の問題を考える

　ここまでは「学級」という面から問題を論じてきたが、「家庭」という面から中学生の問題を考えてみたい。特に問題にしたいことは、今日の家庭が子どもの悩みやストレスを軽減してやれるように機能しているのか、という問題である。

　子どもの側から「成績が上がった」とか、「スポーツで頑張った」とかいうポジティブな情報は伝えやすいし、大人からも反応してもらえやすい。しかし、子どもが本当に困ったり、苦しんだりした時に適切に対応してもらえているのだろうか。

　この点に関しては、まず、親は子どもが発している SOS のシグナルに気づけているか、という問題がある。この点を敢えて言うのは、親にとって受信したくないメッセージは無意識的に捨象してしまいかねないからである。子どもの SOS に気づいて反応することは、親としては辛いことである。なぜならば、

親は「これまでの子育てが間違っていたのか」とか、「今の生活に無理があるのか」という問題に向き合わざるを得ないからである。また、自分のお腹を痛めて産んだ子どもが弱り果てた姿でいることに向き合うには、母親自身の＜忍耐力＞や＜寛大さ＞や＜共感性＞が求められるし、親自身の生き方や考え方を子どもに示さなければならないからである。

　しかし、問題を親だけの責任にすることはできない。それは、子どもの側にも感情を伝える難しさがあるからである。特に、今日の子どもは自分の感情を表す言葉が極めて乏しいのが気になるところである。子ども達が使う感情表現のほとんどが、「むかつく」「うざい」「かわいい」の３語で足りてしまうところがある。若者言葉はいつの時代でもあるもので、さほど心配しなくていいのかもしれない。しかし、「むかつく」などの言葉を衝動的に出すことで相手との関係を簡単に切り捨てるとすれば危惧すべきことである。

　このような感情表現しかできないのは、家庭において感情を取り上げた会話が十分にできていないことによるだろうか。それとも、感動する経験が欠如してきたことを反映する結果なのだろうか。

　また、子どもの側でも、自分が楽しい経験をしたことは親に話せても、辛かったことは親に話せないこともある。そこには、子どもが家庭で「よい子」を演じようとする心が働いている場合もあれば、仕事で忙しい親に対して自分のことで心配をかけたくないという心が働いている場合もある。

　家庭での会話に関して思い浮かぶことは、＜孤独感＞の問題である。ユニセフの幸福度調査で「孤独を感じる」と答えた日本の15歳の子どもは29.8％であった。これは、調査国中で最も高い数値であった。古荘（2009）によると、日本の子どもたちは学校で非常に強いストレス感じているにもかかわらず、「親は自分の悩みを何も理解してくれない」という気持ちを強くもっているという。

　親子間の会話をもちにくくしている背景は何だろうか。おそらく複数の要因が働いていると思われる。そのような要因が何であれ、子どもが問題を抱え込む前から何でも話せる雰囲気を家でも学校でもつくっておくことは大事なことと言える。

この章のまとめ

　中学生期はピアジェの発達説では形式的操作期に該当するが、そのような段階に到達していない子どもがいる。また、過熱する受験競争の解消と授業内容の理解を促進する目的で教育改革が行われたが、学力が二極化する結果を生むとともに、主体的に学ぶ意欲を高めることには必ずしもならなかった。

　今日の中学校では、クラス内に「地位」の上下が認められ、その上下はクラス内の友人数や、一緒に行動する友達の有無が関係している。また、学校を楽しいと思えるかどうかも、友だちとの関係によって左右されることがわかった。さらに、今日の中学生は、自分の悩みを人に話したくても安心して話せる友達がいないという問題をかかえている。

第 12 章

青年期中期（高校生期）

　高校生期は中学生時代に見られたような激しい生理的変化や身体的変化は徐々におさまり、落ち着いてくる。また、友人との関係も趣味や性格を重視した選択が進み、気の合う友人との付きあいは中学時代よりも地域的に広くなる。

　この時期の思考の特徴は、中学生時代と同様に形式的操作期にあたるが、中学校時代よりも抽象度の高い教科の内容を学習する。また、クラブ活動をはじめとする集団活動や、ボランティアなどの社会的活動とともに、友情の深まりや恋愛を経験する。

　坂元は、この時期の主導的活動は青年期固有の感情・意欲に支えられた恋愛・友情・社会的活動ととらえているが、認知と情動の両面から今日の高校生の特徴を検討したい。

12.1　認知の発達

大学入試制度が高校教育に与える影響

　学校教育法では、高等学校は中学校教育を基礎に、より高度な専門的知識と教養を学習するもの、とされている。また、自分の進路を展望して自主的学習を行うことが求められている。しかし、このような理念が守られているとは言い難いのは、大学入試制度が高校生の自主的学習を促すものになっているとは必ずしも言えないからである。

日本の大学進学率は 56 ％台で推移しており、高校卒業者の約 2 人に 1 人の生徒が大学に進学する時代になった。また、少子化の影響で、2007 年には大学の定員数と大学進学希望者数がほぼ一致した。これは、進学希望者が大学を選ばなければ全員がいずれかの大学に入学できることを意味するが、実際には難易度の高い大学に志願者が殺到することから大学進学希望者が全員希望する大学に入学できるわけではない。

　親は、子どもを「いい大学」に入れ、「いい会社」に入れたいと考えている。そのような親の期待に応えるには学力偏差値をあげなければならない。これは高校側に都合がよく、このような親子の願いは学校秩序に従順で積極的な学習態度を生むからである。

　これは見方を変えれば、高校生には大きな圧力になっていることを示すものである。例えば、そこで落ちこぼれると将来がないような印象が植えつけていないだろうか。また、学校という制度の梯子を踏み外すと、まともな生き方ができないかのような＜不安＞を与えていないだろうか。この点は、米国とは事情が違う。米国では学校は生活の一側面でしかなく、放課後の活動やボランティア活動は人格形成という点で重視されている。

　日本では高校教育が大学入試のための教育になっている面があるが、この傾向は悪くすれば高校教育を間違った方向へと導く。その典型例は、2006 年ころに多くの高校で発覚した「未履修問題」であった。この問題は、受験科目に関係のない科目は、必修科目であっても高校で教えず、表向きは教えたことにしていた問題であった。

　日本の大学入試制度の問題は挙げればきりがないが、特に問題なのは、高校生が自然や文化や社会の諸現象に興味を示し、じっくり考える態度を形成することを阻害する面があることである。また、学校でも家庭でも受験勉強を中心にした生活をしなければならないことに矛盾をもつ高校生もいる。さらに、進路指導では、入学したい大学を受験させるのではなく、合格できそうな大学を受験させるのも疑問である。希望する大学を目指して受験勉強することに意味がないのではない。このような時期があることも重要だが、受験が終われば身

につけた知識がすぐに剥落するような学びにならないように注意しなければならない。

　さて、親にとって大学進学は経済的に負担であるにもかかわらず子どもを進学させるのはなぜか。それは社会には依然として学歴がものをいう風潮が残っていることが関係している。大卒と非大卒の割合はほぼ同数になってきたが、吉川（2009）はこの違いがさまざまな格差を生んでいることを指摘し、「学歴分断社会」と名づけた。その格差は経済的格差だけでなく、意識、希望、不安、自尊感情に至るまで違いを生じるという。

　今日では親の学歴が高くなったため、子どもが親の学歴を越えられないこともめずらしくない。また、親は子どもを大学に進ませたいが、本人の進学希望率は親ほど高くない（吉川, 2009）。この傾向は、高校生の大学進学至上主義がゆるやかに崩れていることを示しているが、高校教育について行けずに自信を失くした者も含まれていると考えられる。

　さて、高校時代は友情を深めたり恋愛をしたりすることもあるだろう。また、ボランティアなどの社会貢献活動やクラブ活動に夢中になることもあるだろう。ところが、受験準備を重視する学校や家庭の側からは、これらの活動は評価されず、「やるべきことをやらないで」などと批判を受けることもしばしばある。しかし、近年、従来の学力評価一辺倒の受験制度を改めるために、推薦入試やAO（アドミッション・オフィス）入試などの特別入試が導入されるようになってきた。このような入試は、高校生の個性や適性を多面的に評価する試みであり、特別入試で入学する学生数は増えてきた。私立大学では入学定員を確保する目的もあって約半数の学生が何等かの特別入試で入学している。しかし、平成30年度の国立大学の特別入試では16.7％、公立大学のそれは28％であった。

　特別入試による入学者が増えたとはいえ、未だ一般選抜で入学する学生は多い。しかし、大学では入学後に、一般選抜入試で入学した学生との間で生じる学力差をどのように解消するのか、という新しい問題も起こっている。

自分は何がしたいのか

現代の高校生は、周りの目や周りの評価を気にする余りに「素の自分」をだせないで苛立っている。その姿をリアルに描き、自分の心に「自分は何がしたいのか」を問いかけながら素直に生きることの大切さを表現した小説がある。それは、朝井リョウ（2012）の『桐島、部活やめるってよ』である。その小説の内容はこうである。

小説の舞台である高校のクラスの中には地位がある。自分が誰より「上」で、誰より「下」なのかは容易に察することができる。バレー部のキャプテンである桐島が部活を辞めるという噂に端を発して、男女数名のリアルな心理描写をした小説である。焦点は菊池宏樹に当てられている。彼はお洒落で、騒ぐのが好きな友達に囲まれ、クラスでは一番「上」のグループにいる。運動も全部できて、彼女もいて、後輩からはかっこいいと騒がれている。

そんな菊池だが、クラスで最も「下」の前田涼也が気になる。それは、菊池が自分は何をしたいのか分からないのとは対照的に、前田は映画づくりに夢中になっているからだ。表面的には何でもできて人気がある菊池だが、前田をうらやましく思うのは、自分にはないものを前田がもっているからだ。ダサいか否かで人をふるいにかけ、ランクづける集団の在り方に菊池は少しずつ疑問をもち始めたのである。

また、菊池は高校を卒業すれば鳥籠から放たれた鳥のように自由になれるとは思っていなかった。むしろ、何事も自分で選択しなければならなくなったとき、自分は当惑して身動きできなくなることを気づき始めている。小説でみられた菊池のような悩み、すなわち、自分は何がしたいのかがわからないという悩みは高校生でどのくらいあるのだろうか。

「何がしたいのか」と少しニュアンスは違うが、「高校生の大切にしていること、好きなこと」を調べた岩田（2002）の調査結果と比較すると興味深い。その調査は、高校生が大切にしていると思われる 11 項目に対して、「とても大切」「やや大切」「あまり大切でない」「ぜんぜん大切でない」という選択肢で選ばせている。

その結果、「とても大切」であると積極的に肯定した項目は、「自分の好きなことをする」(78.1%)、「自分で決めたことに対して努力する」(75.1%)、「自分が興味関心あるものをしっかりもっている」(73.6%) であった。反対に肯定する率が低かった項目は、「信仰心をもつ」(14.4%)、「社会の問題に興味をもつ」(21.8%)、「将来、社会に役立つような人間になる」(28.8%)、「正義感をもつ」(29.8%) であった。

この結果から、現代の高校生は「自分の好きなことをする」ことを大事にしていることがわかる。しかし、それを大事であると認識していることと、実践できていることは別問題である。思った通りに実践する難しさは朝井の小説にある菊池の心境をみれば明らかである。

では、高校生は「自分」や「自分らしさ」をどのようにとらえられているのか。そこで、岩田が次にしたのは、「自分」や「自分らしさ」に関係する質問項目に、「そう」「まあそう」「あまりそうではない」「そうではない」という選択肢で回答を求めたのである。

その結果、「そう」と「まあそう」を合わせて肯定する率が高かった項目は、「本当の自分を見つけることが大切だと思う」(74.2%)、「自分には自分らしさがあると思う」(71.6%) だった。この結果から「自分らしさ」を大事と思っていることがわかる。しかし、「自分」には一貫性があるとは思っていないことも判明した。それは、「状況によってでてくる自分というのは違うと思う」(85.4%) を肯定する率が高いのに対して、「本当の自分は1つしかないと思う」(43.7%) や、「自分にはどんな状況でも自分らしさがあると思う」(46.7%) を肯定する率が低かったからである。つまり、高校生は必ずしも1つに統合された「自分」を感じていないことを示している。

1つに統合された自分を感じることを「アイデンティティの確立」とか「自我同一性の確立」と言う。エリクソンは青年期の発達課題として「アイデンティティ　対　アイデンティティの拡散」をあげ、この発達課題は高校生期から大学生期にかけて達成されると考えた。したがって、岩田の結果で高校生がまとまりのある自分を感じていないのはやむを得ないことであり、青年期後期にま

で及ぶ課題と言える。

　アイデンティティの確立は、主観的に自分をどう見るかで決まるものではない。それは、自分の周囲と無関係ではないからである。上辺の友人関係しかもたないとか、社会の問題に無関心という態度ではこの発達課題は達成されない。それは、まとまりのある自分をとらえている感覚と、他者から見られている自分が一致している感覚が必要だからである。そのためには、友人や家族と深くかかわるなかで自分が認められたり、社会の問題に関心をもったりするなかで、「自分はどんな人間か」を理解していく作業が必要である。

　岩田の調査では、「社会の問題に興味をもつ」（21.8%）、「将来、社会に役立つような人間になる」（28.8%）、「正義感をもつ」（29.6%）の結果に見られるように、どの項目でも3割にも満たなかった。この結果を前に述べた「自分らしさ」を大事にした結果と併せてみると、高校生は「自分らしさ」を大事にしているが、周囲（友人、家族、社会）とどのようにかかわるのかについては十分にできていないことを示している。

高校生が好きなことと「理科離れ」の問題

　岩田の調査ではアイデンティティの確立では高校生はその途上にある姿が浮かび上がった。しかし、その調査への回答には「こうありたい自分」が混入している可能性がうかがわれた。この点は、「何をしている時に充実した自分を感じるか」という質問であれば、もっと「素の自分」が出せたのではないか。武内（2004）は、高校生に自分が好きなものについて回答を求めた。調査では、動物や植物、数学や化学などの教科、ゲームやパソコン、人間やスポーツや旅行など、11項目に対して評価をさせた。評価は、「とても好き」「かなり好き」「どちらともいえない」「あまり好きでない」の5件法である。

　調査結果を因子分析すると、4因子が認められた。それらは、「自然」「理系教科」「ゲーム」「人間の行動」と名づけられる因子であった。次に、高校生が好きなものとして高く評価した項目は何かを調べた。その結果は、上位が「人間の行動にかかわるもの（旅行・スポーツ）」や、「自然にかかわるもの（動物・

自然界の現象）」であった。

　ここで「自然にかかわるもの（動物・自然界の現象）」を高く評価したことに見られるように、高校生は科学の素材になるものには関心が高い。しかし、理系教科を好きととらえている生徒の数は限られていた。それは数学や化学でも同じであり、そのような教科が好きと回答した生徒は少なかった。

　結果を総合すると、次のことがわかった。それは、高校生は科学の素材に関係したことには関心が高いが、学校で教えられる教科としての理系科目を好きと思っている高校生は限られているということである。科学への関心と教科としての理数系科目が好きなこととは別問題であることがうかがえる。

　この結果は、最近の子ども達に見られる「理科離れ」と関係しているかもしれない。1990 年代以降、生徒の間で「理科離れ」が進行し、小学校、中学校と年齢が高くなるほど理科嫌いが増加している現実がある。それでは、なぜ理科嫌いが増えるのか。その原因にはいろいろあるだろうが、学習指導要領の改正に伴って理科の時間数が削減されたことや、小学校低学年における生活科の導入も関係しているかもしれない。生活科の導入で、自然の不思議に驚いて感動することよりも、「愛情をもって飼育や栽培をする」というような道徳的な匂いのするものに変わった側面があることも気になるところである。

　小学校の中・高学年で顕在化した「理科離れ」の問題は、知識の詰込みという効率性を重視したことによるところが大きかった。そして、実験や観察を通した体験のなかから「分かって面白い」という認知的感情を高める取組みが必要であると考えられた。

　では、高校生の理科離れはどうか。板倉（1996）によると、高校では「入学試験に対応する教育」を行う方が「生徒を理科好きにする」よりも重視されることが関係しているという。確かに、時間がかかる実験よりも、実験なしで知識を詰め込む方が早い。

　しかし、「実験はよくしたが興味をもてなかった」という声も聞く。これはなぜだろうか。この場合は、実験結果を知識として予め学習していたために実験の結果に感動できず、実験は知識を確認するだけのものだったからではな

いか。もし、生徒が生活のなかで「なぜだろう？」という疑問をもち、その謎を解く実験が行われたのであれば生徒の反応はもっと違ったものになっただろう。このことは、実験結果が実際の生活においてはどのような意味があるのか、という生活レベルで理解することができなかったことも関係しているのだろう。

　もし、このような問題が「理科離れ」の原因になっているとすれば、小学校高学年で指摘した原因に通じるものがある。その場合、教師に求められることとは、学習した抽象的な概念を知識として終わらせるのではなく、実際の生活に結びつけてその意味が理解できるような働きかけが必要だろう。

12.2　情動の発達

今日の高校生の危機

　中学校から高校への進学率は97％にも達し、後期中等教育を受ける生徒の割合は戦後、急増してきた。中学校から高校への進学率が上がるなかで、高校の序列化が進んだ。進学する高校の選択は、中学校の進路指導によって偏差値を目安に受験する高校が割り当てられる。また、県立高校の学区制が広域化するなかで、学校間格差や学科間格差が著しくなった。そのため、希望する学校に入学できずに、不本意な高校に入学を余儀なくされた生徒も少なからずいる。その一方で高校中退者が増えていることも見逃せない。

　周囲から「底辺校」と呼ばれる高校では、私語や立ち歩きで授業が成り立たない、授業開始の合図があっても廊下から教室に入らない、トイレでタバコを吸う、という生徒もいる。それに対して、教師が注意すると「むかつく」などと口汚い言葉を吐く。さらには、薬物乱用（シンナーや覚醒剤の使用）、暴力（教師や生徒への暴力、器物損壊など）、性犯罪（強制わいせつ、援助交際）といった形に発展してしまうことがある。

　近年、青年期の若者が「キレる」とか「パニックになる」ことが問題にされてきたが、それは自尊感情が低いことによるものであり、日本の子どもたちの

自尊感情の低さは世界のなかでも最も低い（古荘, 2009）。また、生徒同士の間には対立を回避することを最優先にすることから、ストレートな感情表出ができずに違和感だけが高まっていく。そのようなストレスを解消する場をなくして、違法薬物に手を出したり、少年犯罪や少年非行に向かったりすることになる（水谷, 2006）。

　高校側としては、高校が義務教育でないことから、生徒が何か問題を起こしたらすぐに停学処分や退学処分にするところがある。反対に、生徒の非行に対して、教師が屈服した形で放置したままになっている学校もある。どちらの場合もこうした若者が抱えた悩みに向き合う姿勢がない。大人が正しく若者の悩みに向き合わないと、問題は予想もつかないほど大きくなりかねない。

　今でも忘れられないのは、2000 年頃に多発した少年事件である。西鉄バスジャック事件など、17 歳少年による凶悪犯罪が連続的に起こった。多くのマスコミ報道は、異常な精神をもった少年の「心の闇」とか「特殊なケース」として片付けることが多かったが、少年を取り巻く社会や学校や家庭の問題はほとんど問題にされることがなかった。

　しかし、事件の背景を多角的に見ると、そこには実に多くの不幸な要因が重なっていたと推測される。まず、社会環境という要因で言えば、バブルが崩壊した時期（1990 年頃）は、事件を起こした少年たちにとって道徳性意識を形成するうえで大切な 6 歳、7 歳の時期と重なっていた。バブルの崩壊で親がリストラに遭ったり借金苦で家庭が崩壊したりする様子を少年達は目の当たりにした可能性が高く、その影響があったと考えられる。

　また、メディアという要因について言えば、事件が起きた 2000 年はホラー映画などの有害情報が氾濫していたピークの時期でもあった。これらの有害情報が、事件を起こした少年達の心に少なからぬ影響を及ぼしていた可能性が考えられる。

　さらに、学校という要因では、「個性尊重」という耳触りのよい言葉によって幼かった少年達の心に競争心を植えつけた影響が考えられる。しかも、家庭まで巻き込んだ形でそれが行われた結果、少年達は児童期から他者と協調する

ことができず、「素の自分」を出すこともできない孤独な子ども時代を過ごした可能性が高い。

そして、家庭に目を向けると、少年達の両親は高度経済成長期に育っており、両親に深く刻まれた学歴主義の影響は少年達にも少なからず波及したと思われる。こうしてみると、問題は決して過去の事ではないこと、新たな問題として起こりうることを改めて認識しなければならないだろう。

高校生の悩みと友人関係

青年期中期にある高校生は、「何をしなければならないのか」「何ができるのか」という問いを自らに投げかけて悩んでいる。これは今も昔も同じで、高校生は自分の将来をどのように展望するかという「時間的展望」の問題で悩んでいる。しかし、自分の将来を見通す点では、今日では不確実さが増す社会であり、高校生の葛藤はより大きいだろう。しかも、自分の悩みを友だちに相談できないという問題も今日の高校生は抱えている。

岩田（1999）は、高校生の悩みや不安について調べるために、高校生が抱えそうな悩みや不安を記述した9項目に「よくある」から「まったくない」の4件法で回答を求めた。その結果、高校性に多かった悩みは、「自分の将来を考えて不安になるときがある」、「何かを決めなければならないとき、決められずに困ることがある」、「物事を感覚的に決めることがある」、「何をしたいのかわからなくなるときがある」というもので、これらの項目に7割を上回る高校生が該当すると回答をしている。

さらに、次のような悩みが続いた。それは、「今の生活がむなしく感じられることがある」（63.1%）、「自分が一人ぼっちのようで、不安になることがある」（50.2%）、「自分の居場所がないように感じられることがある」（48.2%）、「自分の感情をコントロールできなくなるときがある」（46.1%）であった。

これらの結果が示すように、いまの高校生には生活の充実感のなさや、＜孤独感＞が認められる。孤独な気持ちになるというのは、自分をみつめたり反省したりすることで、青年期らしい感情とも言える。しかし、かつての青年と大

きく異なるのは、自分の悩みを身近な親友に打明けて相談にのってもらうことができないところである。

サリバン（1990）は、自己の存在を相互に確認しあう親友関係が確立することを中学生前後の発達課題としたが、それは高校生にも当てはまる。なぜならば、友人に自分のことを話すことを通して自分のネガティブな情動を調整することができるし、友人とつながっているという＜安心感＞を得ることができるからである。

さて、現代の若者は「友人」とか「友だち」をどのようにとらえているのか。竹内（2009）は、「クラスメート」「日頃の話し相手」「メル友」「顔見知り」「遊び仲間」「相談相手」について、それらを「友だち」に該当するかどうかを調べるために、「あてはまる」から「あてはまらない」までの4段階で回答させた。その結果、9割以上の高校生が"友だちにあてはまる"と回答をしたのは「日頃の話し相手」「遊び仲間」「相談相手」であった。

では、現代の高校生の友人関係の特徴は何か。千石（1998）の調査では、米国と日本では「よい友人」のとらえ方が全く違っていた。すなわち、米国で「よい友人」というのは「思慮深い」「正直な」友人であったのに対して、日本では友人の人格とは無関係に「自分によくしてくれる人」というものであったという。この結果は、両国の家庭教育で重視されていることの違いを反映するものであった。つまり、米国の母親は「正直」「正義」「非利己的」を子どもに強く求めるのに対し、日本の母親は「楽しいこと」「明るいこと」「やさしいこと」を重視する、という違いがあったという。

ただし、日本の母親が子どもに求める「やさしいこと」は、高校生が考える「やさしさ」とは同じではない。母親が考える「やさしさ」は、相手に同情したり、一体感をもったりすることであった。しかし、大平（1995）によると、今日の若者は従来の「やさしさ」にはない意味でそれを使っているという。つまり、今日の若者が使う「やさしさ」には人間関係を円滑にするために、相手の気持ちに立ち入らない、自分の気持ちを押しつけない、同情を求めたりしない、という特徴があるという。これは、小学校中・高学年で述べた「優しい関

係」が高校生期にまで引き継がれていることを示している。

友人関係の希薄化か選択化か

現代の青年の特徴をとらえる言葉として、「やさしさ」とは違う議論がある。それは、「友人関係の希薄化」に関する議論である。

竹内（2009）は、高校生において本当に友人関係の希薄化が進んでいるのか、それとも希薄化ではなく、選択的に友人を選んで関係をつくっている（「友人関係の選択化論」）と考えるのが妥当なのかについて検討した。「友人関係の選択化論」とは、遊ぶのはこの人、悩みを相談するのはこの人というように、目的に合わせて友人を選ぶことである。

アンケート調査は、バブル経済崩壊後の「失われた10年」が経過した直後の2001年（1回目調査）と、それから6年が経過した2007年（2回目調査）に福岡の高校で実施された。

アンケート結果によれば、高校生の友人関係において希薄化の特徴を示す項目（例：「友だちには自分の悩みや欠点を気づかれないようにしている」など）に対しては、肯定的な回答も否定的な回答もそれぞれ約半分ずつ認められた。

また、1回目から2回目までの6年間に希薄化の傾向が若干進む傾向が認められたが、希薄化論者が懸念した程ではなかった。それは、友だちとの関係を問う質問（例：「友人関係はあっさりしていて、お互いに深入りしない」）で、どんな「友だち」を想定するかで結果に違いがあったからである。つまり、「友だち」として級友を想定すると「わりとあっさりしている」と回答した者が7割だったのに対して、親しい友だちを想定すると、「あっさり」を否定する回答が5割を超えた。つまり、級友とは「あっさり」した関係だが、親しい友だちとは「あっさり」していないとする高校生が半数程度いたのである。

さらに調査では、学校での友人関係についての満足度を質問している。その結果については、「満足している」「どちらかといえば満足している」を合わせると、8割以上の高校生が満足感を示していた。しかし、友人数が多い高校生は満足度が高かったのに対して、友人数が少ない高校生は満足度が低いという

結果も見落とせない。

　以上の結果から、現代の高校生の友人関係を希薄化と見るか、選択化と見るかについての判断は必ずしも容易でない。おそらく、どちらも同時に進行しているのではないだろうか。また、特に注目すべきことは、現代の高校生のなかには多くの友人と選択的な友人関係を築いている高校生がいる一方で、友人数が少ないために選択すらできない高校生がいることである。このような友人関係の二極化こそが重要なのではないだろうか。

　友人関係の二極化が友人数の違いに反映されているとすれば、そこに貧困問題が影を落としていないのだろうか。家庭の経済力が低ければ同級生と同じように塾で学べないだろうし、ゲームなどのお金がかかることでは共通の話題に入っていけないからである。

友人関係の二極化の背景と高校生の情動

　高校生の友人関係は二極化が進んだが、その原因を検討しておく。その原因をたどれば、幼児期の集団形成の問題にまで遡る。これは幼児期に関して述べたが、「個性尊重」のかけ声のもとに、子ども同士が交流することが軽視されてきた結果である可能性が高い。

　この「個性尊重」の教育理念は、1980年代の「ゆとり教育の中で生きる力を育む」こととセットにして言われた。そこでは、子ども同士のかかわり合いのなかで成長するよりも、個としての子どもが元々もっている素質を開花させることが何より重要とされた。

　土井（2004）は、このような教育理念の変化が契機となって学校空間が変質したという。すなわち、それまでは教師と生徒という形式的な関係があったからこそ公式空間として学校が機能できていた。しかし、「個性の重視」が教育目標に掲げられると、学校の課題はあいまいになり、教師は何をどうすればよいのかわからなくなった。その結果、子どもの生得的な属性を過剰に重視し、子どもたちに「自分さがし」をさせ、自分の率直な気持ちを表現して自分らしく振る舞うことを重視するようになった。

ところが、土井によると、学校が生徒に「自分さがし」を奨励し、ストレートな自己表現を期待したことを契機に、学校は私的空間の延長となったという。こうなると、教師は教師らしく振る舞うことよりも、生徒と対等な目線でつきあうことが求められた。その結果、かつてのような教師－生徒間の対立軸は消失した。そこで焦点を失った対立軸は、今度は生徒同士の関係のなかに拡散し、いじめの増大を招く要因になったという。

　中学生期のところで述べたが、中学生はクラスではありのままの自分がだせず、「もう一人の自分」をつくらざるを得なかった。また、仲間との間で核心に触れる話ができずに楽しい話しかできなくなった。生徒は身近にいる他人の言動に常に敏感でなければならなくなった。その結果、親密な人間関係ができる範囲を狭めただけでなく、周辺の人との人間関係を拡大することを著しく困難にした。

　同じことは高校生でも言える。友人の数が少ない一部の高校生は、自分の欠点や悩みを気づかれないようにしている。気づかれると排除されるので、それを脅えるのである。ここには傷つきたくない心理が働いている。自分の悩みを相談したい気持ちがあるにもかかわらず、自ら抑え込んでしまうのである。

　それでは、高校生は自分の気持ちはどこで発散させるのか。ここで依存するのがインターネットである。自分の感情の掃き溜めとしてインターネットを使う。インターネットのあるサイトでは匿名で掲示板に書き込めるので、自分のドロドロとした感情を全部吐き出すことができる。しかも、匿名性を利用してモラルや責任を顧みることなく憂さ晴らしで書き込むので、他者の人権を侵害してしまうことも稀ではない。

　高校生には「つながっている」という安心感はあるが、怖さも感じている。自分が学校で言ったことがSNSにあげられて非難されないか気になる。だから、ますます本音では話せない。こうなると、アイデンティティの拡散を生じてしまい、本当の自分がわからなくなってしまうことにもなる。

社会的ひきこもりと社会性の退行

　さて、友人関係にはもっと深刻な問題が残っている。それは、周囲との関係を全く自分から断ち切ってしまう「社会的ひきこもり」である。なぜ周囲との関係を断ち切るのだろうか。それは、青年が「優しい関係」を維持することに神経を擦り減らせていることと無関係ではない。土井（2008）は、身近な他者から絶えず承認を得ていなければ不安定な自己を支えきれない今日において、「ひきこもり」は周囲の反応をわずかでも読み違えたり、人間関係のキツさに耐えられなくなったりした姿、ととらえている。

　2010年の内閣府調査によると、このような青年はわが国では70万人近くもいるという推計が出された。原因は「職場になじめなかった」「就職活動がうまくいかなかった」という仕事の問題が多いほか、高校での成績の低下、友人との不和、失恋、などと多様である。

　社会的ひきこもりについて斎藤（1998）は、個人と家族と社会の3領域で何らかの悪循環が長期化してしまったことによると考えている。つまり、それは、「個人と家族」「家族と社会」「社会と個人」の間でコミュニケーションが機能しなくなった姿ととらえている。このような青年は、しばしば「怠けている」と誤解されるが、本人は社会参加できない＜焦り＞と＜絶望感＞を感じつつ、社会に強い＜恐怖心＞を抱いているのが現実である。

　また、「社会性の退行」と呼べる情動現象も現代の高校生に認められる。その情動とは、＜恥＞ないしは＜羞恥＞に関する情動である。羞恥心は、青年期の内面発達や性愛を中心とした行動をとらえるうえで重視されてきた。しかし、近年では＜羞恥＞に関する情動が変化したと思われる。それは、「援助交際」や「ブルセラ」（女子高生が自分の下着を売ってお金を儲ける）で小遣い稼ぎをする女子高校生が出てきたことに象徴される。これは、性の商品化が進んだことや、高校生のなかに拝金主義の影響があるからである。

　また、本来ならば＜羞恥＞の情動が起こると思われる状況で、そのように感じない若者が見られるようになった。例えば、知らない人の前で平気で化粧したり、駅のプラットホームなどで地面に車座になって座り込んだりする行動が

それである。これは、今日の中学生や高校生が、身近な友人には気を遣いながら話すのとは対照的である。

菅原（2005）によると、車内で化粧したり、地面に座り込んだりする行動は、他者の存在に関心がないことによること。また、青年の＜羞恥心＞がまったく機能しないのではなく、青年の側からして「若者らしくない行動」には極めて強い恥を感じている、という。

何に羞恥心をもつかは文化や歴史によって変わっていくだろう。それを考えれば、現代青年の行動は驚くことではないのかもしれない。ただ、「優しい関係」を維持するために身近な他者に神経を擦り減らすのとは対照的に、身近でない他者や社会の人々を「透明な存在」として扱うのであれば、違和感を感じないではいられないところである。

高卒者の就職問題

高度経済成長期は、学校推薦をもらえば高卒者でも正社員としてブルーカラーの職につけて安定した生活ができた。しかし、1990年代以降のバブル崩壊で高卒者の就職率は低下し、それが2002年頃まで続いた。低下の原因は、景気の不透明感で企業側で採用計画が立てられないことや、高卒採用から大卒採用に切り替える企業が増えたからである。

このような長い低迷期を経た後、高卒者の就職率は、2004年あたりから改善傾向を示したが、2008年のリーマン・ショックで再度落ち込んだ。現在はそれからの回復と、少子化世代の就労が始まるなかで働き手を確保する必要性から就職率が上昇している。その結果、2017年度の高卒者の就職率は98％と高くなっている。

高卒者の就職率だけをみると、「売り手市場」の様相を示していて、問題がないように見える。しかし、いろいろな問題がある。その1つは、離職率が極めて高いことである。平成24年から平成26年までの3年間を見ただけでも、就職した者の約40％が離職している。しかも、離職するのは就職してから1年以内である場合が多い。

第12章　青年期中期（高校生期）　209

　また、高校卒業後の進路をみると、進学も就職もしていない者がかなりいることである。2015年度版内閣府子ども・若者白書では、高卒者全体のなかで大学・短大への進学者は53.9%、専門学校に進んだ者は5.4%、就職した者は17.5%であった。ところが、進学も就職もしていなかった者は4.5%（実数は47,795人）もいた。また、アルバイトなどの「一時的な仕事」に就いた者は、高卒者全体の1.1%（実数で1万2千人）もいたのである

　さらに、地域間格差という別の問題もある。働く地域は、「仕事を選べる可能性がある地域」と「数少ない仕事しかない地域」に大別できる。そのため、地元に残って生活したければ非正規で働くしかなく、正規にこだわればやりたい仕事に就けない、という葛藤がある。今日、高卒者の非正規雇用者比率は高く、男性では25%、女性では36%である。企業収益を上げるために正規から非正規への転換が進むなかで、高卒者の就職希望者が安心して仕事を続けられる職場環境がないという問題がある。

　非正規雇用が広がるなかで、菅澤（2009）は高校生の職業観の変化を大阪府と福岡県で調査した。そして、調査結果を主成分分析すると、「脱近代的職業観」「業績・出世志向」「定職志向」という3主成分が認められた。「脱近代的職業観」とは、「フリーター生活に志向性がある」、「将来より現在の欲求に忠実に生きる」、という項目で因子負荷量が高かったもので、戦後日本で重視してきた仕事中心の生き方とは全く違うものである。

　菅澤は2回の調査を行っている。1回目は、バブル経済がはじけて長期不況に入ってから「失われた10年」を経過した2001年。2回目は、団塊世代の大量退職で大卒者の採用が好転した2007年である。主成分分析で得られた因子得点を用いて男女別、高校種別にみると、次のことが明らかになった。まず、「脱近代的職業観」は、男女とも2001年に比べて2007年は有意に低下した。また、普通科や職業科を問わず、すべての学校タイプでそのような職業観が弱まった。

　また、「業績・出世志向」は、男女を問わず2回目の調査で弱まったし、どのタイプの学校でも「業績・出世志向」は弱まった。一方、「定職志向」は、

男女とも2回目の調査で高くなり、どの学校タイプでも定職志向が強まり、職業科では特に顕著だった。つまり、現代の若者は以前からあった「業績・出世志向」にも、近年あらわれた「脱近代的職業観」にも関心を示さず、安心して仕事が続けられる「定職志向」を選ぶことが示された。

　最後に、高校中退となった場合について述べておく。この場合、事情は厳しい。働けたとしても、ほとんどがパートかアルバイトである。青砥（2009）が言うように、高校を中退すると、経済的な貧困にとどまらず、周囲の人々との関係性の貧困や、文化的生活を送るうえでの貧困など、生きる希望がもてない貧困に陥ることになる。

この章のまとめ

　大学入試に偏った高校教育のなかで、高校生が自然や文化や社会の諸現象に興味を示して専門的知識と教養を身につけることが阻害されている側面が認められた。また、高校生は「自分らしさ」をもつことを大事と認識しているが、自分が周囲とどのようにかかわるのかという問題については十分に考えていないことが示唆された。

　情動面では、高校生がもつ友人関係についての悩みは大きく、小学生の中・高学年や中学生期に引き続いて「優しい関係」にとらわれるために、本音で友だちと語れない。また、高校生の友人関係には二極化が認められ、選択的な友人関係を築いている者と、友人が少ないために選択すらできない者がいる。

第13章

青年期後期

青年期後期と言っても、大学に進学した者と、仕事に就いた者とでは事情が異なる。4年制大学に進学した者であれば、卒業してから2、3年を経過したころまでがこの時期に該当する。また、高校卒業後に職に就いた者ならば、初心者からようやく仕事に慣れてきたころまでがこの時期に該当する。

今日では高校や大学の中退者など、これ以外の道を辿ることもあるが、いずれの場合も青年期後期に共通した課題として、「自分とは何か」という問いに自分なりの答えを出すことが求められる。これはアイデンティティ確立の課題であるが、自分がその後の人生を生きていくうえで道標の役割をする。

さて、坂元は18歳からはじまる青年期は職業準備のための理論的・実践的・系統的学習を主導的活動ととらえ、情動よりも認知が前景になる時期と考えた。この点、現代社会ではどのような問題があるのか検討する。

13.1 認知の発達

青年期後期の発達課題

先ほども述べたが、「自分とは何か」という問いに対して「自分はこのような人間である」という答えを出すことをアイデンティティの確立という。アイデンティティの確立とは、自己についての定義を完成させることである。また、それは時間的にも空間的にも比較的変動の少ない安定した自分をどのようにと

らえるか、ということでもある。

　しかし、アイデンティティの確立においては自分をどのようにとらえるかということと同時に、自分が友人や家族のなかでどのような存在として認められているか、ということも大切である。つまり、自分の独りよがりな評価ではなく、周囲の他者から認められ、必要とされていなければならない。

　したがって、アイデンティティの確立という問題は、自分は他の者とは異なる独自性をもった存在であることに自負心をもたなければならないし、周囲の者との間でお互いの独自性を尊重し合う関係をつくることも必要になってくる。これはまた、個性豊かな人格発達をめざすとともに、社会的存在として自己を拡大することを意味している。

　しかし、今日のような複雑化した社会にあってはアイデンティティを確立する課題は決して容易ではない。なぜならば、現代の社会には情報が過剰なほどあるし、どの情報も刺激的に目に映るものの、選択する時の不安は決して小さくないからである。また、若者が将来の夢や希望を語っても、親の価値観とは噛みあわない場合もあるからである。

　エリクソンは青年期の発達課題として「アイデンティティ　対　アイデンティティの拡散」をあげた。この発達課題は、青年期中期から後期にまで及ぶ課題である。1つに統合された自分を感じることを「アイデンティティ」とか「自我同一性」と言うが、それが達成できていないことで生じる問題を「アイデンティティの拡散」と呼んでいる。

　アイデンティティが確立するか拡散するかの違いは、つぎに続く成人期前期にも影響する。エリクソンによると、成人期前期には「親密性」という発達課題があるという。「親密性」の発達課題は、青年期に獲得したアイデンティティを土台にして、特別な他者と親密な関係を築くことであり、自分を見失ったり呑みこまれたりすることなく相互に信頼し合う関係をつくることである。しかし、アイデンティティを確立できなかった場合、対人関係をつくる過程で自分を見失ってしまい、相手に合わせるだけの存在になりかねない。その場合は、他者と親密な人間関係をつくれず、孤立感を感じることになる。

第13章　青年期後期　213

エリクソンが考えた青年期後期における「アイデンティティ」の課題と、成人期前期の「親密性」の課題は、現代の若者達が感じている生きづらさをとらえるうえで重要な視点を与えてくれる。以下は、現代の若者達の生きづらさがどのような形で起きているのかについて、大学生と有職青年に分けて述べることにする。

大学生を取り巻く状況

今日、高校卒業後の進路選択では、半数を超える者が大学や短大をめざすようになった。このような背景には、高度経済成長によって国民の所得水準が上昇し、高等教育機関への進学要求が高まったことが影響している。

しかし、高度経済成長期（1954年から1973年まで）に高校や大学を卒業した団塊の世代と、それ以降に生まれた団塊ジュニア世代とでは進学にかかわる意識が大きく異なっている。団塊の世代が大学に進学した頃は、自分のやりたいことを実現するために大学を選んだというよりも、「より上級の学校へ」、「二流よりは一流へ」という学歴志向の中で大学を選ぶ傾向が強かった。そして、良い就職を得るために親は高い教育費を負担してでも大学に進学させた。

しかし、1990年代以降、バブル経済がはじけて長期の不況時代に入った。それは1991年から2002年までの「失われた10年」と言われる時期である。この時期になると、それ以前のような「大企業に就職すれば安心」という神話は崩れた。そのため、団塊ジュニア世代以降は経済不況のなかで安定した仕事に就けなくなった。就職できた者でも、かつてのように働きつづければ順調に賃金が上がるとか、安定して家族を養えるとは言えなくなった。それどころか、いつリストラされるか分からない状態となった。

経済不況が続いた頃、企業としても一流大学や伝統のある大学を卒業しているというだけで採用するほど経営が楽ではなくなった。それは、採用時の面接でも明らかで、面接では企業に利益をもたらしてくれる能力をもった人材かどうかについて、学生は厳しい目で評価されるようになった。

このような就職状況の厳しさに対応して、学生や大学側は就職活動を有利に

進めるための対策を考えるようになった。例えば、身分は学生のまま企業など
で一定期間、就業体験をするインターンシップを希望する学生が増えた。また、
大学で学びながら、大学以外にも専門学校に通ったり（ダブルスクール）、就
職に有利な資格を取得したりする学生も見られるようになった。さらに、大学
側としても就職に強い大学として生き残るために、各種の資格を取得できる講
座を学内に設置する大学も現れた。

　このように、就職活動で少しでも有利な条件をつくろうとする学生や大学が
増えた。しかし、就職活動を重視する余りに、授業に出席できないとか、課外
活動に参加できないという問題も生まれてきた。その結果、大学では学生の質
の保証をどのようにするかとか、低調化しているクラブ活動をどうするか、と
いう問題も出てくるようになった。

　また、経済面などで学生に与える影響も出てきた。就職活動に取り組む学生
の負担は大きいものがある。費用面では都心部に居住している学生でも10万
円程度は必要だが、地方に住んでいる学生ならばそれ以上は必要である。また、
資格を取得して就職に備えようとする学生ならば、その費用は高額なものにな
る。さらに、就職活動に必要な時間や労力を考えると、いろいろなものを犠牲
にしなければならない。

　しかしながら、就職活動に投じた負担が大きかったにもかかわらず、期待し
た結果が得られないこともある。例えば、努力したが1つも内定をもらえなかっ
たケースである。このような場合、就職活動に対する反省のなかで、面接で落
ちた原因を振り返ると「コミュニケーション能力」とか「人間力」のような自
己の内面にかかわる問題に帰着させてしまい、自己責任論という罠にはまり込
んでしまう。

　また、正社員として就職できても、好ましい結果にならないことがある。そ
れは就職したにもかかわらず離職する場合である。しばしば離職率を表す言葉
として「7・5・3現象」なる言葉が用いられる。これは就職しても3年以内
に離職するのが、中学校卒で7割、高校卒で5割、大学卒で3割であること
を表した言葉である。この数字が示すように、極めて多いことがわかる。

このような傾向は1990年代の後半から続いているが、若者達の離職率が高い原因は何だろうか。この原因には2つのことが考えられる。1つは、不本意な就職があげられる。つまり、多くの企業の入社試験は受けたが内定をもらえず、希望したとは言えない企業から内定をもらったので不本意だが就職したという場合である。また、もう1つは企業自体に長期的な人材育成の視点がないことから起こるものである。つまり、時間をかけて新入社員を育てていくという観点がなく、入社当初から高い業績を期待したり興味がわかない仕事をさせたりした場合である。若者が離職したくなる原因は他にも多くあるだろうが、働きやすい環境をいかに作っていくか、について持続的な改善が求められる。

現代社会と有職青年の意識の変化

ここまでは大学進学者について述べてきたが、次は高校を卒業して就職した者について考えてみたい。高卒就職者の場合、1970年頃までと今日とは大きな違いがある。1970年頃までは、高校の専門学科（例えば、工業科や商業科）には高校生全体の約4割が在籍していた。しかし、それ以降は政策的な転換で専門学科の生徒数は高校生の2割程度にまで減少した。また、卒業後の就職にも変化があった。1970年頃までの専門学科卒業者の就職率は安定していて、約9割の生徒が就職できていた。ところが、今日では卒業後に短大や専門学校に進むなど多様化するなかで就職率は4〜5割程度になった。

専門高校や専門学科の生徒数が減少したのとは反対に、普通科高校の生徒数は増加した。普通科では進学傾向が強いこともあって、高卒就職者は1割にも満たない。これは普通科高校における就職支援体制の弱さを反映している面もあるが、生徒が就職を望んでも希望する職種に就けないことも影響している。

また、今日の雇用状況は厳しいものがあり、職業科と普通科を問わず、多くの高卒者が不安定な就労形態におかれている。彼らは非正規労働者という形で働くことが多く、正規労働者と同じような仕事をしていても、低賃金、不安定雇用の状況に置かれる。もちろん、正規労働者として登用されることもあるが、それはかなり困難である。仕事の厳しさや、仕事の内容が自分に合わないとい

う理由で転職しても、転職するたびに就労条件が悪くなってしまい、やがては労働意欲をなくしてしまうこともある。

　近年、「フリーター」とか「ニート」という言葉をよく耳にする。これらの言葉が、本人自身の「心の問題」として扱われることが多い。これらの層に非正規労働者や派遣労働者を含めると、圧倒的に多いのが若年の高卒者である。しかし、大卒であれば非正規労働を免れるものではない。なぜならば、非正規労働者を増やす主な原因は、労務コストの削減にあるからである。企業の経営実績が悪いときには、労務コストの削減という理由で、正規社員のリストラが断行される。また、それと並行して業務の外部委託や、繁忙期だけ派遣社員の雇い入れが行われる。つまり、仕事が忙しい時だけ非正規社員を雇い入れるというというように、非正規労働者は調整弁として雇用されるようになった。

　このようなやり方は、正規社員にも矛盾をもたらす。なぜならば、リストラされた社員が行っていた仕事を他の社員がやらなければならず、日常的に長時間労働を強いられるようになったからである。そして、その煽りは就職したばかりの若手社員に向かう。結果的に、若手社員の意欲の低下や、燃え尽き感を増大させてしまう。長時間労働は、ストレスや心身への負担をもたらす。また、うつ病などの精神障害も著しく増加させた。また、成果主義のしめつけは、労働者のなかに過労死をもたらし、今日でもそのような問題は後を絶たない。

　一方、正規労働者よりも劣悪な条件で働く非正規労働者は、正規労働者とは異なる精神的不安定さに苦しむことになる。彼らは、企業の営業不振を理由に簡単に解雇されてしまう。2008 年の 11 月にアメリカで起きたサブプライムローンの破綻に端を発した世界的金融危機（リーマン・ショック）が広がったことは記憶に新しい。自動車メーカーや家電メーカーは、不況を理由にして派遣会社と締結していた派遣契約を大規模な形で打ち切った。しかし、企業が不況を理由にしたとしても、労働者の生活を鑑みない解雇には企業モラルを疑問視する声があがった。

　派遣労働は、間接雇用なので使用者の責任があいまいである。責任のあいまいさは労働条件の悪化につながり、人権問題も発生しやすい。また、そのよう

な労働者にとっては、毎日のように職場が変わるので人間関係もつくれない。さらに、他の国から働きにきたニューカマーの人達との競争を強いられる。このような状況で、派遣労働者が労働条件の改善を要求すれば、雇用主から「おまえじゃなくてもいい」と言われ、外国人労働者への切り替えをほのめかされる。そのために、労働者は権利さえ主張できないことになる。

人間にとって仕事は大切である。不安定な雇用形態にある労働者は、仕事を通じて社会で居場所を見つけられないし、所属も与えられない。そのため、アイデンティティをもつことが極めて難しくなる。その結果、自分とニューカマーとの違いを意識して、せいぜい「自分は日本人だ」と言うくらいしかできなくなる。あるいは、身近で働く外国人労働者に自分の職が奪われるのではないかという不安をもつようになる。挙句の果てに、排外的なナショナリズムに走り、右翼団体に所属することもあるという（萱野・雨宮, 2008）。

このような今日の社会的環境の変化は、青年期後期にある若者達がアイデンティティを確立するうえで、これまで以上に困難を強いられていることを示すものである。

日本の職業教育

坂元は18歳以降に関して「職業準備のための理論的・実践的・系統的学習活動が主導的になる時期」と考えた。そこで、ここでは職業教育という視点から日本の学校教育が果たしてきた役割を考えたい。

これまでも学校教育には「進路指導」や「キャリア教育」と呼ぶものは確かにあった。しかし、そこで行われた指導は抽象的な労働観を説くものであったり、職業決定を促したりするものが多かった。また、1970年頃までと違って、今日の高校の専門学科が大きく縮小してきた現実を見れば、坂元が考えたような職業準備にかかわる理論的・実践的・系統的学習と言えるものは、むしろ後退していると言えるだろう。

かつては入社した社員に対して、企業が個々の職業分野に応じた知識やスキルを教育することが一般的だった。しかし、不況の影響によってこれまで企業

が行ってきた職業教育訓練が後退した分、学校教育に期待されるものは大きかった。しかし、現代では個々の職業分野に関係した知識やスキルの指導は学校教育で十分に行われたとは言えず、今日ではむしろかつてよりも後退している現実がある。

職業教育を歴史的にみると、1960年代までは政策的に取り組まれ、高校段階で職業高校の設置が行われた。しかし、70年代からは安価に設置できる普通高校が増大した結果、日本の高校教育において占める職業高校の割合が激減する事態が生まれた。このことは、高校で仕事に必要な知識やスキルを学ぶことは難しくなったと言える。

それでは大学ではどうか。教育の場から職場への移行を考えてみると、理系と文系には差異が認められる。すなわち、理系の大卒者は将来的に研究者や技術者として働く者が多いのに対して、文系の大卒者は将来どのような職種で働くかは明確でない面がある。そのため、大学で学んだことを職場で活かすことでみると、理系に比べて文系は学んだことが職場で活かされるようには必ずしもなっていないように思われる。

文系大卒者が大学で学んだことを職場で活かせないことについては、そもそも企業側が採用当初から知識やスキルを求めていないのではないか、という批判がある。例えば、面接試験でも、大学で何を学んだかが質問されるよりも課外活動を中心とした質問で合否が決まるのではないか、という疑問もある。

確かに、現代の若者が仕事の世界に移行するために必要なことは、仕事に関係した知識やスキルだけではない。本田（2009）がもう1つ「仕事の世界への準備」として重視したことがある。それは、「自分が労働者として何をどこまで正当に要求できるのか」についての知識である。なぜならば、そのような知識を欠いたまま厳しい労働市場に曝されている現状があるからである。これは労働者として自分の身を守るための労働に関する基本的な知識をもつことを言っている。雇用する側が圧倒的な力で突き付けてくる理不尽な要求に翻弄されるのではなく、法律などの知識を通じて抵抗する力をもつことを意味している。

第13章　青年期後期　219

　今日、ブラック企業などから違法な処遇を受ける若者のことがしばしば報道されるようになった。そのようなニュースを聞くにつけて、本田が言うような自分で自分の身を守る知識をもつことの大切さが痛感される。

　現代において、政府や産業界が若者に求めていることは、「社会人基礎力」とか「コミュニケーション能力」などという抽象的な言葉で表現される漠然とした能力である。つまり、今日の産業界が若者に求めるものが、「職業準備にかかわる知識や技能」でも「労働者として身につけておくべき法律的知識」でもない。それよりも、嫌な要求が出されても愛想よく笑っておれるような「感情管理ができること」や、「対人関係能力があること」を求めている。

　政府や産業界が言う「社会人基礎力」とは何だろうか。それは、「気配り」や「人当たりのよさ」や「ネットワーキング力」などを指している。これを能力と呼べるかどうか疑わしいし、あいまいな概念であるとともに評価の恣意性が極めて高い。また、後で述べる情動の検討でも「非認知能力」なる新しい概念が出てくるが、それも同じ類のものであり、公平性を欠く評価に陥れる危険性があるとともに、個人の内面にかかわる領域にまで踏み込んだものであることに注意しなければならない。

13.2　情動の発達

大学生の友人関係

　社会が変化するなかで大学生のアイデンティティはどのように変化してきたのか。溝上（2004）よると、近年の学生たちは、大学生活の限られた時間をさまざまな「私」に分割し、いくつかの「私」の間で有機的な関連をはかりながら生活しているという。つまり、「授業に出る私」「クラブをする私」「アルバイトをする私」「ゲームの好きな私」「旅行によく出かける私」「いま教習所に行っている私」など、である。しかし、さまざまな私を結びつけている「中心的な私」が見つけられていないところに特徴があるという。

　もう1つ、大学生の意識の変化で見逃せないことがある。それは、かつての

ように大学生活を共通基盤としてとらえていたのとは違って、今日の大学生は大学生活をいくつかある生活の1部分としかとらえないようになっていることである。そして、何に重点をおくかは、個々人で多様化している。

　それでは、学生達は何に重点を置いて生活しているのだろうか。全国大学生協連が毎年秋に行っている学生生活実態調査の2005年の調査によると、「勉強第一」（28.4％）、「ほどほど（特に重点を決めずにほどほどに組み合わせる）」（20.9％）、「豊かな人間関係」（17.1％）、という回答が上位を占めた。この結果を、同様の調査を行った1980年の調査結果と比較すると興味深い。ところで、1980年と言えば、2005年に調査対象となった学生たちの親の世代が回答した調査結果と考えればわかりやすい。1980年当時の結果は「豊かな人間関係」（34.7％）、「勉強第一」（19.5％）、「ほどほど」（10.6％）という順であった。

　さて、最新の2018年度調査では「勉強第一」と「サークル第一」が各1位と2位を占め、「人間関係」は3位だった。しかし、2018年度の調査で「人間関係第一」とした学生は15.2％にとどまり、1980年度のそれと比べると半数にも達していないことがうかがわれる。しかし、今日の学生が「人間関係」を軽視する傾向があるというとらえ方では学生の意識の変化を正しくとらえているか疑問が残る。特に、現代の学生はどのような友人関係を築いているのか、については明らかでない。

　この点については、岡田（2007）が興味深い研究を行っている。岡田は、大学生を対象に現代の若者に見受けられる友だちとのつきあい方に関して、27項目（例「ウケるようなことをする。」）の質問項目をあげた。そして、各質問項目に対して、自分がどういうつきあいをしているかを回答してもらった。各質問項目は6件法になっており、どれだけ「あてはまる」のか、を6段階（1点から6点）で採点した。得られたデータを数量化Ⅲ類という統計的手法で分類すると、友だちとのつきあい方は2つの主な要素（軸）で説明できた。1つ目の要素は、「関係指向性」と呼べるものであった。また、2つ目の要素は、「集団的／個別的関係」と呼べるものであった。そして、前者を縦軸で表し、後者を横軸で表したものが図23である。

図23で縦軸の「関係指向性」で高得点になるのは「関係拒否」を表わすのに対して、低得点は「関係指向（希求）」を示している。また、横軸の「集団的／個別的関係」での高得点は「個別的関係」を好み、低得点は「集団的関係」を好むことを示している。

図から明らかなように、学生の回答には似たパターンがあった。そこで、似た傾向にあるものをまとめると、3つのタイプが認められた。1つ目のタイプ（タイプ1）は、友達関係ではあまり深刻にならず、楽しい関わりを求める「群れ志向群（表面群）」である。2つ目のタイプ（タイプ2）は、傷つけたり傷つけられたりすることを恐れて、他者とのかかわりから身を引いてしまう「関係回避群」である。3つ目のタイプ（タイプ3）は、友達と深く関わって自分自身に内省的になるなど、従来の青年心理学で述べられてきた青年像に合致する群で、「個別関係群（伝統群）」である。

岡田の研究で気づくことは、タイプ1やタイプ3は従来から認められたものであるが、タイプ2はこれまでには確認されなかったタイプであることである。

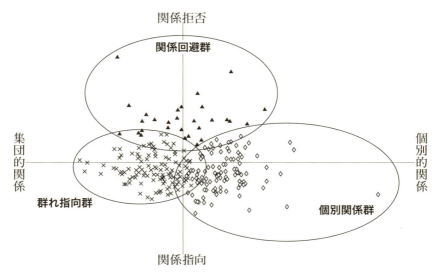

図23 岡田の研究による友だちづきあいのタイプ別グループ分け（岡田　努　2007　現代青年の心理学―若者の心の虚像と実像．世界思想社．p.52 を一部改変）

この新しく認められたタイプ２に関連して、最近見かける学生には気になることがある。それは、学生食堂において一人で食事ができない学生がいることである。混雑したところで食べるのが嫌ならば、教室で食べればよいようなものだが、一人で食べると「孤立している」と思われたくないことから昼食を抜くか、トイレで１人弁当を食べているようなのである。

　確かに、現代においては他者との関係を回避する一群の学生が存在するようになったのは個人的な印象とも一致するところである。それでは、この原因は何だろうか。彼らは幼児期から「個性尊重」が喧伝されるなかで育ったことを思い出してほしい。それは別の面から見ると、集団活動の経験が極めて乏しいなかで他者と関わる力が十分に育たなかったことが原因になっているのではないか。このようにとらえると、現代の高校生の友人関係に関して述べたことと符合する。つまり、相手の気持ちに立ち入らず、自分の気持ちを押し付けない「優しい関係」が若者の間で重視されていることと一致するのである。

若者に求められる「新しい能力」

　若者の意識の変化のなかで、現代社会は若者にどのような能力を求めているのか。近年、経営団体や省庁、政府の審議会が青年に求めるものは、「社会人基礎力」とか「コミュニケーション能力」なるものである。また、「問題解決力」とか「人間力」と言われることもある。これらはどれも抽象的な能力で、どのように測定できるのかも明らかでない。

　本田（2014）も新しく求められるようになった能力に対して疑義の態度を示している。本田によると、かつて社会が青年に求めたものは知識量や計算の早さ・正確さなど、学力を反映したものであったが、今日では感情や人格の深いところまで含んだ「人そのもの」になってきたという。そして、前者を「近代型能力」としたのに対して、後者を「ポスト近代型能力」とした。そのうえで、感情や人格までも問題にする「ポスト近代型能力」は評価する側の恣意性で左右されかねないところがあることを疑問視している。

　中村（2018）によると、社会がある「新しい能力」を求めた場合、その能

力概念が抽象的で測ることが難しいものであったとしても、「その能力がある
かどうか」を判断しなればならないという。つまり、社会的要請で何らかの形
で「能力」を定義し、測定した形にしなければならないことから、とりあえず
暫定的な能力基準で人を評価するという。それは、近代社会で学歴が暫定的な
指標とされてきたことをみても明らかである。

しかし、そこには恣意的な判断が入る余地がある。その恣意的判断を抑える
目的で能力主義には常にそれ自体にチェック機能がある、と中村は言う。つま
り、「能力」の定義や測定のあり方などについて、反省的に問い直して修正す
る性質がある。これを中村は、「メリトクラシー（能力主義）の再帰性」とい
う言葉で表現した。そして、高学歴化が進展した後期近代にある今日では、学
歴という能力指標に対して信頼が揺らぎ、能力に対する問い直し（再帰性）は
これまで以上に高まると考えた。

「非認知能力」なるものも、そのような流れのなかで出てきたものである。
中村も指摘するように、この「非認知能力」なるものは概念が曖昧で、必ずし
も能力とは言えないものを含んでいる。しかも、それを日常生活の指針にする
とか政策目標にするということであれば、より一層慎重な議論が必要であると
警鐘を鳴らしている。

慎重な議論が必要なのは理由がある。それは抽象的な議論では済まされない
からである。なぜならば、入学者の選抜や地位配分における選抜にも影響する
からである。そうなると今度は、その「能力」なるものが抽象的で測定困難で
あったとしても、評価される側はそのような能力の獲得に躍起になるように仕
向けられるからである。

「能力」のとらえ方が時代によって変化するはやむを得ないだろう。しかし、
よく吟味されないまま短期間のうちに変化することは若者を不安に陥れる。中
学や高校時代に生徒たちは「旧来型の学力」や「新しいタイプの学力」で評価
されてきた。そのような生徒が成人し、今度は感情や人格までも評価されて「あ
なたの新しい能力はこれです」と言われても、それをどう受け止めるのか。

おそらくそのような評価は多くの若者にとって期待も歓迎もされないだろ

う。なぜか。自分の感情や内面の深いところまで踏み込む評価はいい迷惑だろう。また、コロコロと変わる能力評価は不当とも感じるだろう。ましてや、これまで学校での能力評価に苦しめられた生徒であれば、成人してからも感情や人格までもが評価されれば、息苦しさをも感じさせるものになるだろう。

　ところで、人の能力の評価で感情や人格にかかわる心理機能が近年になって取り上げられた背景には何があったのか。その背景には2つの要因があった。

　1つの要因には、アメリカのノーベル経済学賞受賞者であるジェームズ・ヘックマンの研究が影響している。ヘックマン (2015) は、その著書『幼児教育の経済学』で「非認知能力」の重要性を明らかにした。この「非認知能力」には、誠実さ、根気強さ、意欲、社交性をはじめとして多様なものが含まれている。つまり、学力テストでは測れない非認知能力こそ重要であること、また、人的資本を投入するのであれば子どもが幼いほど将来の年収や学歴や就業形態などでプラスに作用することを明らかにした。

　もう1つの要因としては、サービス業に従事する労働者の拡大である。サービス業は感情労働とも言える。感情労働とは肉体労働や頭脳労働とは違って情動の制御が極めて重要である。接客に従事する仕事であれば、客の無礼な振る舞いにも、自分のありのままの感情を抑えなければならない。なぜならば、それは笑顔のような管理された情動を商品として売る仕事だからである。

　以上、若者に求められる「新しい能力」とその背景について考えた。そこで明らかになったことは、「新しい能力」なるものは「社会を回していくうえで必要な能力」と強く結びついていることであった。この観点に立って将来の生活や仕事を考えてみると、どのようなことが予測できるのだろうか。今日、AI（人工知能）の時代が到来することが話題になっているが、AIでは代用できない感情労働は今後さらに増えるだろう。これまでも情動を調整する力が必要だったが、将来は不自然なまでに情動の調整が強いられるだろう。そのことから受けるストレスは極めて大きいことは容易に予想できる。

　信原（2017）は、このような感情労働は奴隷根性を強いる点で有害さを指摘している。また、生きることの本当の意味に目覚めていくうえで必要な「自

己洗練」を妨げる根源的な害をもたらすと考えている。この指摘は労働が人格の形成につながるのではなく、人格形成を阻害するものにならないか、という点から具体的な対応が必要と思われる。

青年が負った心の傷

ここまで現代の日本の青年が就労面で多くの困難をかかえ、生きづらさがあることを述べてきた。しかし、問題なのはその生きづらさの原因が自己責任とされる場合である。周囲がそのような冷たい扱いをするのならば自殺に行き着くことも稀ではない。日本は平成14年から10年連続で自殺者が年間3万人を超える自殺大国である。

また、今日の青年が自分の生きづらさの本質をとらえられなければ、悲惨なことになる。他人が幸福そうに見えるなかで、生活が安定しない自分と比較して、周囲の人達に怒りの矛先を向けることもある。そうなると、この世を恨んだ末に誰でもよいから殺そうとする心理が生じてしまう。それは近年しばしば報じられる事件を見ても明らかである。秋葉原で何人もの通りがかりの人をナイフで殺傷した通り魔殺人事件があった。また、大阪の個室ビデオ店を放火し多くの犠牲者を出した事件もあった。これらの事件には、事件の当事者が不安定な労働条件に長くおかれたうえに解雇されていることは見逃せない。

さて、事件に発展しなくても、今日の社会文化的状況のなかで青年はいろいろな悩みを抱えている。今日ではインターネットを介して多大な情報を手にすることができる。しかし、情報過多とも言われるなかにあって、本当に必要な情報を選択できればよいが、それができなければ「アイデンティティの拡散」に拍車がかかる。

アイデンティティの確立に関して、それに失敗した姿はいろいろな形で現れる。その1つが「アダルト・チルドレン」である。アダルト・チルドレンとは、子どものときに機能不全家族のなかで育ったことによって大人になってから生きづらさを感じ、苦しんでいる人のことを指している。しかし、その定義には曖昧なところがあり、自分の特殊な育ちがもたらした「心の傷」を強調してい

る場合が多い。

　「心の傷」と言えば、虐待や災害などによって実際に心的外傷を受けた人のことが想像される。その人達の苦しみは、言葉では言い表せないほどのものだろう。しかし、心の傷とまでは言えなくても、今日の青年が簡単に「心の傷」を口にする傾向が強くなった。それはなぜだろうか。青年であれば誰もが「自分らしく生きたい」という欲求をもつ。しかし、それが叶えられず、原因を自分以外に求める傾向が強まったと考えられる。

　香山（2002）によれば、自分らしく生きられない若者には、仲間に「同じだね、わかるよ」と認め合い、同化したい気持ちがあるという。若者が自分の育ちの特殊性を語り、「傷ついた」思いを語れば、確かに他人から同情は得られるかもしれない。しかし、自分の育ちの特殊性にこだわり他人の同情が得られても、それで自分の個性を磨いたり、自己実現したりすることにはつながらない。

　また、近年、アイデンティティの確立に失敗したもう1つの姿が問題になっている。それは社会的引きこもりである。これは、青年期後期にあらわれる発達の問題である。うつ病や統合失調症などの精神障害が原因ではないにもかかわらず、部屋に閉じこもってしまう。引きこもりの現れ方は一様ではなく、原因にしても心理的、社会的な要因が複雑に絡み合っている。

　引きこもりの現れ方や原因が一様でないにしても、問題の核心は見据えておかなければならない。それは、青年期後期のアイデンティティ確立の課題を前にして、他人とかかわることに＜恐怖心＞をもち、社会との関係を自ら切ることで苦しさから逃れようとしている姿であること、である。既に高校生期の章で述べたが、土井（2008）の考えにもとづいて引きこもりをとらえると、「優しい関係」を最優先させた青年が、周囲の反応を読み違えたり、人間関係のキツさに耐えられなくなったりした姿であるととらえられる。

　もちろん、このような青年も周囲から認められたいと思っている。しかし、その方法がわからない。特に、他者との「距離のとり方」に神経をすり減らしている。そして、自分を変えたいのに変えられない＜苛立ち＞や、＜自己に対する否定感＞にさいなまれている。このような青年が、些細なことでも何かに

取り組む機会を得て、それが自信になればと思う。なぜならば、そのような些細な取り組みの中で青年がささやかな＜自己効力感＞を感じられるのであれば、社会の一員として立ち直っていく望みがあるからである。

この章のまとめ

　青年期後期の若者達について認知面と情動面から検討したところ、いずれにおいてもアイデンティティ確立の課題がこれまで以上に困難なことが明らかにされた。その原因は、非正規雇用という不安定な労働形態が広がったこと。また、今日の社会において「コミュニケーション能力」や「非認知能力」など、曖昧で測定が難しい能力が若者に求められるようになってきたことが関係している。今後、感情労働が多くなるなかで、益々青年のなかに生きづらさが広がらないか心配である。

第14章

成人期

　成人期の発達過程を述べるとき、これまでの章のように認知と情動の発達を分けて述べるのでは、成人期の発達の特徴を適切に表現できない。なぜならば、この時期は職業生活、結婚生活、親子関係などを通して、認知と情動が徐々に統合されていく過程をみることが大事だからである。つまり、成人期は認知とか情動という区別を越えた総合的な心理機能を問題にしなければならず、人格発達の視点からその特徴をとらえる必要がある。

　そこで、25歳から始まる長い成人期を3つの時期に分けて、認知と情動の統合過程にかかわる特徴をとらえたい。3つの時期とは、25歳ころから40歳ころまでの成人期前期と、40歳ころから65歳ころまでの成人期中期と、65歳ころからそれ以降の時期である成人期後期、である。

　従来の心理学では、成人期については必ずしも十分に研究されてこなかったこともあって、成人期の発達についてはネガティブな側面が強く印象づけられた側面がある。しかし、認知と情動の統合的働きを実現している「知恵」についての研究を中心に、これまで気づかれなかったポジティブな発達があることが明らかになってきた。

14.1 成人期前期（25歳ころから40歳ころまで）

成人期前期の全体的特徴

　成人期前期のなかでも25歳ころから30歳代前半までは、青年期から成人期に移行する過渡期と言える時期である。それは職業生活でも家庭生活でも大人の仲間入りをする時期であるとも言える。この時期は、仕事においては新米であった初期のキャリア形成期を経て、職場で専門性を身につけ、ある程度の責任を引き受けられるようになる。また、それと並行して、恋愛や結婚を通して一家を構えるようになる。

　しかし、今日の日本においては、成人期前期への入口にあたる段階で、多くの若者が安定した就労ができずに晩婚化しており、少子化がますます深刻な課題となっている。また、女性においては、従来のような「男は仕事、女は家庭」という性役割分業に賛成する声は少なくなっているが、出産と子育てで一度離職すればなかなか復職できない現実がある。ただし、このような落ち込み現象（女性の労働率が30歳から34歳までを底にM字カーブを示す）は、女性の意志で再就職しないのではなく、再就職できないことによる。それは、女性の就職希望者を含めた潜在的労働率が一貫して高いにもかかわらず、落ち込み現象が解消されないのは育児をしながら働ける環境を整備することが遅れているからである。

　さて、ここで人間の生涯にわたる発達を心理社会的側面から展望したエリクソン（p.10参照）にもとづいて、この時期の特徴を考えてみたい。エリクソンによると、成人期前期には「親密性」という発達課題があると考えている。「親密性」は、青年期に獲得したアイデンティティを土台にして、他者と愛情を育み、結婚をして新しい家族を形成していくことである。また、結婚を想定しなくても他者と友情を育んで親密な関係を形成して人生の友とすることもある。しかし、このような他者との関係が築けない場合は、「親密性」とは相いれない「孤立」に向かうことになる。

では、他者と親密な関係を結ぶために必要なことは何か。そこで重要なことは、本人が経済的にも精神的にも親から自立できていることだろう。自分で働いて経済的基盤を確立し、また、独立した一個の人格としてアイデンティティを確立していることだろう。

さて、この「他者と親密な関係を築く」という点から、いま話題にしている成人期前期に至るまでにどのような特徴があったのか、振り返ってみたい。まず、思い起こされるのは、1990 年代以降から今日にかけて、小学校中・高学年から中学・高校生にかけて「優しい関係」を重視して自分の本音で友人と話ができない傾向があらわれた。また、大学生の時期には友人と「関係回避」を志向する学生の一群が認められた。そして、今日においては同じことの裏返しの現象なのか、若者には「コミュニケーション能力」とか「非認知能力」なるものまで求められる時代になった。

それでは、「他者と親密な関係を築く」うえで現代の日本の社会はどのような役割をするのだろうか。ネット社会が拡大し、メールや LINE 等で膨大な他者と結びつく関係が広がったことは否定できない事実だろう。しかし、そのような結びつきは極めて広範囲かつ瞬時に伝わるものの、それを親密な関係と言うことはできるものではない。

また、今日、日本の若者に対する調査で明らかになったのは、結婚をしたいと思わない若者が増えていることである。この背景には、「親密性」の課題が達成できていない若者が存在しており、他者と表面的な繋がりで満足し、親密な関係にまで発展することを望もうとしない。結婚に至るには、単に相手が好きという感情だけでは難しい。結婚には当事者の心理的な再編成が求められる。このような心理的な再編成には自己のアイデンティティの確立が必要であり、アイデンティティの確立は他者と親密な交流なしには築けない。

一方、「世代性」という発達課題は、成人期前期のみならず成人期中期にも引き続いて課題になる。この課題では、次の世代を産んで、育てることである。しかし、ここで次の世代というのは、必ずしも自分の子どもというような幅の狭いものではなく、自分の子どもも含めた次の世代を育むという意味である。

職場では後輩の育成であるし、地域では青年や子ども達への指導や支援である。ところが、次世代を育てることに無関心で自分のことだけにしか関心が向かないようになると、人格発達に停滞をきたすことになる。つまり、「世代性」とは相反する「停滞」が現れる。

さて、結婚して夫婦の間で心理的な再編成がうまく進んでいたとしても、子どもが生まれると、そこでまた新しい家族の再編成が求められる。つまり、子どもの誕生によって、夫婦の時間の過ごし方、生活空間の見直し、食事のとり方、家計支出の配分など、大きな変化が生じることになる。子どもの誕生は、夫婦であることと、親であることを同時に要求する。つまり、夫であると同時に父親であることや、妻であるとともに母親であることが求められる。この点は、夫婦の間で葛藤や歪みが生じやすいところであり、まさに親としてのアイデンティティの形成にかかわる問題と言える。

親としてのアイデンティティ形成で重要なことは、夫にしても妻にしてもそれぞれの両親との間でどのような内的体験をもってきたか、である。つまり、自分の子どもに対して、どのような父親であったり母親であったりするのかは、自分が子どもであったときにどのような育てられ方をしてきたかが大きく影響する。つまり、親としてのアイデンティティの形成には、自覚するかしないかにかかわらず、世代を越えた関係が伝達されていく。

このようにみてみると、上で述べた「親密性」も「世代性」も、他者との関係性の発達を中心課題にしていることがわかる。つまり、成人期前期においては、他者と関係を築いたり、他者の成長を助けたりすることを通して、自己のアイデンティティをより確かなものにしていくのである。

親になることによる人格発達

成人期前期の人格発達に影響する要因にはいろいろなものがあるが、親になることによる影響は特に大きいだろう。そこで、柏木・若松（1994）の研究を紹介し、親になることによる人格的変化や育児への感情や態度の変化などを明らかにする。

柏木らは、3歳から5歳の幼児をもつ両親346組を対象として、①親になることが自身の変化・発達にどのような変化をもたらしたかを問う50項目、②育児に対する感情・態度を問う14項目、そして、③育児と家事に関する父母間での性役割を問う21項目、からなる調査を父親と母親の両方に実施した。そして、回答者にはこれらの項目について肯定から否定を両極とする4段階評定を求めた。

まず、調査①の親になることの変化・発達についての結果を述べる。これについては、「親になる前と後で変化を感じたか、感じた場合はどの程度強く感じたか」について回答してもらった。回収した結果を因子分析したところ、6つの因子が抽出された。各々の因子は「柔軟さ」、「自己抑制」、「視野の広がり」、「運命・信仰・伝統の受容」、「生き甲斐」、「自己の強さ」と命名できるものであった。どの因子でも、父親に比べて母親の方が自分の変化をより強く認識していた。表1には、各因子が高い負荷を示した項目例を1例ずつあげておく。

柏木らが抽出した因子は、オルポート (Allport, 1968) が人格の成熟を示す特徴としてあげたものにほぼ該当した。すなわち、柏木らの研究で明らかになった「柔軟さ」と「自己の強さ」が合わさった特徴は、オルポートが〔ものごと

表1 柏木・若松が親になることの変化・発達で抽出した6因子と項目例

因子	因子名	項目例
1	柔軟さ	角がとれて丸くなった
2	自己抑制	自分のほしいものなどが我慢できるようになった
3	視野の広がり	環境問題に関心が増した
4	運命・信仰・伝統の受容	物事を運命だと受け入れるようになった
5	生き甲斐	生きている張りが増した
6	自己の強さ	多少摩擦はあっても自分の主義は通すようになった

注）柏木惠子・若松素子　1994　「親になる」ことによる人格発達：生涯発達的視点から親を研究する試み．発達心理学研究，5, p.75 より作表

に柔軟にねばり強く対処する〕ことに該当する。また、「自己抑制」は〔他者の立場や公共的見地に立って自己抑制的に行動する〕ことに類似した。さらに、「運命・信仰・伝統の受容」はオルポートがあげた〔人知を超えたものの存在や運命を受け入れる〕ことと同じである。また、「視野の広がり」は〔多角的にものを見る〕ことに対応する。

　さて、柏木らが明らかにした6因子のなかでも意外だったのは、「運命・信仰・伝統の受容」という因子である。なぜならば、回答者になった父母達は、科学技術の目覚しい発展のなかで育った世代だったからである。また、妊娠・出産でも、科学の発展で乳幼児死亡率が低下したり、出生前診断まで行われたりする時代に育った世代だからある。

　それでは、回答者が育った社会文化的環境に釣り合わない「運命・信仰・伝統の受容」が見られたのはなぜか。これは子どもの誕生や子育てのなかで、生命の奇跡や自然界への畏怖を感じたからではないだろうか。つまり、科学や合理性だけでは解明できないような先祖からの命の連鎖を目の当たりにしたことで、父母達の意識に変化があらわれたと思われる。また、我が子の成長を身近なところで見てきた親であれば、子どもの誕生や成長にまつわる慣習的行事（お宮参り、お食い初め、など）は形式だけで行われるものではなく、理に叶ったものとしてとらえられたからであろう。

　次に、調査②の父母の育児に対する感情や態度についての結果を述べる。育児に対する感情や態度をみた項目の結果を因子分析したところ、3因子が抽出された。それは、「育児への肯定感」と「育児による制約感」と「子どもは分身（感）」と命名できるものであった。

　まず、「育児への肯定感」は、3因子のなかで最も強くあらわれたが、父母の間では差が認められなかった。次いで強くあらわれた「子どもは分身（感）」という感情は、父親の方が母親よりも強かった。さらに、「育児による制約感」は、父親では他の2因子よりも低かったが、母親では他の2因子とあまり変わらなかった。

　さて、ここであげた育児への感情や態度に関する3因子は、先に述べた人格

的・社会的発達に関係した6因子とどのような関係があるのか。父親、母親別に因子間の相関関係をみた結果、父親と母親を問わず、「育児への肯定感」と「子どもは分身（感)」は、人格・社会的発達に関係した全ての因子（6因子）と高い正の相関が認められた。このことは、育児に肯定的感情をもったり、分身感をもったりする親ほど、人格的・社会的発達でも高いことを示している。

　では、「育児による制約感」はどうか。この「育児による制約感」は、母親でのみ人格発達の「柔軟さ」や「生き甲斐」と有意な負の相関が認められた。この結果は、育児で制約感を強く感じている母親ほど、子育てで「柔軟になった」とか「生き甲斐になっている」という意識を持ちにくいことを示している。しかし、「育児による制約感」を感じている母親は、決して育児を否定しているのではない。母親は「育児への肯定感」を持ちながらも、「育児による制約感」を同時に感じており、両面感情を持っているのである。

　最後に、調査③の育児と家事に関する父母間での性役割の結果について述べる。この調査の目的は、父親が家事・育児に参加する程度が母親の「育児による制約感」と関係しているという仮説を検証することだった。仮説を検証するため、「入浴」や「幼稚園送り」をはじめとする6項目で父親がその役割を果たしているか自己評定をしてもらい、総得点が極めて低い父親群と極めて高い父親群を選び出したうえで、人格・社会的発達や育児への感情や態度との関係を調べたのである。

　その結果、父親の家事・育児に参加する程度は、母親の人格・社会的発達と関係がなかったが、母親の育児への感情・態度とは関係が認められた。つまり、父親が家事・育児に参加する程度が高いほど、母親の育児による制約感は低く、育児への肯定感が高いことが認められた。この結果は、育児における父親の役割を示したものと言えよう。

　また、育児や家事への参加が極めて低い父親では「子どもは分身（感)」が著しく高いのに対して、家事・育児に深くかかわる父親ではこのような感情は薄かった。この結果は次の点で興味深い。つまり、父親が子育てに直接にかかわらない限りは、「子どもは分身」であると楽観的に言えるだろうが、子育て

第14章 成人期 235

に深くかかわると「子育ては楽しいこと」ばかりではなく、苦しいことも経験すること。このような苦楽入り混じった感情が子育てにはついて回る。先に述べた母親の育児に関する両面感情は、程度の差はあるが父親にも感じられるのだろう。このような両面感情こそ、親を育てるものになっていると思われる。

14.2 成人期中期（40歳ころから65歳ころまで）

成人期中期の全体的特徴

中年期は壮年期とか熟年期と言われることがある。この時期は人格発達で重要な時期であることは、ユングが発達の根本的変化は中年期に起こり、生き方や価値観の転換を行う時期と考えたことにも示される。つまり、人生の前半期までの発達が外的世界に自己を適応させるものであったのに対して、中年期を含む人生の後半期は自己の内的欲求や本来の自分の姿を見出していく時期と考えた。ユングは、このような人生の後半期の課題を「個性化」という言葉で表現した。この「個性化」の過程では、自分の内的欲求と向き合い、内的欲求と現在の自己とのズレを埋めていく努力をしていくことが求められる。

また、エリクソンは、成人期中期には若い世代を育てるという意味で「世代性」とか「生殖性」という発達課題の達成が求められると考えた。「世代性」は次の世代や文化的作品を育んでいく力であるが、このような力が発達しなかった場合は自分にしか関心がもてずに人格発達が停滞してしまう。つまり、「自己陶酔」ないしは「停滞」に向かうと考えた。

さらに、成人期の中期や後期について詳しく理論化したペック（Peck, 1975）は、中年期には克服すべき4つの心理的課題をあげるとともに危機をあげている。

1つ目は、「知恵か体力か」という課題である。中年期になると、体力の低下が起こるが、これ以降は体力だけでなく、それまでの経験で得られた精神面での力を仕事に活かしていくことが課題になってくる。

2つ目は、「仲間か異性か」という課題である。中年期になると体力の低下

とともに性的な能力の低下があらわれてくる。そのため、これまでのように異性を性的な対象として見るのではなく、個々人が人格をもった対象であることを認識するなかで人間関係を深めていくことが課題になってくる。

3つ目は、対人的な関心が「広いか狭いか」という課題である。中年期になると子ども達が独立したり、親や親族の死に直面したりするなかで、これまで形成した人間関係が崩れていく。このようななかで、血縁関係で結ばれていない人達とも新しい人間関係を広げていけるかどうかが課題になる。

4つ目は、精神的に「柔軟か頑固か」という課題である。中年期になると職業的地位が上がり、これまでの経験で仕事がこなせるようになることから、自分なりのやり方に固執する傾向が強くなる。しかし、これまでのやり方にこだわれば物事がうまく運ばないこともある。それに気づき、新しい課題に柔軟に対応できることが課題になってくる。

ペックが述べた中年期の課題は、どれも2つの対立的な生き方から生じる矛盾を問題にしたものであり、その矛盾を止揚してより高い水準で生きることを課題としたものである。中年期になると、それまで追い求めてきたような上昇志向の論理だけではこれからの自分の生き方を見通せなくなってくる。

レビンソン (Levinson, 1992) も、中年期は自己の内部において相反する感覚が同時に芽生えてくる時期であるととらえている。それは、「若さと老い」をはじめとして、「破壊と創造」「男らしさと女らしさ」「愛着と分離」という両極にある2つの概念をいかに発展的に統一するかが問われているという。

ここでは、その1つである中年期の「若さと老い」の対立について述べることにする。老いが何歳から始まるのかは言えるものではない。しかし、中年期になると、若いときとは違って体力や気力に衰えを感じるようになる。それは、身体的機能の低下と精神的機能の低下の両方を反映している。もし、「若さと老い」を対極にあるものととらえるだけならば、永遠の若さに固執するか、死の恐怖を強く感じるか、のどちらかだろう。しかし、どちらにしても、社会にうまく適応して生きていくことはできないだろう。

それでは、中年期にある者は「若さと老い」を同時に感じながら、どのよう

に生きていけばよいのだろうか。若いときと同じようなやり方で物事に取り組もうとしても無理である。大事なことは、老いて以前と同じようにできなくなっても、維持している機能で補う方法を見つけたり、他者の力を借りながらでも自分がこだわることは自分でしたりすることだろう。

　人間の記憶を例にあげると、年をとると若者のような記憶力はなくなるが、それを克服する方法を身につける。年をとれば、記憶できる量や速さは衰える。しかし、若いときのように丸暗記をするのではなく、いろいろな情報の中で何が大事で、何を記憶すべきなのか、がよく分かるようになる。また、忘れないためにメモのような記憶の外的手段をうまく使えるようになる。老いを実感するなかで、これまで維持できている部分を最大限利用しながら、自分の自立を支える新しい「物との関係」を創る柔軟性が生まれる。

　必要なのは「物との関係」ばかりではない。守屋（2006）が述べるように、「ひととの関係」を創ることも中・高齢期には大事である。「頼り頼られる対人関係」を創っていくことは自他の喜びをもたらすうえで重要であり、そのような場を社会が用意することは重要なことと考えている。

　このように、中年期になると自分のなかに若さの部分と老いの部分が同時に混在するようになる。そして、その2つの間で折り合いをつけながら現実を受けとめ、少しでも人生を価値あるものとして生きようとする。このような不断の取組みのなかで「若さと老い」の対立を克服していくものと思われる。

　しかしながら、もし心理機能のすべての面で老いの影響があるとすれば「若さと老い」の矛盾が高い水準で統一されることもないだろうし、解消されることもないだろう。そこで、老いによる心理機能への影響について、もう少し検討してみることにしたい。

　まず、外見的に見た場合は白髪や脱毛が目立ち始め、顔の皺も増えてくる。しかし、老いの変化は身体的な側面だけでない。階段を駆け上がれないなどの日常動作にも影響があらわれてくるし、背筋力、肺活量、連続跳び、垂直跳力でみた体力指標でも成人期前期と比べると急激に低下していくことが明らかになっている（大西、1983）。

また、感覚機能の低下もあり、視力の低下とともに老眼による文字の読みにくさを感じるようになる。聴力も 40 歳を過ぎるころから高音部の聴き取りが難しくなる。これに加えて、中年期になると成人病があらわれやすくなり、肥満や高血圧や心臓病などがあらわれやすい。

　それでは、知的機能はどうか。これまで知能検査の得点は、青年期に頂点に達した後は徐々に低下すると思われていた。しかし、生涯にわたる認知機能の変化に注目した R.B. キャッテル（Cattell, 1963）は、知能を結晶性知能と流動性知能に分けてとらえる提案を行った。結晶性知能は、経験や知識の豊かさや正確さと結びついた能力で、WAIS 成人知能検査の言語性得点の変化に反映される。一方、流動性知能は、新しい学習をしたり新しい環境に適応したりするときに情報をとらえて操作する能力で、同じ成人知能検査の動作性得点に反映される。

　研究の結果、流動性知能は早くも中年期には低下が始まるのに対して、結晶性知能は中年期の間も上昇しつづけ、その後の低下は顕著ではなかった。このことから、低下が著しいのが空間的課題の解決に関係する流動的知能であって、言語的課題の解決に関係する結晶性知能はむしろ中年期の間は上昇し続け、それ以降も低下が顕著ではないことが認められた。

　中年期の心理機能を概観して明らかなように、すべての心理機能が低下するわけではないこと、むしろ中年期にも引き続き拡大している能力があることが示唆された。これは、中年期にある人がどうしても達成したいことが明確であるならば、今もっている力を最大限に投入するなかで新しい力や価値を創造していけることが明らかになったものと思われる。

成人期の全段階を通した「世代性」の発達とその意味

　エリクソンは、第 7 段階の発達課題とした「Generativity」は、語源であるgenerate が邦訳で「生み出す」ことから「生殖性」と訳されることが多かった。しかし、エリクソンの定義や解釈の変化から、生殖だけを意味するのではなく、広く次世代を育て世話する概念を含むことから「世代性」という訳語がよく用

いられるようになった。また、「世代性」の意味もさらに拡大して「親が育てる」という枠組みを超えて、世代間の相互作用のなかで「世代性」が達成されること、次世代に知識や技術を伝えることも「世代性」の行為と考えられるようになった。さらには、「世代性」の概念には「自己探求」や「創造性」という新しい要素も加えられるようになった。

さて、この「世代性」の概念であるが、それは中年期の自己概念や人格発達だけに固有のものだろうか。丸島（2000）は「世代性」を「生殖性」と呼んでいるが、中年期の「世代性」が成人期の前期、中期、後期にどのような発達の推移を辿るのか明らかにしている。一般成人390人を対象に、「世代性（生殖性）」の他に「親密性」や「自我統合」を表す測定尺度（各15項目で、「そう思う」～「そう思わない」の5件法）を用いて調査した。

ここで、「世代性」「親密性」「自我統合」を表す項目を紹介する。まず、丸島は、ドミノとアフォンソ（Domino & Affonso, 1990）が作成したエリクソンの発達課題達成尺度を翻訳し日本語版を作成した下仲・中里・高山・河合（2000）の尺度を用いている。その尺度には次のような項目がある。一例だが、「世代性」には「青少年らに教えることができたら、どんなに楽しいだろう」という項目が含まれる。また、「親密性」には「人と一緒にいるのが楽しい」という項目がある。さらに、「自我統合」は「これが自分だという感じをもつことがどんなに意味があることか知っている」という項目がある。

性と年齢の2要因分散分析の結果、「世代性」「親密性」「自我統合」とも年齢の主効果が認められた。また、図24はこれら3つの発達課題に関して、成人期の前期、中期、後期の推移を示したものである。

図24に示したように、「世代性」は成人期前期群＜中期（中年）群＜後期（高齢）群の順に得点が高くなった。また、「自我統合」は、後期群は前期群や中期群よりも高かったが、前期群と中期群には有意差が認められなかった。さらに、「親密性」は、中期群は前期群よりも高く、中期群と後期群の間には有意差は認められなかった。この結果は、「世代性」が成人期の全過程を通して順調に発達すること、また、「自我統合」に関しては後期（高齢）群が他の2群に比べて

顕著であること、が注目に値する。

　この結果で何が興味深いかと言えば、エリクソンが中年期の発達課題として考えた「世代性」が、その前の段階（成人期前期）から準備され、次の段階（成人期後期）まで引き継がれることが明らかにされたことである。また、「自我統合」にしても、成人期の前期や中期における認知と情動の統合を経験し、その蓄積を経た後に、成人期後期になって顕在化している点である。

　さて、エリクソン(1997)は、青年期後期に獲得されたアイデンティティは、それ以降も心理・社会的変化のなかで問い直され、再吟味されて、さらに成熟していくものと考えた。このようなアイデンティティの問い直しがうまくいくかどうかが「中年期の危機」になるのか「平穏な中年期」になるのかを分けるものと思われる。

　中年期にアイデンティティの問い直しが迫られるのは、一生のなかで大きな変化に遭遇するのがこの時期だからである。例えば、親の死に直面したり、自分が大病を患ったりする。また、職場ではリストラにあったり、労働災害にあったりすることもある。子育てがうまくいかず、子どもと対立したり、夫婦間で子どもの教育について意見が食い違ったりすることも出てくる。このような中

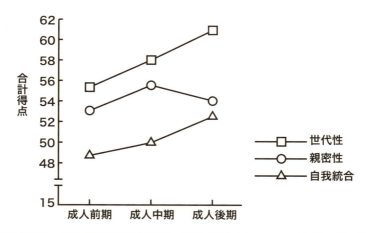

図24　成人期の3つの発達課題に関する得点の推移（丸島令子　2000　中年期の「生殖性（Generativity）」の発達と自己概念の関連性について．教育心理学研究，48，p.55より）

で、中年期は体力の衰えとともに、生きられる残りの時間が少ないという時間的展望の狭まりを意識する。また、若い頃のようにバリバリ仕事をするという生産性も落ちて限界感を感じ、老いと死の不安を意識する。

しかしながら、岡本（1985）は中年期にある人達の面接調査から、中年期は否定的変化ばかりではなく、肯定的変化も認められることを明らかにしている。すなわち、中年期の人達との面接のなかで、40代になった時に感じた体験には自己確立感や安定感の増大と言えるような変化があることが報告されている。例えば、「これまでは学ぶ時期だったが、40代になってようやく教えることができると感じるようになった。」とか、「40才頃から、自分らしさや個性がでてきた感じがする」というものだった。このように、中年期になってはじめて精神的な模索が終わり、より深いレベルでの内的な安定感と自己確立感が得られることがわかる。

このことは中年期にある3名の女性を対象にカウンセリングをした中道（2015）でも同様な結果を示している。すなわち、子育て、主婦、親の介護に追われる毎日だったのが、中年期になるとそのような経験で培ったスキルがアイデンティティを支えるものとなる。そして、自分のなかに在る蓄積された経験に目を向けて、それらをうまく生かしていくことは「深みのある自分づくり」をするうえで重要と認識されている。

しかし、ここで大切なことは、このような内的安定性や自己確立感は「ある年齢が来れば」誰でも得られるというようなものではないことである。春日・佐藤・高橋（2017）は知恵についての心理学的研究を展望したなかで、知恵は必ずしも年齢に伴って発達するものではなく、むしろ人生経験が知恵の発達で重要な要素になることを明らかにしている。

中年期以降に蓄積してきた人生経験は、新しい問題事態の発生のなかで得た新しい知識によってとらえ直される。同時に、新しい知識はそれまで蓄積してきた経験によって現実生活で適用する妥当性が確かめられる。守屋（2006）は、問題事態に取り組んだ結果としてもたらされる、このような経験と知識の間を行き来する思考は中・高年になってはじめて可能になるという。

このように見ると、力と速さに偏重した今日の「生産性」の概念で中・高年期像をとらえることは歪んだ認識を植え付けるだろう。古代ローマ時代の元老院は王の助言機関であり、最高の統治機関でもあったが、そこでは長老と言われる者たちが長年の経験をもとに国家の政治に深く関与していた。このことをみても、中年期以降でも力や速さでは測れないものを獲得できること、また、そのためには中・高年者が活躍できる場が必要なことを示唆するものである。

14.3 成人期後期（65歳ころから）

成人期後期の全体的特徴

成人期後期は、一般的には「高齢期」とか「老年期」と呼ばれている。今日の日本は「高齢化社会」と言われているが、その背景には国民の平均寿命が伸び続けて高齢者が増加したことがある。しかし、それだけではない。総人口の減少も大きく作用していることも忘れられない。つまり、総人口が減少するなかで高齢者数が増大したことで高齢者率が上昇する結果となっている。65歳以上の高齢者の比率は、1990年には総人口の12%に過ぎなかったのが、2013年には25.1%となって4人に1人になった。また、20年後の2035年になると高齢者が占める割合は33.4%になり、3人に1人が高齢者になると予測されている（内閣府平成24年版高齢社会白書）。

このような高齢者率の増大とともに、老人介護体制の不備が問題になっている。このことも影響して、老人に対して「世話が必要で、手間がかかる人」という否定的なイメージでとらえがちである。確かに、成人期後期になると身体機能面で衰えを自覚するようになり、実際に運動機能、視覚機能、聴覚機能の衰えは著しい。また、注意、ワーキングメモリ、計画的行動と行動をモニターする力を含む遂行機能の低下（熊田・須藤・日比, 2009）が認められる。

しかし、高齢者はすべての心理機能において衰退が見られるのかというと、そうではない。成人期中期でも述べたように、知能を結晶性知能と流動性知能に分けたとき、R.B.キャッテル（Cattell, 1963）は流動性知能が早くも中年期

には低下が始まるのに対して、結晶性知能は中年期の間も上昇しつづけ、その後の低下は顕著でないことを明らかにした。流動性知能とは、新しい学習をしたり新しい環境に適応したりするときに情報をとらえて操作する能力で、空間的課題などの動作性検査に関係する。一方、結晶性知能は、経験や知識の豊かさや正確さと結びついた能力で、言語性検査の解決に関係する。

　大川（1989）は、65歳から75歳までの男性高齢者を対象に、これら2種類の知能と個人的な生活経験の関連をみた。流動性知能は成人用のWAIS知能検査の動作性検査で、結晶性知能は同じ検査の言語性検査の得点でみた。また、個人的な生活経験は、個人史、ライフイベント、現在の生活経験、健康状態、生きがい意識、老化意識の6領域27項目からなる質問紙でとらえている。そして、2つの知的得点を目的変数とし、27因子の個人的な生活経験を説明変数とする重回帰分析を行った。その結果、結晶性知能は27の生活経験因子で有意に高い予測ができたが、流動性知能は予測できなかった。興味深いのは、結晶性知能は本への関心や読書量を示す読書因子や、退職時の役職・最終学歴を示すキャリア因子と有意に高い関係が認められたことである。

　また、情動の調整や人格発達では、高齢期ではむしろ優れていることを示す研究がある。質問紙調査を用いた中川・田渕・石岡・権藤（2011）は、高齢者ではポジティブな情動を増幅させる一方で、ネガティブな情動を低減させるという結果を得ており、情動調整は若年者よりも優れていることを明らかにした。例えば、「一日一回は声を出して笑おうと心がけている」という質問項目に対して、高齢者は大学生に比べて肯定的な評定をする傾向が高かった。

　増本（2013）も、63歳から85歳までの高齢者を対象に、自伝的記憶課題でポジティブな出来事の想起数と、情動知能スケールで測る「情動の制御」との間に有意な正の相関があること。一方、ネガティブな出来事の想起数と、同じ情動知能スケールで測る「情動の制御」「自己の情動評価」「他者の情動評価」との間には有意な負の相関があること、を報告している。この結果は、記憶は常に認知機能に関係しているのではなく、記憶の情動的側面は情動知能と関連していることを示している。

さらに、下仲（1996）が百歳以上の高齢者82人に人格テストを実施したところ、身体的介助を必要としているにもかかわらず、主観的な健康感はもっと若い年代の高齢者よりも高かった。また、＜おもいやり＞や＜おだやかさ＞などの女性性人格特徴や、「相手の話を最後まで聞く」、「せかされても焦らない」などの行動パターンが認められた。このような結果は、百歳以上の高齢者にはストレス耐性の強さや精神的な活力の高さがあると言えるだろう。

確かに、医学的な理由や経済的な理由で活躍できていない高齢者がいることも事実である。しかし、身近に接する高齢者で印象的なことは、種々のボランティア活動に参加して生き生きと活動している姿である。小学生が道路を安全に横断するための安全指導員、文化遺産の説明員、などである。高齢者は人の役に立ちたいという気持ちだけでなく、趣味を同じくするグループへの参加を生きがいにしているのも事実である。

エリクソンは、8つの発達段階のうち最終段階の発達課題として「自我統合」という概念をあげている。自我統合はそれまでの人生を振り返って、肯定的なことだけでなく、否定的なことも含めて、自分の生涯を意味のあるものとしてとらえることである。つまり、戦争や災害、家族や個人に起こったいろいろな不幸を含めて、現在の自分を形づくるものとしてそれらをとらえられるところに「自我統合」がある。また、未来においてもポジティブに生きる自己像が描けるかどうかが問題になる。このような「自我統合」には、人生の最後まで自分の生涯を意味あるものにしようとする努力が含まれている。

認知と情動の統合としての知恵の発達

高齢期の人達を対象に心理学的研究が実施されたのが「知恵」についてである。知恵は、認知と情動の両機能の発達と、それらの相互作用の働きで形成されるものである。つまり、知恵は認知、情動、内省を豊かに発達させながら、それらを統合した状態であると言える（高山, 2009）。ピアジェは認知の最終段階として11歳ないしは12歳頃にみられる形式的操作を考えた。しかし、それ以降も思考発達が認められること、そして、それは認知と情動の両機能を

統合したものであること、が明らかになってきた。丸島の研究でも明らかなように、「世代性」や「自我統合」は、成人期の前期や中期に認知と情動の統合を経験し、その経験が蓄積した後に、成人期後期に顕在化することが明らかになった。

日常生活で高齢者に接すると、人づきあい、生活に付随した問題の解決、老化に対抗する様々な工夫、人生観など、において優れた能力を高齢者から感じとれることが多い。辞書の定義では、知恵とは「生き方やふるまいに関する問題に関して適切に判断する能力。目的と手段を選択する際の判断力の適切さ (Oxford English Dictionary,1989)」とされている。また、「物事の理を悟り、適切に処理する能力 (広辞苑 , 1998)」でもある。

盧 (1999) は、日本人の大学生を対象に「知恵」という言葉からイメージすることについて調査した。その結果、知恵者についてのイメージの中心的な特徴は、問題解決力、人物に対する判断力、物事に対する客観的で柔軟な姿勢、他人への配慮とコミュニケーション能力、洞察力、などであった。

それに続く盧 (2001) の研究では、知恵を「人生の実際的な問題について、適切に対処するための理解力、判断力、洞察力などの知的能力」と定義し、知恵に関する実証的研究を行っている。具体的には、人生設計課題として 3 課題をあげ、高齢者群 (65 歳～ 82 歳) と大学生群に「次のような人が相談に来たら、あなたはどのようなアドバイスをしてあげますか、できるだけ多くあげてください」と教示した。

【課題1】は、定年退職した男性の話である。その男性は退職金を夫婦の旅行など楽しい生活に使おうと思っていたが、脱サラした息子から事業を始めるための資金を依頼されて困っているという話である。

【課題2】は、一人暮らしの女性の話である。その女性は自分のことに全く関心がない二人の息子よりも、自分の世話をよくしてくれる娘に遺産を多く相続させたい。しかし、法律的に等分な配分を主張する 2 人の息子たちとの関係で困っているという話である。

【課題3】は、まもなく定年を迎える男性の話である。その男性は引き続き

田舎で晩年を送りたいと思っているが、親が一人暮らしをしていることを心配する東京に住む息子から同居を提案されている。住み慣れた田舎に一人で住むのか、息子の世話になって東京で住むのか、判断に悩んでいるという話である。

被験者の回答は、面接者が聞き取る形で行われ、発話内容はすべて録音された。また、発話は書き起こされ、評定者は知恵を表す５指標について７段階で評定した。５指標とは、①「事実に基づく知識」（専門的知識や特殊な知識が含まれているか）、②「手続き的知識」（実用的、具体的方法の提案があるか）、③「ライフスパンの文脈論」（問題文にはないが、主人公の人生について環境や時間の文脈を考慮できるか）、④「不確実性への処理能力」（適切な選択をしたつもりでも、人生には制御できないことがあるのに気づいているか）、⑤「価値相対論」（人がどこに価値をおくかは様々なことを知っているか）、であった。

その結果、高齢者が大学生に比べて高かった知恵の指標は、「ライフスパンの文脈論」と「不確実性への処理能力」であった。例えば、「ライフスパンの文脈論」とは、課題３に即して言えば、「息子は東京で同居を勧めるけど、気心が知れた仲間がいないというのは高齢者にとってマイナス要因として大きいね。」などの発話である。また、「不確実性への処理能力」とは、課題１に即して言えば、「息子さんが事業を始めると言っても事業に失敗するかもしれないし、退職金を貸すのを断ったためにサラ金に手を出してしまわないかも心配だ」などの発話が該当する。

しかし、「手続き的知識」は高齢者と学生で差が認められなかった。「手続き的知識」とは、課題２で言えば「生前贈与」や「遺言状の作成」など、解決策を提案することである。これらは、経験の蓄積というよりも教育を受けて学ぶところが大きいものである。

それでは、このような知恵は、どのような過去経験や生活パターンから生まれるのだろうか。この点を検討するため、研究では高齢者の教育経験、役職経験、経験した職業数、地域活動、読書、新聞を読む時間、との関係を調べた。その結果、地域活動への参加、役職経験があること、経験した職業数の多さ、は知恵指標得点（知恵を表す５指標の平均点）を押し上げていることを明らかにし

た。つまり、多くの人と出会ったり、多くの経験を積んだりすることが知恵を高めるうえで大切だった。

　また、読書活動の有無は、「価値相対論」と関係していた。「価値相対論」とは、人が価値をどこにおくかは様々であるという考えであった。この結果は、高齢者の読書傾向が情報や知識を得るためというよりは、小説に登場する主人公の心の葛藤を理解することに興味を向けていたからではないかと考えられた。

　一方、教育年数、新聞を読む時間の長短は、知恵の程度をみる得点とは関係がなかった。それでは、知恵と教育年数の間に関係がなかったのはなぜだろうか。それは、知恵が教育の場で獲得されるものではないからである。また、知恵を表す得点は新聞を読むこととは関係がなかったが、知恵の1つの指標である「手続き的知識」と新聞を読むことは関係していた。このことは、新聞を読むことが知恵と直接的に関係していなくても、現実的情報をもとに問題を解決する点では間接的には知恵の形成に役割を果たしていると考えられた。

　知恵に関する研究例の紹介は以上である。今日、日本の平均寿命が長くなったが、今後はさらに長くなるだろう。退職するまでは、比較的類似した職種の人間同士が交流することは多い。しかし、退職後は、交流の仕方には大きな違いがあらわれ、いろいろな人と関係を結んで活躍するようになる。そうすれば、ますます知恵を拡大させていく可能性がある。

　しかし、今日、日本の社会では老人を取り巻く社会問題が大きな問題として存在していることも事実である。それは、しばしば「下流老人」とか「老人漂流社会」とか呼ばれている。孤独死、老後破産、親子共倒れの問題の他に、病院や介護施設に入れず「死に場所」を持てない老人、など枚挙にいとまがないほど問題は広がっている。

　筆者は、高齢期は知恵が開花し、認知と情動の統合はかつてないほど進むと考える。しかし、それは高齢期にある人々が経済的にも社会的にも豊かな生活が保障され、敬われてはじめて可能なことではないか。我々は高齢期にある人々がもっている力を十分に発揮できているのか、もてる力を発揮できる条件は何で、どのような支援が必要なのか、について絶えず検討を重ねていかなければ

ならないだろう。

この章のまとめ

　成人期前期は、他者と関係を築いたり他者の成長を助けたりしながら自己の
アイデンティティを確立するだけでなく、子育てのなかで親自身が育ち、人格
発達を遂げていく。

　また、エリクソンが中年期の発達課題として考えた「世代性」は、その前の
段階（成人期前期）から準備され、次の段階（成人期後期）まで引き継がれる
人格発達であることが明らかにされた。

　さらに、成人期後期になると、身体機能だけでなく精神機能面の低下も認め
られるが、他の年齢階層に比べて、高齢期は情動調整や人格発達ばかりではな
く、認知と情動を統合した知恵の働きが高まることが示唆された。

第15章

認知・情動と脳の働き

　これまで本書では認知と情動について発達の時期毎の特徴を述べてきたが、認知と情動が脳の働きとどのように関係するのかについては述べていない。そこで、本章では、認知・情動と脳の働きの関係について述べることにする。

　従来、認知機能に関する大脳両半球の機能的差異については盛んに研究されてきており、認知機能に関して大脳半球皮質機能に左右差があることが明らかにされてきた。それでは、情動機能については左右差があるのだろうか。また、情動機能は大脳辺縁系にある扁桃体（核）の働きも関係すると言われるが、どのような働きがあるのか明らかにしたい。また、認知と情動を統合する脳の働きについても明らかにしたい。

15,1　情動における扁桃体の働き

　扁桃体（核）は側頭葉内側の奥にあり、海馬のすぐ隣に位置している。それは1cm程度のアーモンドの形をしており、左右1個ずつある。扁桃体は多くの神経核からできている。

　ルドゥー（LeDoux, 2003）は著書『エモーショナル・ブレイン－情動の脳科学』で扁桃体には多様な働きがあることを明らかにしている。それによると、情動刺激が情動反応を喚起するには2つの経路があるという。図25に示したように、1つ目の経路は、情動刺激が皮質を介さずに視床を介するだけで、扁桃体

に情報を伝える経路（低位の経路）である。この経路は、何か分からないが危険な音がするような情報をすばやく伝えるが、その刺激が具体的に何なのかまでは伝えない大まかな処理を担っている。例えば、森を歩いていて何か変な音を聞いて身構えるが、それが何か分からないような時がある。このような反応は、皮質が発達していない系統発生的に低い動物でも認められる。

これに対して、2つ目の経路は、視床から皮質を介して扁桃体に入る経路（高位の経路）である。この経路は先に述べたような視床→扁桃体へと情報を直接的に伝えるよりも時間はかかるが、情動反応を喚起した刺激が何であるのかが明確に分かるという利点がある。

このような「皮質を介さない低位の経路」と「皮質を介する高位の経路」が長い進化の過程でどちらも存続したのは生物学的な意味があったからである。扁桃体に情動反応を喚起する働きがあることは、ラットをはじめとした動物を使った恐怖条件づけで明らかにされた。また、扁桃体が損傷された動物では、単純な音と電気ショックを組み合わせても条件反応が形成されなかった。

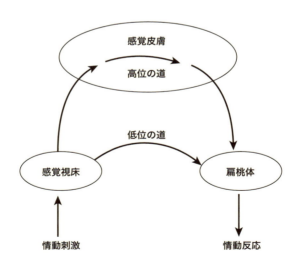

図25 扁桃体への下位の経路と高位の経路（ルドゥー，J. 2003 松本 元・川村光毅（他訳）エモーショナル・ブレイン―情動の脳科学．東京大学出版会．p.195より）

第 15 章　認知・情動と脳の働き　251

　扁桃体が情動の喚起と情動の記憶で重要な役割をしていることを示す人間の
病理学的事例もある。例えば、ヘビに恐怖心を抱いていたチンパンジーは扁桃
体が破壊されると全く恐怖心を示さなくなる。それは人間でも同じで、強い恐
怖心をもっていた動物（例えばヘビ）に対して、扁桃体の損傷後は全く恐怖心
を示さなくなることが認められた。

　情動反応の引き金になるという意味で扁桃体の働きは重要だろう。しかし、
我々の日常生活では特定の刺激だけが情動反応を起こすのではない。我々は
個々の刺激よりも、むしろ過去に遭遇した危機的な「状況」が現在のそれと類
似しているときに恐怖心を抱く。「状況」に関してルドゥーが示した例は、箱
に入れられたラットに音を鳴らすとともに小さな電気ショックを与えた実験を
あげている。その実験ではラットは音に反応して恐怖を示しただけでなく、箱
に対しても恐怖反応を示した。つまり、「状況」とは個々の刺激ではなく、そ
の場を構成している刺激の全体というか、刺激の総合と言えるものである。

　それでは、扁桃体を有する脊椎動物が恐怖を喚起した場にある複数の刺激か
ら成る「状況」に反応するのはなぜだろうか。それは扁桃体に近接する海馬の
働きによる。海馬は個々の感覚刺激（光や音など）を処理する脳の領域から情
報を受け取っていないが、扁桃体と協働して刺激の集まりで構成される「状況」
をとらえることができる。

　このようにみると、扁桃体は個々の刺激だけでなく、複数の刺激で構成され
る「状況」がつくり出す情動的なシグナルをも処理することができると言える。
これは、人間が見たり聞いたりした情報を総合して快か不快かの評価ができる
ことを示している。扁桃体にこのような働きがあることは、記憶においては調
節作用をもっていることである。つまり、自分が快く感じた刺激や状況に対し
ては、その記憶を強めるような働きをするのである。

15.2　扁桃体をコントロールする前頭前野の働き

　しかし、情動には皮質下にある扁桃体だけが働くのではない。扁桃体は皮質

からの制御も受けている。そのような制御の働きは、皮質の前方部にある前頭前野が行っている。前頭前野は2つの異なる部位からコントロールされる。その1つが外側前頭前野であり、もう1つが内側前頭前野である（図26）。

　まず、1つ目の外側前頭前野について述べる。この部位には、注意をコントロールしたりワーキングメモリをコントロールしたりする働きがある。また、自己の欲求や衝動を抑える行動抑制機能があることでも知られている。このような働きが可能なのは、外側前頭前野と扁桃体を結ぶ回路が存在しているからである。外側前頭前野から扁桃体に対して、情動刺激に注意を向けるべきか否か、意識のうちに入れておくべきか否かの判断を送ることができる。

　次に、2つ目の内側前頭前野について述べる。この部位には、扁桃体で生じた興奮を抑制する働きがある。ルドゥーによると、内側前頭前野は扁桃体の興奮で生じた恐怖反応にブレーキをかける働きがあるという。ルドゥーの実験では、ラットに音とともに電気ショックを与えつづけると、音を聞いただけで恐怖反応を示すようになるが、音だけを聞かせ続けると、やがて恐怖反応を示さなくなる。しかし、この部位を損傷されたラットでは、いつまでも恐怖反応が続いた。このことから、内側前頭前野は扁桃体で生じた興奮を抑制する働きがあると考えられたのである。

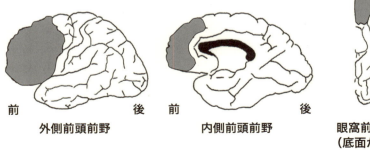

図26　外側、内側、眼窩前頭前野を示す図

扁桃体に対する前頭前野のコントロールは以上である。しかし、我々が意欲的に学んだり人と接したりするときには、前頭前野のもう1つの領域である眼窩前頭前野についても述べておく必要がある。眼窩前頭前野は、眼窩（眼球が入っているくぼみ）のすぐ上に位置する前頭前野である（図26の右端の図を参照）。そこが損傷されると報酬情報が理解できずに何が良くて何が悪いのかを判断する短期記憶が障害を受ける。それは人でも同じで、眼窩前頭前野に損傷を受けた患者は、社会的および情動的合図に対して気を留めないようになり、ある者は社会的に病理的な行動を示すという。

ここで、事故によって腹内側領域（内側前頭前野と眼窩前頭前野）に損傷を受けた患者について述べておく。患者の名前はフィネアス・ゲージと言った。この症例は、約150年を経た後に、神経学者であるダマジオ（Damasio, 2000）が損傷を受けた頭蓋の画像分析によって正確な損傷部位を確認するとともに、その脳の働きを理論化して一躍有名になった。

フィネアス・ゲージは温厚な性格で、1848年にアメリカのバーモント州で鉄道敷設の現場監督として働いていた。彼は岩盤を破砕するために岩に穴をあけて火薬をつめる作業をしていたが、一瞬の気の緩みで火薬が爆発する事故に遭遇した。その時、自分が手に持っていた鉄のバール（鉄棒）が左の頬から大脳の前部を貫通した（図27）。2か月後、奇跡的に回復した。会話や運動は事

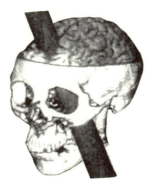

図27　再構築されたフィネアス・ゲージの脳と頭蓋、及び鉄棒の推定飛跡（ダマジオ，A.R. 2000　田中三彦(訳) 生存する脳―心と脳と身体の秘密．講談社．p.77を一部改変）

故前と変わりがなかったが、重大な変化があった。それは情動面の変化で、事故以前の彼を知っている者は、気まぐれで激しやすくなった彼を見て「ゲージであってゲージでない」と言って敬遠するようになった。

ゲージの変化は情動面の激変だけにとどまらなかった。本人にとって最も困ったことは意思決定ができないことであった。例えば、何かを決めるときも、アレにするかコレにするかについて長い時間をかけても決めかねた。これは前頭前野の腹内側領域と扁桃体をつなぐ回路が破壊されたためで、判断において感情の高まりが乏しくなったことに原因があった。このことは我々が意思決定をするには感情の高まりが極めて大事であることを示している。

さらに言えば、重大な変化は社会性や人格特性にもあらわれていた。事故の後は気まぐれで汚い言葉を吐いて周囲の人達を困らせたり、いろいろな計画を立てるがすぐに投げ出したりした。また、ギャンブルに手を出しては失敗することを繰り返した。このことから、ゲージが負った脳の損傷部位は、情動を調整する働き以外にも、計画を立てる能力、意思決定をする能力、社会性や人格にかかわる働きとも関係していたものと思われる。

15.3 情動に関する大脳両半球機能の仮説

大脳には左半球と右半球がある。このような両半球機能の左右差は、認知機能に関してよく知られてきた。それでは情動機能についてはどうか。ここでは、情動が大脳両半球とどのような関係があるのかについて述べることにする。この問題については、これまでいろいろな仮説が提起されてきた。そこで、提起された順に仮説の内容と、そのような仮説が生まれた背景について述べることにする。

① 情動の右半球仮説

情動について大脳半球の非対称性を調べた初期の研究は、情動は右半球皮質と関係するという考えであった。つまり、情動と大脳の左右半球との関係につ

第 15 章　認知・情動と脳の働き　255

いては、当初、「情動の右半球仮説」が提起されたのである。

　このような「情動の右半球仮説」を裏づける事実は多い。坂野（2012）がこの仮説を支持する代表例としてあげたのは、顔の表情は顔の左部分でより強く表出されること、また、右半球損傷患者は左半球損傷患者よりも顔の表情認知で障害が大きいこと、であった。前者については、顔の左部分の表情表出が脳では右半球によって制御されていると考えられた。また、後者については、顔の表情に関してはその表出も理解も右半球が優位な働きをしていることを根拠にしている。

　また、失語症研究でも、情動の表現では右半球が重要な役割をしていることを示唆する結果が得られている。つまり、左半球に損傷を受けると失語症患者は流暢には話せなくなるが、単純な語を反復発声することで自己の情動を表現できる。ところが、右半球損傷者は感情の起伏が欠如し、言葉の抑揚やリズムを表現できないことがしばしば認められる。これらは、右半球が言語的コミュニケーションにおける情動的側面の表現に役割を果たしていることを示唆するものである。

　「情動の右半球仮説」を支持する研究には健常者を対象とした研究でも認められる。それは、健常者を被験者にして右視野や左視野に顔の表情を撮影した写真を提示した研究である。そのような研究では左視野（右半球処理）に顔写真を提示した方が右視野（左半球処理）に提示するよりも情動の弁別が優れているという結果を得ている。

　また、レイとブライデン（Ley & Bryden,1982）は、＜喜び＞、＜悲しみ＞、＜怒り＞に加えて＜平静＞な感情状態を表現した抑揚のある文を両耳分離聴法で呈示する実験を行っている。その結果、文の音韻的理解や意味の理解は右耳（左半球処理）に呈示した方が成績は良いが、感情状態の認識は左耳（右半球処理）に呈示した方が成績が良かった。

　以上のように、「情動の右半球仮説」は脳病理学的研究だけでなく、健常者を対象とした実験的な方法を用いた研究でも認められている。

　しかし、その後、左右の半球に損傷を負った症例について詳しく観察する研

究、脳波や誘発電位などを使った電気生理学的方法、ｆＭＲＩ（機能的磁気共鳴画像法）を用いた研究が行われたことで、それまでのように右半球は情動に関係する、とする説は疑問視されるようになった。「情動の右半球仮説」は右半球だけが情動機能をもつとしてきたのであるが、情動の中身によっては左半球も情動で固有の働きをしているのではないか、と考えられるようになった。次に紹介する「情動のポジティブーネガティブ仮説」は、そのような研究の流れから提起されたものである。

②　情動のポジティブーネガティブ仮説

情動には＜喜び＞、＜悲しみ＞以外にも、いろいろな情動がある。左右の大脳半球皮質は、それぞれ異なる情動の処理に関係していると考えられるようになった。それが「情動のポジティブーネガティブ仮説」である。この仮説は、左半球はポジティブな情動の処理に優れ、右半球はネガティブな情動の処理に優れる、というものである。

この説は、ゴールドシュタイン（Goldstein, 1939）が精神病患者で観察したことと符合するものであった。その観察とは、左半球損傷者では「抑うつ的な感情」や「破局的な反応」が生じやすいのに対して、右半球損傷者では「多幸感」ないしは「無関心」が現われやすい、というものである。

それでは、ゴールドシュタインの観察結果が「情動のポジティブーネガティブ仮説」と符合すると考えられたのはなぜだろうか。この考えの前提には、“大脳の片側の半球に損傷を受けた場合は、損傷を受けた半球に代わって反対側の半球が優勢な活動をする”、という仮定があった。この仮定にもとづけば、左半球損傷者はポジティブな情動にかかわる左半球の働きを発揮できず、右半球のネガティブな情動が顕著になると想定された。逆に、右半球損傷者はネガティブな情動にかかわる右半球の働きを出せない代わりに、左半球のポジティブな情動が顕著になると想定された。

このような「情動のポジティブーネガティブ仮説」は、実験的にも検討されている。ダビッドソンら（Davidson, Saron, Benneti, & Goleman, 1979）は、

第15章　認知・情動と脳の働き　257

被験者にテレビ番組を視聴させている状態で脳波を測定し、一定時間間隔毎に自己の情動状態を評定させたのである。実験の結果、被験者がポジティブな情動状態にあるときは左前頭葉の活性化が認められたのに対して、ネガティブな情動状態にあるときは右前頭葉の活性化が認められたのである。

　次に、フォックスとダビッドソン（Fox & Davidson,1987）は、母親が10か月児に接近したり分離したりする場面をビデオ録画しながら脳波を記録した。実験場面は、見知らぬ人が接近する場面、母親が接近する場面、母親が子どもと別れる場面、であった。実験の結果、母親が接近する場面で見られた子どもの喜びは、頬骨と眼輪筋の活動が随伴するとともに、脳波上では左前頭葉では右前頭葉に比べて相対的に強い活性化が見られた。一方、見知らぬ人が接近する場面では、＜喜び＞を示す表情は全く見られず、脳波上では右前頭葉の活性化が認められた。また、母親との分離に際して＜怒り＞や＜悲しみ＞の表情を示しながらも泣かなかった子どもは、脳波では左前頭葉の活性化が見られたのに対して、同じ様な表情をしながらも泣いてしまった子どもは右前頭葉の脳波に活性化が認められた。

　このような幼児を対象とした研究結果は、成人を対象とした情動調節の個人差をみた研究とも符合した。すなわち、サッファーら（Shaffer, Davidson, & Saron, 1983）の研究では、成人抑鬱群の閉眼安静時脳波は、成人非抑鬱群のそれに比べて左前頭葉の活性化が低いという結果を得ている。この抑鬱群が示した結果については、左前頭葉の不全が原因となって、ネガティブな情動の働きをする右半球の働きを抑制できなかった、と解釈された。

　これらの研究結果を踏まえれば、情動をポジティブ−ネガティブという次元でとらえる考え方は一見、有力な仮説に見える。しかし、「情動のポジティブ−ネガティブ仮説」でも説明できない結果がある。それは＜怒り＞の情動についてのハーモン・ジョーンズ（Harmon-Jones, 2003）の研究である。この研究では、怒りっぽい人の脳波は、左前頭葉の活性化が顕著なことが認められたのである。怒りをネガティブな情動と考えた時、「情動のポジティブ−ネガティブ仮説」にもとづけば、右前頭葉の活性化が見られるはずであった。ところが、

得られた結果は全く逆であった。この結果は、情動をポジティブーネガティブという次元でとらえることは妥当ではないことを示している。

③　情動の接近－離脱仮説

　情動をポジティブーネガティブという次元ではとらえられないことが明らかになった。それでは、どのように解釈すればよいのだろうか。情動のポジティブーネガティブ仮説は、喚起された情動を快か不快という側面から分けたものであった。しかし、そこで見落とされている点がある。それは、情動の発現に関係する動機的側面が考慮されていないことである。動物の行動を「動機づけ」という面からみて、動物が遭遇した刺激が「接近的行動を喚起するか離脱的行動を喚起するのか」ということの方が、「ポジティブかネガティブか」よりも大事ではないか、と考えられるようになった。

　ダビッドソンら（Davidson, Ekman, Saron, Senuas, & Friesen, 1990）が提起した「情動の接近－離脱仮説」は、接近と離脱という動機づけの視点から情動をとらえたものである。そして、ダビッドソンの旺盛な研究から、情動と脳の働きについて、左前頭前野＝「接近の動機づけ」、右前頭前野＝「離脱の動機づけ」と考える「情動の接近－離脱仮説」が提起された。

　この仮説では、左前頭前野はそれまでポジティブな情動に関係するとされたが、「対象に接近しようとする動機づけ」と考える方が妥当とされた。一方、右前頭前野はそれまではネガティブな情動に関係するとされてきたが、「対象から離脱しようとする動機づけ」と考える方が妥当と考えたのである。

　この仮説は、確かに興味深い考え方である。なぜならば、進化の過程で特定の行動を繰り返し行う度に、その行動の結果として報酬が得られたならば、接近的な行動を頻繁にとるようになったと推測される。また、ある行動を行う度に懲罰を受けたならば、離脱的な行動を頻繁にとるようになったと考えられる。このような情動の接近－離脱仮説は、先に述べた情動のポジティブーネガティブ仮説をも包括できる考え方である。なぜならば、接近の動機づけではポジティブな情動に結びつくのに対して、離脱の動機づけではネガティブな情動に結び

つくからである。

　また、新しく提起された情動の接近－離脱仮説は、先に問題になった＜怒り＞の情動については次のように説明できる。すなわち、怒りは今日でこそネガティブな情動と見なされることが多いが、進化の過程では必ずしもそうではなかったのではないかと思われる。生き伸びるのも困難だった進化の早い段階では、自分が属す部族を侵略する者があれば、村を守るために外敵に対して立ち向かったことだろう。怒りの情動とは、「立ち向かう＝接近する動機」を高揚させるとともに、その行動に付随して生じる外敵への恐怖心をも凌駕したものと思われる。

　既にみたように、神経心理学的研究が未発達な段階では、左半球が主に認知を担うのに対して情動は右半球が担うというような単純化したとらえ方をしていた。しかし、今日、情動に関して大脳両半球の非対称性があること、また、前頭前野でも情動機能に関して左右の非対称性があることが明らかになってきた。坂野（2012）は、このような左右分化が2つの対立する行動のぶつかり合いを最小にして処理の効率性を増大させたと考えている。

　さて、「情動の接近－離脱仮説」に話を戻そう。この仮説は非常にシンプルで分かりやすい特徴をもっている。つまり、個人差はあるにしても、呈示された刺激が何かによって接近的行動をとるか離脱的行動をとるかは当人の経験や学習や社会的慣習などに照らして、ある程度は推測できるだろう。しかし、もっと複雑な場面ではどのような行動になるかは予測しにくい。なぜならば、ダビッドソンが考えたような「接近－離脱仮説」は、単一の刺激が呈示される事態しか考えていないからである。しかし、日常生活はもっと複雑である。ある行動をしたいけれども、危険が伴うことだってある。また、どのような情動の状態にあったとしても、その時々で求められる仕事をしなければならないことだってある。このような時に、認知と情動はどのような関係を保ちながら働いているのか、については明らかでない。

15.4 認知と情動の力動的な関係

　情動と認知の間にはどのような関係があるのだろうか。このような基本的な問題をあえて取り上げなければならないのは、認知と情動にかかわる脳の働きは未だ整合的に理解できないからである。これまで紹介した「情動のポジティブーネガティブ仮説」にしても、「情動の接近ー離脱仮説」にしても、左右の前頭葉が情動に関して全く異なる働きをするという二分法的解釈をする点では共通している。しかし、これまで認知機能に関して、左右の前頭葉がそれぞれ固有の働きに関係していることが知られているが、情動機能でも前頭前野に左右差があるとすれば、前頭前野は認知と情動に関してどのような形で役割分担をしているのか明らかでない。

　もう少しこの疑問が生じる背景について述べることにしよう。これまで認知に関して左半球は言語の働きで重要であり、右半球は非言語（特に空間認識）の働きで重要であるとされてきた。また、特に前頭葉に関しても左前頭葉は言語的プランの生成・実行・調節にで重要であるのに対して、右前頭葉は空間的プランのそれにおいて重要なことが明らかにされてきた。このようななかで、「情動の接近ー離脱仮説」が提起されたことに関連して、情動までもが左右の前頭葉が異なる働きをしているとすれば、認知と情動は左右の前頭葉でどのような形で働いているのか、という疑問が生じる。

　このような疑問に答えたのがJ・グレイ（Gray,2001）の研究であった。この研究では、被験者がどのような情動状態のときに言語的ワーキングメモリ課題や空間的ワーキングメモリ課題を促進するのかを検討している。情動状態としては、【接近の動機づけ】としてコメディのビデオ、【中立的な動機づけ】として記録映像のビデオ、【離脱の動機づけ】としてホラービデオを見せた。被験者にはビデオ視聴後に認知課題として言語的ワーキングメモリ課題ないしは空間的ワーキングメモリ課題をさせた。

　ここで、2つのワーキングメモリ課題を説明しておく。被験者が見るモニター

画面上には、10 種類のアルファベット文字のどれか 1 つがランダムな順序で
呈示されていく。また、その呈示位置も変化し、画面の 6 箇所のうちのどこ
かに呈示される。さて、言語的ワーキングメモリ課題を行う被験者には、文字
が呈示されるやいなや、提示された文字がその 2 試行前に呈示された文字と
同じなら S キー（同じ）を、違うなら D キー（違う）を押すように教示した。
つまり、この課題では刺激の呈示位置は無視することになる。それに対して、
空間的ワーキングメモリ課題を行う被験者には、文字が呈示されるやいなや、
呈示された文字の位置がその 2 試行前に呈示された位置と同じなら S キーを、
違うなら D キーを押させた。したがって、この課題では呈示された文字が何だっ
たのかは無視しなければならない。

　実験の結果、言語的ワーキングメモリ課題は、楽しいコメディビデオを見た
後の方が成績は良好だった。この結果は、接近の動機づけによって左前頭葉が
活性化したことによる効果と考えられた。一方、空間的ワーキングメモリ課題
は、不愉快なホラービデオを見た後の方が成績は良好だった。この結果は、離
脱の動機づけで右前頭葉が活性化し、そのことが空間的ワーキングメモリ課題
の遂行に効果的に働いたためと考えられた。この結果は、認知と情動の関係を
とらえるうえで極めて重要なことを教えている。すなわち、人がいかなる情動
状態にあるかによって影響を受ける認知課題は変化することである。

　しかし、紹介したグレイの研究だけでは認知と情動の関係がクリアーなった
とは言えない。なぜならば、ある課題の遂行は、それに必ずしも相応しくない
時でも行わなければならないからである。例えば、快情動にある時に空間課題
を解くとか、不快情動にあるときに言語課題を解くこともある。つまり、情動
状態と認知課題が左右別々の半球を活性化する場合がある。そのような時は大
脳半球の一側化という説明原理では解釈できず、情動と認知の間でどのような
調整が行われるのか不明である。

15.5 認知と情動を統合する外側前頭前野の働き

　この問題の解決に挑んだのはグレイ自身とその共同研究者たち（Gray, Braver, & Raichle, 2002）だった。グレイらは、ある特殊的な状況では情動と認知が統合して働くこと、また、そのような統合があるとすれば外側前頭前野である可能性が高いという推測をもとに機能的ＭＲＩを用いた研究を行った。

　グレイの先行研究 (Gray,2001) と同様に、被験者に異なる情動状態を誘発するために、接近の動機づけ、中立的な動機づけ、離脱の動機づけに関連した情動を誘発する短いビデオのいずれかを視聴させた。それらはコメディ、記録映像、ホラーの各ビデオだった。そして、ビデオ視聴後に単語（1 音節から 4 音節の名詞単語）か顔（未知の男女の顔写真）のいずれかを刺激とするワーキングメモリ課題を行った。この課題は、現在呈示されている刺激とその 3 試行前に呈示された刺激の異同を問うものだった。つまり、一致していれば［一致ボタン］を、一致していなければ［不一致ボタン］を押させた。

　情動と認知が相互に作用し合い、思考や行動をコントロールするうえで認知と情動が共同して働くことを「統合」とすれば、予測される結果はこうである。もし、情動と認知の間で「統合」の働きがあるとすれば、情動と認知はそれぞれが独自の働きをしながらも、ある特殊な事態では両者は影響し合うだろう。つまり、「情動と認知は通常は分離可能でありながらも、ある特殊な事態では影響し合う」と予測できる。

　このような予測が妥当性をもつには、統計的には【情動要因】と【課題に使用する刺激要因】との間で交互作用が確認されなければならない。交互作用とは、2 つの要因の組み合わせで現れる相乗効果のことである。つまり、得られた結果は片方の要因だけでは説明できるものであってはならず、両要因の相互作用による効果が確認されなければならない。

　「統合」の働きを裏づけるには、もう 1 つの要件を満たさなければならない。それは、【情動要因（接近・中立・離脱の各動機づけ）】にも【刺激要因（単語刺激・

第15章 認知・情動と脳の働き 263

顔刺激）】にも主効果がないことである。なぜならば、主効果が出てしまえば、どちらかの要因か、両方の要因が独自に作用して結果に影響しただけに過ぎず、双方の相乗効果があらわれる統合にはならないからである。

実験で得られたデータには、課題の遂行で得られる単語刺激や顔写真に対する反応の正確さと速さがある。図28は、課題遂行における正確さ（d'）示した結果である。

図28から、単語を用いた課題の成績は、楽しいコメディビデオの視聴後に良好であることが認められる。一方、顔写真を用いた課題の成績は、不快なホラービデオの視聴後に良いことが認められる。課題遂行にかかわるこのような結果は、「大脳両半球の一側化」の説明原理で解釈されるだろう。すなわち、単語課題で成績が良かったのは課題前に見た楽しいビデオが左半球を活性化したからであり、顔課題で成績が良かったのは、課題前に見た不快ビデオが右半球を活性化したことによる効果である、と説明できるだろう。

次に、正確さのデータを分散分析したところ、情動要因にも刺激要因にも主効果は認められず、〔情動要因×課題に使用した刺激要因〕の交互作用は統計的に有意であった。この結果は、課題遂行の正確さは、〔視聴したビデオ〕と、〔実

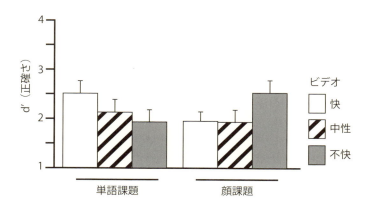

図28 グレイらの研究における正確さの結果（Gray, J. R., Braver, T. S., & Raichle, M. E. 2002 Integration of emotion and cognition in the lateral prefrontal cortex. Proceedings of the National Academy of Scienceces USA, 99, p.4118 より）

施したワーキングメモリ課題〕という2つの組み合わせで成績が決まることを裏づけたものである。つまり、単語課題は快ビデオ視聴後に正確さが高くなり、不快ビデオ視聴後には低下した。また、顔課題では結果が逆転し、快ビデオ視聴後に低下し、不快ビデオ視聴後には正確さが高まった。これらの結果は、実施するワーキングメモリ課題によってどちらのビデオを視聴した方が効果的なのかが異なることを示している。

次に、脳画像データの結果を見てみよう。脳画像データによると、「統合」を裏づける部位は脳の限られた領域であった。つまり、機能的MRIの変化率で〔情動要因×刺激要因〕の交互作用が認められ、しかも主効果が認められなかったのは、外側前頭前野のなかでも特定の部位だけであった。その部位は、左右半球の外側前頭前野にあるブロードマンの9野であった。それは図29の画像の円で囲んだ部分であり、機能的MRIの原画像では円の中央部が黄色く変化していて、活性化が顕著であった。

図29から明らかなように、課題遂行（正確さ）の結果から想像した結果とは全く逆の結果だった。すなわち、外側前頭前野の機能的MRIの変化率が顕著だったのは、不快なビデオを見た後で単語課題を行なわせた時と、楽しいビデオを見た後で顔課題を行わせた時であった。つまり、単語課題の遂行（正確さ）で成績が良かった〔楽しいビデオ→単語課題〕は、脳画像データの変化率

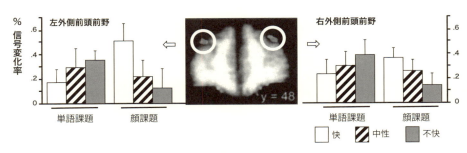

図29 ブロードマンの9野における機能的MRIの変化率（Gray, J. R., Braver, T. S., & Raichle, M. E. 2002 Integration of emotion and cognition in the lateral prefrontal cortex. Proceedings of the National Academy of Scienceces USA, 99, p.4119 より）

第 15 章　認知・情動と脳の働き　265

は小さかった。また、顔課題の遂行（正確さ）で成績が良かった〔不快ビデオ
→顔課題〕でも、脳画像データの変化率は小さかった。逆に、単語課題の遂行
で成績が低かった〔不快ビデオ→単語課題〕や、顔課題の遂行で成績が低かっ
た〔楽しいビデオ→顔課題〕は、脳画像データの変化率が顕著であった。

　それでは、情動状態と課題の組み合わせで成績が低かったときとはどんな時
だったのか。それは認知課題の遂行に適した半球と、接近／離脱の動機づけに
関係した情動によって活性化される半球とが、右左の両半球に分かれる時で
あった。言い方を変えれば、認知課題と情動状態の組み合わせで適合性が欠い
た事態だったと言えよう。ところが、このような特別な事態こそが外側前頭前
野の活動が活発であった。グレイらによると、それは情動と認知が共同して思
考や行動を制御すべき時であったと言えるし、外側前頭前野の中でも階層的に
高い部位（9野）の司令を受けて「統合」機能が発動した、と考えられる。

　このことは、人間において情動と認知が統合する事態とは、ルーチン化した
活動のなかよりも、むしろ常とは違う困難を伴う事態なのかもしれない。これ
を脳の働きで言うならば、効率的な脳の活性化が生じる事態よりも、非効率的
な活性化を余儀なくされる場合の方が統合は生じやすいのかもしれない。情動
と認知の統合を「知恵」と呼ぶとすれば、情動と認知の相互作用によってコン
フリクトが生じる事態こそが外側前頭前野にある9野を活性化する。そして、
そのニューロンの活動パターンが長期記憶に貯蔵されたものを「知恵」と呼ん
でいるものかもしれない。

この章のまとめ

　大脳辺縁系にある扁桃体は情動の喚起に重要であるが、その働きは前頭前野
によって制御されている。また、情動に対する皮質の働きについては、①「情
動の右半球仮説」、②「情動のポジティブ－ネガティブ仮説」、③「情動の接近
－離脱仮説」が提起されてきた。

　これらの仮説のなかでも「情動の接近－離脱仮説」は、接近の動機づけが

働くときには左前頭葉が活性化し、離脱の動機づけが関係する情動が働くときには右前頭葉が活性化するというものであった。

　また、機能的ＭＲＩを用いた研究から、情動と認知の「統合」の働きはルーチン化した活動よりも日常とは異なる困難が伴う事態でみられ、脳の活動では外側前頭前野の９野で活性化が認められた。

第16章

認知と情動の発達を大局的にとらえる

　前章では認知と情動にかかわる脳の働きについて検討した。そこで明らかになったことを振り返ると、認知と情動の統合を可能にする外側前頭前野が活性化するのは日常的にルーチン化した活動ではなかった。むしろ、そのような活性化は、人間が直面した困難な事態で新しい行動が求められ、行動的には必ずしも能率がよくない時であった。このような時こそ、認知と情動の統合としての「知恵」の働きが認められることが示唆された。

　さて、心理学では、発達の過程で極めて重要な岐路にあたる時点に対して「危機」という言葉が用いられてきた。危機というと危険を連想しやすいが、そうではない。エリクソンはライフサイクルという点から心理社会的危機を考えており、発達に不可欠なものと考えている。つまり、ある段階まで発達を支えてきた心理体制が、次の段階に向かう過程で作り変えられる「分岐点」を危機ととらえている。また、坂元（1976）は自身が呈示した仮説において「認識－操作の系」の発達と「意欲－感情の系」の発達が交差するポイント、すなわち、主導的活動が交替するところに発達の危機を考えている。

　そこで、最終章の本章では、人間の生涯発達を通して出現する「危機」に焦点をあてて、それらがどのような必然性をもって発生し、消長していくのかを検討したい。このことについて検討するには、認知と情動の発達を鳥瞰図的な視点で眺めることが必要である。つまり、時間的スパンの幅を広げながら、そこで展開される「認知」と「情動」の相互作用を明らかにすることである。具

体的には、乳幼児期、児童期、青年期、成人期（中期）に分け、各時期に見られる心理社会的危機を大局的な視点で検討する。

この検討を進めるうえで、重視すべき点がある。それは、各時期の特徴をどのような視点でとらえるか、ということである。この点に関しては、前章において情動をとらえるときに「接近と離脱の動機づけ」の視点が有効であったことを思い出していただきたい。このような視点は情動のみならず、認知活動をとらえるうえでも有効と思われる。心理学の領域で提起されてきた従来からの学説にも依拠しながら、この問題を検討することにしたい。

16.1　乳幼児期の心理社会的危機

まず、発達の早い段階である乳幼児期の変化について述べることにする。この段階の明解な特徴づけを行った研究者として、マーガレット・S・マーラー（Mahler, 1981）があげられる。マーラーはハンガリーの精神科医であり、精神分析家および児童心理学者でもある。

彼女は正常な発達について「分離－個体化過程」としてとらえることは必須であるという仮説のもとに、ニューヨークの児童センターで大規模な母と子どもの観察を行った。そして、生後5か月から3歳までの乳幼児期の発達を「分離－個体化過程」として特徴づけた。

その過程は次のように進むという。まず、新生児や生後半年までの赤ちゃんは母親と不可分で一体となった共生状態にあると考えた。しかし、5か月以降は母親とは別個の個体として心理的に誕生していくと考えた。つまり、生後5か月の赤ちゃんは、母親との共生的関係に別れを告げる出来事に遭遇する。それは乳児が母親の身体に密着したり離れたりすることや、自分自身の身体と母親の身体を感じることが契機になって、6か月以降から生後3年目くらいまで続く「分離－個体化過程」に入っていくと考えた。

したがって、この時期の発達の課題は、母親との共生的関係から離れて、個体性の感覚を獲得することであると言える。マーラーはこのような課題の達成

第16章　認知と情動の発達を大局的にとらえる　269

には、4つの段階を経過するものと考えた。表2は、マーラーの考えをまとめたものである。

　まず、表の説明に入る前に、第Ⅰ段階が始まるまでの生後5か月までの母子間の関係について述べておくことにする。

　マーラーによると、生後5か月までには2つの段階があるという。1つ目の段階は、誕生から2か月までの時期で「正常な自閉段階」と呼んだ。このように命名したのは新生児が幻覚的失見当の状態にあるように見えたためで、外部刺激が相対的に入ってこない特徴があると考えたのである。ここで、「正常な」という形容詞を付けたのは、共生段階で病的に固着したり退行したりする病的な行動とは違うことを表現したためである。

　付言しておくと、マーラーは治療されなければ分離－個体化への進行が妨げられるものを「共生幼児精神病」として自閉症への過渡的状態と考えていた。また、彼女は自閉症を母性愛の欠乏からくる心因性の問題ととらえていた。この考えについては、今日となっては明確な誤りであるが、彼女が研究を実施した1950年代は自閉症研究が未発達な段階にあったことを考慮すれば、やむを得ないものと言える。

　次に、1つ目の段階に続く2つ目の段階は、3か月から5か月までであり、「正常な共生段階」と呼ばれた。これら2つの段階は、母子が一心同体で密着した状態にあり、自己と他者がはっきりと区別できない点で共通している。母子がこのような未分化な状態に置かれていることこそ、これから述べる分離－個体化過程が始まる前提条件として欠かすことができないものである。

　さて、第Ⅰ段階は「分化期」と呼ばれるものである。赤ちゃんも生後6か月目にもなると、母親の髪の毛や耳や鼻を引っ張ったり、母親の口に食べ物を押し込んだりする。これは、それまでの赤ちゃんが抱かれている時は母親と体を合わせていたのとは対照的である。また、8か月ころになると、這うなど母親から離れる初期の運動が始まる。さらには、この頃の赤ちゃんには母親をよく見るために体をぐっと反らせる行動が観察される。

　このような運動能力の発達は、赤ちゃんが自分は母親とは異なる存在である

表2 乳幼児期に母子間で生じる発達的危機

段階		認知	情動
I	6〜10か月	**分化期** ・母親から身体を離して顔を見たり、毛髪や鼻をつかんだりする。 ・這うなど、母親から離れる初期の運動が始まる。 ・母親と他人を見比べ区別する。 ・自分を自分でないものから区別し、身体イメージが分化する。	・人見知りが始まる。
II	10〜18か月	**練習期** ・這うことや直立歩行によって母子間の分離を練習する時期。 ・歩行によって自分をコントロールするとともに、周囲の世界を発見し知っている世界を拡大する。	・慰めと安心を得るために母親からエネルギーを補給してもらいつつ母親から離れて遊ぶ。
III	18〜25か月	**再接近期** ・母親を自分とは分離したものととらえる一方で、分離不安が増大。 ・母親との間で最適な距離を保つことで解決する。	・母親を依存対象と見るが、再結合の要求がある一方で、呑み込まれることへの恐怖もある。 ・母親からの自律を意識する。
IV	25〜36か月	**個体性と情緒的対象恒常性の確立期** ・母親を自分とは分離した人間として明確に知覚できる。 ・母親という一個の人間を統合することで内的な表象で母親をとらえる。	・情緒的対象恒常性の確立によって母親が不在の時でも安定した母親の内的イメージがもてる。 ・ぬいぐるみなどの移行対象に愛着を示すことが認められ、母親の代理的機能をする。

注) マーラー，M．S．1981 高橋雅士・織田正美・浜畑紀 (訳) 乳幼児の心理的誕生—母子共生と個体化—．黎明書房．にもとづいて作成

ことを認識し始めるきっかけとなる。母親の体についている物（ブローチやメガネ）を認識したり、母親と同じような動きはするが母親とは違う他の人を区別したりする。このような認識や行動は、母子が未分化な状態にあるときには不可能なことである。

一方、情動面でいうと、第Ⅰ段階では母親と他の人を区別できることから、人見知りとか8か月不安が観察されるようになる。

第Ⅱ段階は「練習期」である。この時期は身体的成熟によって這ったり、つかまり立ちをしたりするなど、母親から少し離れて行動できるようになる。これができるのは運動能力の発達だけによるものではない。認知能力が発達して、外界への好奇心が強まり、探索行動が見られることも関係している。そして、歩行の開始とともに、ますます母子間の分離が進み、周囲の世界を探索する練習をしながら、行動範囲を拡大していく。

情動面から第Ⅱ段階をみると、母親と離れて遊びに夢中になっているときは問題がない。しかし、離れることで不安や寂しさを感じることがある。そのような時は、再び母親のところに戻ってきてエネルギーの補給をしてもらう。そして、慰めと安心感を得た後に、また外に向かって出ていく。このように、母親は赤ちゃんにとって精神的な「基地」のような役割をしていることがわかる。赤ちゃんが示す不安な表情に対して、母親の微笑みや優しい声かけなどが必要な時期である。

第Ⅲ段階は「再接近期」である。ここまでは子どもの側に母親から分離しようとする意識が高まっていたのであるが、この時期の子どもは、ますます母親を自分とは分離したものとして知覚する。しかし、母親と完全に分離してしまうとフラストレーションに陥ることから、分離不安が強まることになる。そのため、前段階にあたる練習期には母親への関心は低かったのに対して、この時期になると母親が何処にいるのかについて絶えず関心を示し、積極的な接近行動を示すようになる。

具体的には、この時期の子どもには「後追い行動」が見られる。また、追いかけられ抱き上げられることを期待した母親からの「飛び出し行動」も観察さ

れる。このような行動は、愛情対象である母親から離れた後に生じる再結合への願望を示している。また、その一面で、母親に再び呑み込まれることへの恐怖ももっている。このようなアンビバレントな情動は、母親と自分との隔たりに関して最適な距離を発見したときに沈静化する。例えば、マーラーの観察では、母と子の世界である「乳児室」と、幼児が自律性を発揮する「幼児室」との間に「更衣室」があった。この「更衣室」が母子を隔てるうえで適切な距離であったことから「過渡的な部屋」と呼ばれていた。

　なお、「過渡的」という言葉が用いられたが、それは必ずしも位置に関してだけ「過渡的」と表現したのではなく、活動の内容にも関係したものである。例えば、母親の代理者に童話の本を読んでもらうのも非常に重要な過渡的活動であった。なぜならば、多くの幼児たちは、部屋に母親がいない間に代理者に童話の本を読んでもらうのを好んだからである。つまり、幼児たちは、母親からの隔たり欲求をもつとともに、ファンタジーの世界で広い世界を探索したいという欲求も満足させていた。また、その一方で、本を読んでくれている母親の代理者の傍にいたいという接近の欲求も満たしていた。

　さて、最後の第IV段階は「個体性と情緒的対象恒常性の確立期」である。この段階では、第III段階で生じた葛藤を解決するなかで、一生に及ぶ自己像（個体性）が形成される。つまり、母親から分離し、自己と母親との間にある境界を意識する。このような境界を意識することは、個体としての母親という統合された人間のイメージを長い時間をかけて形成していくうえで萌芽になるものでもある。その結果として、情緒的対象である母親が不在の時でも母親の内的イメージをもてるようになり、子どもは安心して母親の帰りを待てるようになっていく。

　また、子どもは母親がいなくても母親の代理的な働きをするオモチャのぬいぐるみや毛布を肌身離さず持つことで我慢できるようになる。ウィニコット（Winnicott, 1977）は、それらの物を「移行対象」と呼んだのは、ぬいぐるみ等が母親に対する愛着の代理物として機能しているからである。

　以上、マーラーによる乳幼児期の分離－個体化過程の考え方から、この時期

第 16 章　認知と情動の発達を大局的にとらえる　273

は母親との関係性の変化が重要であることがわかる。つまり、母親との分化と、それに続く分離の練習期がある。そして母親に再接近するなかで生じる葛藤を解決しながら個体性が確立するとともに、情緒的対象である母親の内的イメージをもつなかで、安心して外界に出ていったり母親の帰りを待ったりするようになる。

16.2　児童期の心理社会的危機

　マーラーは、乳幼児期の発達について「分離－個体化」の考えからその特徴を明らかにした。このようなマーラーの考えは、後でも述べるように、青年期にも、また成人期にも適用された。しかしながら、従来の研究では児童期については「分離－個体化」の考えで発達をとらえる試みはなかった。

　しかしながら、児童期にある子どもは、他者の心理をどのように理解するようになるのか、という問題を検討してみると、そこには「分離－個体化」の過程と類似した特徴が認められる。

　それは社会的視点取得の過程と似ている。社会的、対人的な場面で他者の心理を理解し推測する働きを「社会的視点取得(social perspective taking)」という。セルマン（Selman, 1981）は、社会的視点取得（「役割取得」とも言う）の発達は5段階の変化にまとめられることを示した（表3の左側の欄を参照）。筆者が、社会的視点取得の発達と「分離－個体化」の過程との間に類似性がある、と考えた理由は次の点にある。すなわち、表3からも明らかなように、始めは自己と他者の観点が「未分化」だったものが（段階0）、やがて自他の視点が「分化」するようになるからである（段階Ⅰ）。

　さらに進むと、自己の視点と他者の視点が異なることを受け入れて、他者の視点を考慮しながら自分の行動を内省できるようになる。このような他者の視点に配慮しながら自己内省的であろうとするのは児童期の全過程を通じて見られる。子どもは自己の主観性と他者の主観性を認識するなかで両者に共通して成り立つ間主観性をつくりだす。したがって、この時期は「間主観性の形成期」

表3 児童期を中心とした社会的視点取得と友情に関する発達

段階		認知（社会的視点取得）	情動（友情の概念）
0	3〜7歳ころ	**自己中心的で未分化な観点** 自己と他者が違うことは知っていても、似た状況で他者が自分と違う考えをもつことはわからない。	**一時的で物理的に近い遊び仲間** 親しい友人とは近くに住み、一緒に遊んでいる人のことで、友情とは遊び仲間の状態であること。
I	4〜9歳ころ	**主観的で分化した観点** 与えられた情報や状況が異なると自他が違った考えをもつのは分かるが、他者の視点に立って考えることはできない。	**一方向的な関係** 友人とは自分の好きなことを一緒にしてくれる子どものことである。
II	6〜12歳ころ	**自己内省的で互恵的な観点** 他者の視点から自分の行動を内省できる。しかし、双方の視点を同時に関係づけて調整できない。	**好都合の時だけの協同関係** 友情関係は双方の互恵的関係とみなされる。友情は好都合のときだけ維持されるが、互恵的でなくなれば終了する。
III	9〜15歳ころ	**第三者的で相互的な観点** 第三者的観点がとれる。感情や考え方に違いがあっても、双方に満足できる調整が可能と信じる。	**親密で相互援助的な関係** 友情には連続性があり愛情の絆がある。葛藤が生じても相互理解を尽くすことで解決可能と考える。
IV	12歳〜青年期	**社会的で慣習的な観点** 自己の視点について社会的観点や法律や道徳の観点と比較して関係づけられる。	**自律的で相互依存的な関係** お互いが独立と依存の両感情を統合する努力を通して友情は発展し続けるという確信に至る。

注）Selman(1976,1981) にもとづいて遠藤（1990）が作成したものを改変した（遠藤純代 1990 友達関係 無藤隆・高橋恵子・田島元信（編）発達心理学入門―乳児・幼児・児童―. 東京大学出版会. p.168 を一部改変）。

第16章　認知と情動の発達を大局的にとらえる　275

ないしは「間主観性の練習期」と考えられる（段階Ⅱ）。

　しかしながら、間主観性には脆弱性がつきまとう。なぜならば、自他の間で
わかりあえているつもりになっていても、実際には両者の考えは完全には一致
しない。その意味では、自他以外に第三者が加われば間主観性の脆弱性は減少
する（段階Ⅲ）。

　しかし、それでも間主観性の脆弱性は残る。それでは、何が必要なのだろう
か。ここで大切なことは、個々人が社会的観点から物事をとらえる個人である
こと。つまり、社会化した個人になることである。この時こそ、児童期におけ
る「個体化」の完成と言えるだろう（段階Ⅳ）。

　さて、社会的視点取得のあり方は、友情概念や友情関係にも影響する。遠藤
（1990）はセルマンの研究（1976, 1981）にもとづいて、両者の関係を明らか
にする表を作成した。この表に筆者が改変を加えたものが表3である。左側の
認知の欄には社会的視点取得の発達を、また右側の情動の欄には友情概念の発
達的変化を示している。

　まず、段階0の社会的視点取得が「自己中心的で未分化な観点」として特徴
づけられる段階の友情の特徴について見てみよう。この段階での友情は「一時
的で物理的に近接した遊び仲間」である。すなわち、子どもにとって親しい友
人とは近くに住んでいて、一緒に遊んでいる子どものことである。つまり、こ
の段階の友情関係は、物理的な条件に左右される傾向が強く、一時的な遊び相
手である傾向が強い。

　次の段階Ⅰの、社会的視点取得の特徴が「主観的で分化した観点」である段
階はどうか。この段階では自他が異なる考えをもつことはわかっているが、他
者の視点に立って考えられないため、友情は「一方向的な関係」になる。つま
り、自分にとって友人というのは自分の好きなことを一緒にしてくれる子ども
のことであり、自分に貢献してくれることが前提になる。しかし、自分が相手
のために貢献することは考えておらず、その意味では一方向的な関係を特徴と
する友情と言える。

　それに続く段階Ⅱの、社会的視点取得の特徴が「自己内省的で互恵的な観点」

である段階はどうか。この段階は、自分の視点から自分の行動を内省できるのはもちろんであるが、他者の視点から自分の行動を反省することもできる。つまり、「視点の二重化」（谷村, 2005）が可能である。しかし、双方の視点を同時に関係づけて調整しようとはしない。したがって、両者の間で考え方に対立が生じたら、話し合いなどによって歩みよれるとは考えない。そのため、友情関係は「好都合の時だけの協同関係」となる。本来、友情関係とは双方にとって互恵的なものとすれば、両者の関係が互恵的なうちは良いが、互恵的でなくなれば友情は壊れることになる。

　段階Ⅲの社会的視点取得が「第三者的で相互的な観点」を特徴とするときは、友情は「親密で相互援助的な関係」になる。つまり、前段階とは違って、友情には連続性があり愛情の絆で支えられている。仮に一時的な葛藤が生じても、相互理解を尽くすことで問題は解決できると考える。

　最後の段階Ⅳはどうか。この段階の社会的視点取得では「社会的で慣習的な観点」が働く。そして、この段階の友情関係には「自律的で相互依存的な関係」が構築される。つまり、お互いが相手に対して独立と依存の両感情をもちながらも、双方の努力を通して友情は発展する、という確信に至る。この段階では住んでいるところが離れていても、また会う機会が少なくても、お互いの違いを尊重しながら、親密な関係で結ばれているという実感がもてる。

　以上をまとめると、社会的視点取得に関しては、幼児期には未分化な自己中心的な視点に埋もれていたものが、児童期にかけて他者の視点が分化する。また、青年期前期にかけては自己と他者の相互的な視点で物事を見るようになり、さらに進むと、自己と他者に加えて第三者的視点を取り入れるようになる。そして、最終的には社会的視点で物事をとらえるようになる。つまり、近視眼的な見方ではなく、徐々に俯瞰的な見方ができるようになっていく。

　一方、友情関係に関しては、はじめは偶然的で物理的な条件に影響される友人関係であったのが、一方の好みを満たす関係が形成されるようになる。しかし、やがて双方の互恵的関係が生まれ、最終的には親密で相互援助的な関係の構築や、自律的で相互依存的な関係の構築に至る。

16.3 青年期の心理社会的危機

　前述したように、マーラーは乳幼児期の発達を「分離－個体化」過程と特徴づけたが、ブロス（Blos, 1971）はマーラーの考えを青年期にも適用できると考えた。すなわち、青年期を第2の「分離－個体化」過程と考え、精神的な自立を通して個体性を確立していくと考えた。

　それでは、青年期はいかなるものからの分離なのだろうか。乳幼児期は愛着対象である母親からの分離であった。それに対して、ブロスが青年期を第2の「分離－個体化」期と考えたのは、「家族の絆」からの分離であった。表4はブロスの考えをまとめたものである。各段階に該当する時期区分はブロスの考えにもとづいた。

　まず、第Ⅰ段階は、乳幼児期と同様に「分化期」と呼ぶ時期である。ブロスは第Ⅰ段階に関して年齢を特定していないが、青年期前期に該当すると思われる。この段階を「分化期」と命名した理由は、家族に向かっていた心的エネルギーが他の対象に向かうからである。それでは、どこに向かうのか。向かう先は、同性の友人である。しかし、心的エネルギーの多くが同性の友人に向かえばよいのだが、ブロスによると自分自身にも残りの多くの心的エネルギーが返ってくる。その結果として、自己愛が生じて自己の過大評価、現実味のない自己認知、極端な自己専心が起こる。

　愛着を向ける対象が変化することは、行動を統制するうえでは容易なことではない。青年は自分の行動を統制することが難しくなる。それは、超自我の働きが低下するからである。超自我は自我の働きを監視し、道徳的な方向に向けさせる無意識的な心の領域であるが、青年の心的エネルギーが両親から離れることと連動して、超自我の働きが低下する（ブロス, 1971）。

　では、なぜ親からの離脱と連動して超自我の働きが低下するのか。そもそも超自我は、両親からのしつけや教えが長い時間をかけて内面化したものである。親から離れようとしている青年にとっては、そのような超自我は敵視すべきも

表 4 青年期に家族や親との間で生じる発達的危機

段階		認知	情動
Ⅰ	青年期前期 (中学生)	**分化期** ・第二次性徴によって子どもの体から大人の体に変化する。 ・自分とは何か、何のために生きるのか、等の自問が始まる。	・親や親の表象に向かっていた心的エネルギーは同性の友人に向かい、親より比重が大きくなる。 ・親への反抗が顕著になる一方で、自己統制が難しくなる。
Ⅱ	青年期中期 (高校生)	**心理社会的モラトリアム** ・社会のなかで快適に過ごせる場所を求め自由な役割実験をする。 ・社会的に認められた猶予期間において、青年は自分がなすべき課題を探索する。	・心的エネルギーは自分にも向かい自己愛的傾向が増すが、異性愛的対象を発見して低下する。 ・充実感のなさ、孤独感を感じる。 ・親や権威をもつ者への反抗が増加する。
Ⅲ	青年期後期 (大学生)	**自分が所属する社会（時代）との間で関係が変化** ・自主的活動をするために家族との距離を適切にとるようになる。 ・親との関係が回復してくる。 ・社会からの承認を得ようとする。	・社会のなかで自分はどう生きるか、という視点があらわれる。 ・親の過剰な愛情から独立することの難しさを感じる。 ・特定の異性との間で葛藤が生じる。
Ⅳ	後青年期 (30歳ころまで)	**自我同一性の確立** ・両親から精神的離脱を果たす。 ・親との葛藤はほぼなくなる。 ・パーソナリティの調和的統合が課題になる。	・自分を社会に適応させるという意味での準備期間の仕上げ。 ・職業選択、恋愛、結婚など、社会的役割選択をする。 ・異性との葛藤は少なくなる。

注）ブロス, P. 1971 野沢英司（訳）青年期の精神医学. 誠信書房. にもとづいて作成.

のか、無視すべきものになる。これは青年期前期にある者が親への反抗を強める一方で、自己統制が困難になることと関係している。

また、思春期にあらわれる第二次性徴を境として、子どもの体から大人の体に変化する。このような体の変化は、乳幼児期や児童期に蓄積してきた自己イメージを変化させる。この時期は急激な体の成長によって心と体の不均衡が生じ、体は大人でも心は子どものままという居心地の悪さを感じさせる。

このようななかで、「自分とは何か」「何のために生きるのか」など、について自問するようになる。そして、親の考えと対立し、親を批判することも多くなる。このようにして乳幼児期や児童期を通して繋がっていた母親や父親から精神的な分離が始まるのである。

第Ⅱ段階は、「心理社会的モラトリアム期」と呼べる段階である。この段階は、ほぼ青年期中期に該当するが、自由な役割実験をする時期であるとも言える。つまり、社会にあるいろいろな場所のうち、快適に過ごせる場所を求めて試行錯誤する。それは、自分の可能性や適性を自覚する時期でもある。また、青年が自ら探索して学ぶべきことを明らかにするために、社会的に認められた形で猶予期間が与えられているとも言える。このような時期は外からの強制が少ない分だけ、自分は「何をなすべきか」「何ができるのか」と自問し、悩むことになる。

また、この時期にはもう１つの特徴がある。それは、男女ともに異性愛的対象を見つけることである。そのため、この青年期中期は情動にもとづく種々の活動を活発にする。ブロスによると、異性愛的対象との出会いは自己愛的傾向に取って代わるようになる。

第Ⅲ段階は、「所属する社会（時代）との関係の変化期」である。自我同一性を確立するには「自分とは何か」という自己定義が必要であるが、「自分はどうありたいか」だけでアイデンティティを確立できない。エリクソンが重視したことは、青年が所属する社会や時代がその青年を個人として承認しているということであった。

したがって、この段階で求められることは、社会との関係の在り方である。

言い方を変えれば、社会のなかで自分はどのように生きていくのか、という視点があらわれてくる。特に、青年期にある若者にとって自主的な活動をするためには、家族との距離の取り方や関係のもち方が大事である。もし、これに失敗すると、親の過剰な愛情や青年自身の依存心によって自立できないことになってしまう。

ブロスの流れをくむブラント (Brandt, 1977) は、この時期を空中ブランコにつかまって揺れている青年に喩えてその難しさを表現している。その喩えは、こうである。青年が親の手につかまって揺れているとする。しかし、別の空中ブランコで揺れている家族以外の者に向かって飛び移るためには、まずは親の手を放さなければならない。しかし、飛び移れる保証はない。この瞬間の怖さは想像に難くないが、青年にはその不安を乗り越えることが求められているという。

最後の第IV段階は、「自我同一性の確立期」である。この段階では、もはや「私とあなたは似ている」というのではなく、「私とあなたは違うし、別の人格だ」と言えるようになる。また、青年期の個体化や自我同一性は、両親への依存的な関係を手放して、新しい関係を築いていくことを意味している。この課題は、誰の助けも借りずに青年が自分一人でやらなければならないものである。このことは、自分の持ちあわせているリソースを駆使して、新しい自分を見つけなければならないという点で痛々しくもある。

以上のように、青年期の発達を概観すると、家族の絆や親から分離することを出発点にして家族以外の他者と出会い、社会に関心を向けていくことである。そのなかで「こうありたい自分」を発見していく。つまり、青年期とは、他者とのかかわりのなかで自分が変化し、かつ社会からも承認される自分を形成していく過程であると言えるだろう。

16.4 成人期中期の心理社会的危機

成人期中期においても「分離－個体化」の観点から発達的危機が論じられて

いる。それは、岡本（1985）によるもので、主に体力や体調の変化を契機にしてもたらされる危機と言える。つまり、青年期に確立した自我同一性に変更を加えずに生き続けることは困難であることに気づくようになり、生き方の修正が求められる。それは、体力の衰えや体調の変化によって青年期に形成した自我同一性を修正し、再確立することである。

　岡本はマーラーと同様に、4段階を考えている。ただし、岡本は各段階に該当する年齢は特定していないが、それは個人差が大きいことによると思われる。しかし、中年期はその期間が長いこともあり、筆者の責任でおおよその年齢範囲を書き加えて、表5にまとめた。また、表5の情動の欄には各段階で生じると筆者が考えた情動の変化を書き加えた。

　まず、第Ⅰ段階は、「身体感覚の変化を認識」する時期と考えられた。体力の衰え、体調の変化に気づき、「もう若くはない」という自分の内的な変化を認識する段階である。バイタリティの低下をきっかけに身体感覚の変化を認識するようになる。この時期の情動について考えてみると、限界感からくる焦燥や抑うつ、時間的展望の狭まりによる生産性の危機、老いと死への不安があるだろう。

　次に第Ⅱ段階は、「自分の再吟味と再方向づけへの模索」をする時期である。ここでは「自分はこれでよかったのか」など、自分の半生に対する問い直しとともに、将来に向けての再方向づけの試みが行われる。この時期は、自分の定年退職や老後のことを少しずつ考えるようになってきて、「もう遅い」という意識と「まだやれる」という意識が生じる。また、これまでの自分に対する自信と将来への不安との間で生じる葛藤など、アンビバレントな意識があらわれるのが特徴的である。

　第Ⅲ段階は、「軌道修正・軌道転換期（自分と対象との関係の変化）」である。この段階では、その前の段階で生じた「問い直し」にどう答え、それ以降の人生に対してどのような方向づけをするか、が課題になる。この時期は、子どもの巣立ち、親や友人の死、役割喪失など、第Ⅰ段階でみられた危機に対して新しい生き方を見つけ、再適応することが求められている。

最終段階である第Ⅳ段階は、「自我同一性の再確立期」と名づけられた。この時期は、軌道修正をした結果として一応の安定が得られるときである。また、この時期は中年期に入って意識するようになったいろいろな心の変化にも慣れ、軌道修正することで得られた新しい生活にも慣れてきて、ようやく内的統合ができるようになる時期と言える。つまり、中年期に入ってから意識された心の揺らぎや不安定感がなくなり、自分を肯定できるようになる段階と考えられた。

表5 中年期に体力・体調の変化で生じる発達的危機

段階		認知	情動
Ⅰ	中年への過渡期 (40 ～ 45 歳頃)	**身体感覚の変化の認識** ・体力の衰え・体調の変化の認識。 ・バイタリティの衰えについての認識。	・限界感からくる焦燥と抑うつ。 ・これまでの自我同一性の動揺。 ・時間的展望の狭まり。 ・老いと死への不安。
Ⅱ	中年に入る時期 (45 ～ 50 歳頃)	**自分の再吟味と再方向づけへの模索** ・自分の半生への問直し。 ・将来への再方向づけの試み。	・自分への自信と不安の葛藤。 ・子どもの巣立ち、親や友人の死、社会における役割喪失に際して感じる空虚感や孤独感。
Ⅲ	50歳の過渡期 (50 ～ 55 歳頃)	**軌道修正・軌道転換（自分と対象との関係の変化）** ・子どもの独立による親の自立。 ・社会との関係、親や友人の死、役割喪失・対象喪失に対して適応的な関係の再獲得。	・将来に向けての生活や価値観の修正によって得られる開放感。 ・子ども、親、友人、社会との関係の変化によって得られる自己肯定感。
Ⅳ	中年の最盛期 (55 ～ 60 歳頃)	**自我同一性の再確立**	・自己安定感の増大。 ・自己肯定感の増大。

注) 中年期を4段階にまとめた岡本の表（岡本祐子 1985 中年期の自我同一性に関する研究. 教育心理学研究, 33, p.304) に情動の欄を加えて作成した。

第 16 章　認知と情動の発達を大局的にとらえる　283

　これら 4 つの段階は、中年期以前に獲得された同一性が崩壊ないしは動揺し、再び組み替えられて安定化していくプロセスである。岡本は、これを「自我同一性再体制化のプロセス」と名づけた。

　以上、岡本が中年期の発達的危機として考えたことをまとめると、その出発点は青年期に確立した自我同一性であることがわかる。自我同一性を人生の地図にたとえるならば、人生の半ばにさしかかって、若いときに作った地図のままでは残りの人生は一歩も進めないという事情から、地図の更新が課題になったと言える。このような地図の更新作業にたとえられる作業は中年期の発達的危機を乗り越える課題になる。つまり、中年期の発達的危機の到達点は、新しい自分であり、新しい自分の生き方であることがわかる。

16.5　「分離－個体化」の観点でみる生涯発達

　ここまで、乳幼児期、児童期、青年期、成人期（中期）のそれぞれについて「分離－個体化」の観点から概観してきた。ここで全体の特徴をとらえるために、各時期において分離の出発点と分離の契機となったことを考えてみたい。また、個体化の到達点と併せて、到達点に導いた主たる要因について考えてみることにしたい。

　まず、乳幼児期に見られた分離の出発点は、愛着対象である母親との共生状態であった。これが這いはいや歩行という運動能力の発達を契機として母親からの分離を可能にした。そして、到達点は母親から離れた外界であった。出発点が母親との共生状態にあった時点では母親とともに在ることは母親が接近の動機づけの誘因として働いている。それが、這いはいや歩行という運動機能の発達によって外界への探索要求が高まるなかで、母親からの離脱の動機づけとともに、外界への接近の動機づけが働いた。そして、母親から離れることで不安が生じて再接近するようになった。外界と母親への接近で生じた矛盾は、母親と最適な距離をとることで解消した。

　次の児童期はどうだろうか。社会的視点取得に関して、自己中心的な観点だ

けに埋もれているのが幼児期の特徴であった。その意味では、自己中心的な観点が出発点であったと言えるのだろう。それが、遊び仲間との交流のなかで9歳ころまでには他者の観点にも立てるようになり、やがて自己と他者の相互的観点から物事を見ることができるようになった。その意味では、自己中心的な観点からの分離を促したものは遊び仲間だったことがわかる。それでは、到達点は何か。それは、児童期から青年期にまで及ぶ困難な課題として、社会的観点で物事を見ることだったのではないか。また、そのような到達点に導いた主要な要因は、自分の考えを対象化してとらえる論理的思考力の発展であったと思われる。

さて、青年期になると、第二次性徴と家族以外の他者との交流を契機としながら、家族や親から分離することを出発点とした。そして、分離を推進したエネルギーは、それまで家族や親に向かっていた心的エネルギーであり、それが同性の仲間や自分自身に向けられるようになったことである。到達点は自明であり、自我同一性の確立である。それでは、自我同一性に導いた主たる要因は何だったのか。その要因として考えられるのが、社会のなかで自分が快適に過ごせる場所を求めることだったのではないだろうか。

最後に、成人期はどうか。成人期のなかでも中年期に注目したが、その出発点は青年期に確立した自我同一性の動揺を出発点にしていたものと思われる。そして、その契機になったものは、体力の衰えや体調の変化であった。到達点はと言えば、自我同一性の再確立であるが、それを促進した要因は将来の生活に向けての生活や価値観の見直しであったと言えるだろう。

こうして人間の発達を通観すれば、どの発達段階でも「接近と離脱の動機づけ」にもとづいて発達を推進する力が働くことがわかる。これを発達の原動力と呼ぶとすれば、その力はその前段階の内部矛盾に由来しており、矛盾の発生、発展、消長のなかで発達が実現していくこと。また、その過程では認知のみならず情動も重要な働きをしていることが示された。

最後になったが、発達の各時期、各段階で次の段階に移行する瞬間の不思議さに感嘆しないではいられない。青年期の発達的危機について述べたブラント

第 16 章　認知と情動の発達を大局的にとらえる　285

の表現を借りるならば、それは空中ブランコの曲芸師のようなものである。つまり、飛び移ろうとするブランコに手が届くには、今握っているブランコから手を離さなければならない。その＜怖さ＞を乗り越えなければ飛び移れない。これと同じことがルーチン化した課題だけに縛られているのではなく、今までに試みたことがなかった困難な課題に挑むことの大切さについても言えるのではないか。そして、このような時こそ、認知と情動の統合である知恵が働くときであり、言い方を換えれば知恵の働きを可能にしている外側前頭前野が活性化するとき、ではないのだろうか。

この章のまとめ

　本章では、人間の発達の各時期に関して「分離－個体化過程」ととらえた場合、どのような推移があるのかを明らかにした。

　まず、乳幼児期は生後 5 か月くらいまでは母子一体の共生状態にあるが、這いはいなどの移動の自由を獲得するなかで母親とは別個の個体として心理的に誕生していく。

　また、児童期は視点取得に注目すると、はじめは自己の観点だけに埋もれていたものが、他者の観点にも立てるようになる。それがさらに進むと、第三者的観点や社会的観点で物事をとらえられるようになる。

　青年期は、家族の絆や親からの分離を出発点にして、家族以外の他者と出会い、社会に関心を向けていくようになる。

　最後の成人期中期は、青年期に確立した自我同一性のままではそれ以降の人生は送れないという事情から、自我同一性の再確立の課題に取り組むようになる。

引用文献

Ainsworth, M. D. S., Blehar, M. C., Waters, E. & Wall, S. 1978 *Patterns of attachment.* Hillsdale, NJ : Lawrence Erbaum.

秋田喜代美 2001 読書過程における情動と動機．大村彰道（監修）秋田喜代美・久野雅樹（編）文章理解の心理学．北大路書房，pp.80-89.

オルポート，G. W. 1968 今田恵（監訳）人格心理学 上・下 誠信書房．

青砥 恭 2009 ドキュメント高校中退―いま、貧困が生まれる場所．ちくま書房．

荒井一博 2004 脱・虚構の教育改革――人ひとりに研究心の育成を―．日本評論社．

Arend, R., Grove, F., & Sroufe ,A. 1979 Continuity of individual adaptation from infancy to kindergarten : A predictive study of ego resiliency and curiosty in preschoolers. *Child Development,* **50,** 950-959.

Armsby, R. E. 1971 A reexamination of development of moral judgement in children. Child Development, **42,** 1241-1248.

朝井リョウ 2012 桐島、部活やめるってよ．集英社．

Aslin, R. N., & Shea, S. L. 1990 Velocity thresholds in human infants : Implications for the perception of motion. *Developmental Psychology,* **26,** 589-598.

Barkley, R. A. 1977 *ADHD and nature of self-control.* Guilford Press.

バーク，L. E., &ウィンスラー，A. 2001 田島信元・田島啓子・玉置哲淳（編著）ヴィゴッキーの新・幼児教育法―幼児の足場づくり―．北大路書房．

Bertenthal, B. I., Campos, J. J., & Barrett, K. 1984 Self-produced locomotion: An organizer of emotional , cognitive, and social development in infancy. In R. N. Ende & R. J. Harmon(Eds), *Continuities and discontinuioties in development.* pp.175-210.

ブロス，P. 1971 野沢英司（訳）青年期の精神医学．誠信書房．

Brandt, D. E. 1977 Separation and identity in adolescence: Erikson and Mahler ― Some similarities. *Contemporary Psychoanalysis,* **13,** 507-518.

Bretherton, I., & Beeghly, M. 1982 Talking about internal state: The acquisition of an explicit theory of mind. *Developmental Psychology,* **18,** 906-921.

Bridges, K. M. B. 1932 Emotional development in early infancy. *Child Development,* **3,** 324-334.

Brookes, H., Slater, A., Quinn, P. C., Lewkowicz, D. J., Hayes, R., & Brown, E. 2001 Three-month-old infants learn arbitrary auditory-visual pairings between faces and voices. *Infant and Child Development,* **10,** 75-82.

引用文献　287

Bryant, B. K.　1987　Mental health, temperament, family and friends: Perspectives on children's empathy and social perspective taking. In N. Eisenberg & J. Strayer (Eds.), *Empathy and its development*. New York: Cambridge Universitiy Press, pp.254-270.

Bushnell, I. W. R.　1982　Discrimination of faces by young infants. *Journal of Experimental Child Psychology, 33*, 298-308.

Calkins, S. D., & Johnson, M. C.　1998　Toddler regulation of distress to frustrating events: Temperamental and maternal correlates. *Infant Behavior and Development, 21*, 379-395.

Campos, J. J., Bertenthal, B. I., & Kermoian, R.　1992　Early experience and emotional development : The emergence of wariness and heights. *Psychological Science, 3*, 61-64.

Camras, L. A., & Sachs, V. B.　1991　Social referencing and caretaker expressive behavior in day care setting. *Infant Behavior and Development, 14*, 27-36.

Cattell, R. B.　1963　Theory of fluid and cristallized intelligence: A critical experiment. *Journal of Educational Psychology, 54*, 1-23,

Cole, P. M.　1985　Display rules and the socialization of affective displays. In G. Zivin (Ed), *The development of expressive behavior: Biology-environment interaction.* New York : Academic Press, pp.269-290.

Cole, P. M.　1986　Children's spontaneous control of facial expressions. *Child Development, 57*,1309-1321.

ダマジオ , A. R.　2000　田中三彦 (訳) 生存する脳―心と脳と身体の秘密 . 講談社 .

Das, J. P., Kirby, J. R., & Jarman, R. F.　1979　*Simultaneous and successive processes.* New York: Academic Press.

Davidson, R. J., Ekman, P., Saron, C. D., Senulis, J. A., & Friesen, W. V.　1990　Approach-Withdrawal and cerebral asymmetry: Emotional expression and brain physiology. 1. *Journal of personality and Social Psychology, 58*, 330-341.

Davidson, R. J., Schwerts, G. E., Saron, C., Benneti, J., & Goleman, D.　1979　Frontal versus and parietal EEG asymmetry during positive and negative affect. *Psychophysiology, 16*, 202-203.

Demos, V. 1986 Crying in early infancy : An illustration of the motivational function of affect. In T. B. Brazellton & M. Yogman (Eds), *Affect and early infancy.* New York : Ablex, pp. 39-73.

Domino, G.D., & Affonso, D. D.　1990　A personality measure of Erikson's life stages : The inventory of psychological balance. *Journal of Personality Assessment, 54*, 576-588.

土井隆義　2004　「個性」を煽られる子どもたち－親密圏の変容を考える－．岩波書店．

土井隆義　2008　友だち地獄－「空気を読む」世代のサバイバル－．筑摩書房．

エリコニン，D. B.　1972　柴田義松（訳）子どもの精神発達の時期区分について．現代教育科学，**171**，114-131.

遠藤純代　1990　友達関係．無藤隆・高橋恵子・田島信元（編）発達心理学入門－乳児・幼児・児童．東京大学出版会，pp.161 － 176.

遠藤利彦　2002　発達における情動と認知の絡み．高橋雅延・谷口高士（編）感情と心理学．pp.2 － 40.

遠藤利彦・田中亜希子　2005　アタッチメントの個人差とそれを規定する諸要因．数井みゆき・遠藤利彦（編著）アタッチメント－生涯にわたる絆－．ミネルヴァ書房，pp.49-67

エリクソン，E. H.　1977　仁科弥生（訳）幼児期と社会1. みすず書房

Fantz, R. J.　1961　The origin of form perception. *Scentific American,* **204**, 66-72.

Farroni, T., Johnson, M. H., Menon, E., Zulian, L., Faraguna, D., & Csibra, G.　2005　Newborns' performance for face-relevant stimuli : Effects of contrast polarity. *Proceeding of National Academy of Sciences of United States of America,* **102**, 17245 － 17250.

Fogel, A.　1982　Affect dynamics in early infancy. In T. Field & A. Fogel (Eds), *Emotion and early interaction.* Hillsdale, N . J.: Lawrence Erlbaum. pp.25-56.

Fogel, A., & Thelen, E.　1987　Development of early expressive and communicative action: Reinterpreting the evidence from dynamic systems perspective. *Developmental Psychology,* **23**, 747-766.

Fox, N. A., & Davidson, R. J.　1987　Electroencephalogram asymmetry in response to the approach of a stranger and maternal separation in 10-month-old infants. *Developmental Psychology,* **23**, 233-240.

藤崎春代　1982　幼児の報告場面における計画的構成の発達的研究．教育心理学研究，**30**, 54- 63.

福田正治　2003　感情を知る－感情学入門－．ナカニシヤ出版．

船橋新太郎　2007　感情の神経科学．藤田和生（編）感情科学．京都大学出版会，pp.85-110.

Furrow, R. E., Moore, C., Davidge, J., & Chiasson, L.　1992　Mental terms in mother's and Children's Speech : Similarities and relationships. *Journal of Child Language,* **19**, 617-631.

古荘純一　2009　日本の子どもの自尊感情はなぜ低いのか－児童精神科医の現場報告－．光文社．

Gibson, E. J., & Walk, R. D. 1960 The "visual cliff". *Scientific American,* **202**, 67-71.

Gogate, L. J., & Bahrick, L. E. 1998 Intersensory redundancy facilitates learning arbitrary relations between vowel sounds and objects in seven-month-old infants. *Journal of Experimental Child Psychology,* **69**, 1-17.

Goldstein, K. 1939 *The organism.* New York: Academic Book.

Gray, J. R. 2001 Emotional modulation of cognitive control: Approach-withdrawal states double-dissociate spatial from verbal two-back task performance. *Journal of Experimental Psychology: General,* **130**, 436-452.

Gray, J. R., Braver, T. S., & Raichle, M. E. 2002 Integration of emotion and cognition in the lateral prefrontal cortex. *Proceedings of the National Academy of Scienceces USA,* **99**, 4115-4120.

浜田寿美男 2009 子ども学序説. 岩波書店.

Harmon-Jones, E. 2003 Clarifying the emotive functions of asymmetrical frontal activity. *Psychophysiology,* **40**, 838-848.

Harris, P. L., Olthof, T., & Terwogt, M. M. 1981 Children's knowledge of emotion. *Journal of Child psychology and Psychiatry,* **22**, 247-261.

ハーリー, J. 1996 西村辨作・原 幸一(訳) よみがえれ思考力. 大修館書店.

ヘッブ, D. O. 1970 白井 常 (監訳) 行動学入門―改訂版. 紀伊國屋書店.

ヘックマン, J. J. 2015 古草秀子(訳) 幼児教育の経済学. 東洋経済新報社.

広川律子 1974 発達過程をどうとらえるか. 心理科学研究会(編)児童心理学試論―新しい発達理解のために―. 三和書房, pp.135-138.

本田由起 2009 教育の職業的意義―若者、学校、社会をつなぐ―. 筑摩書房.

本田由起 2011 学校の「空気」. 岩波書店.

本田由紀 2014 もじれる社会―戦後日本型循環モデルを超えて. 筑摩書房.

堀尾輝久 1997 現代社会と教育. 岩波書店.

生澤雅夫・松下 裕・中瀬 惇 (編著) 新版 K 式発達検査 2001 実施手引書. 京都交際センター.

板倉聖宣 1996 理科離れとオウム真理教の問題. 安斎育郎・滝川洋二・板倉聖宣・山崎 孝 (著) 理科離れの真相. 朝日新聞出版. pp.93-140.

Izard, C. E., Hembree, E. A., Dougherty, L. M., & Spizzirri, C. C. 1983 Changes in facial expressions of 2- to 19-month-old infants following acute pain. *Developmental Psychology,* **19**, 418-426.

岩田 考 1999 友人関係の現在 モノグラフ・高校生 (ベネッセ教育センター), **56**,

32 - 51.

岩田 考 2002 高校生の「まじめ」と「自分らしさ」-「まじめな私」と「ふまじめな私」-. モノグラフ・高校生（ベネッセ教育センター）, **65**, 37 - 48.

Johnson, M. 1997 *Developmental cognitive neuroscience.* Blackwell.

Jones, S. S., Collins, K., & Hong, H. W. 1991 An audience effect on smile production in 10-month-old infants. *Psychological Science, **2**,* 45-49.

亀口憲治 2004 家族の根拠. ナカニシヤ出版.

神田英雄 2004 伝わる心がめばえるころ. かもがわ出版.

苅谷剛彦 2002 教育改革の幻想. 筑摩書房.

柏木恵子 1988 幼児期における「自己」の発達. 東京大学出版会.

柏木恵子・若松素子 1994 「親になる」ことによる人格発達：生涯発達的視点から親を研究する試み. 発達心理学研究, **5**, 72-83.

柏木恵子 2008 子どもが育つ条件. 岩波書店.

春日彩花・佐藤眞一・高橋正美 2017 心理学的知恵研究の展望と発達的検討-「知恵ある」状態の連続性と非連続性-. 生老病死の行動科学, **21**, 15 - 31.

加藤直樹 1982 書きことばなどを交通手段として獲得する時期. 加藤直樹・茂木俊彦（編）障害児の心理学. 青木書店, pp.109-127.

香山リカ 2002 若者の法則. 岩波書店.

萱野稔人・雨宮処凛 2008 「生きづらさ」について. 光文社.

河合優年 2002 言語獲得以降の情動の発達. 須田 治・別府 哲（編著）社会・情動発達とその支援. ミネルヴァ書房, pp.91-98.

Kellman, P. J., & Spelke, E. S. 1983 Perception of pertly occluded objects in infancy. *Cognitive Psychology, **15**,* 483-524.

吉良 創 2005 テレビのない生活が楽しい. ほんの木（編）家庭でできるシュタイナーの幼児教育-0歳から7歳児のお母さんに贈ります-. ほんの木.

近藤文里 2002 注意欠陥-多動性障害(ADHD)のばあいの援助. 須田 治・別府 哲（編著）社会・情動発達とその支援. ミネルヴァ書房. pp.207-217.

近藤直子 1989 発達の芽をみつめて. 全国障害者問題研究会.

Kopp, C. B. 1989 Regulation of distress and negative emotions : A developmental view. *Developmental Psychology, **25**,* 343-354.

久保ゆかり 2008 感情調整の発達. 上淵 寿（編）感情と動機づけの発達心理学. ナカニシヤ出版, pp.74 - 81.

鯨岡 峻・鯨岡和子 2001 保育を支える発達心理学-関係発達保育論入門-. ミネル

ヴァ書房.

鯨岡 峻 2002 乳幼児期の子ども－養育者間に見られる情動的関係の発達－. 須田 治・別府 哲 (編著) 社会・情動発達とその支援. ミネルヴァ書房, pp.82 － 91.

熊田孝恒・須藤 智・日比優子 2009 高齢者の注意・ワーキングメモリ・遂行機能と 認知的インターフェイス. 心理学評論, 52, 363 - 378.

楠見 孝・米田英嗣 2007 感情と言語. 藤田和生 (編) 感情科学. 京都大学出版会, pp.80 － 89.

ルドゥー, J. 2003 松本 元・川村光毅 (他訳) エモーショナル・ブレイン－情動の 脳科学. 東京大学出版会.

レオンチェフ, A. N. 1969 松野 豊・西牟田久雄 (訳) 子どもの精神発達. 明治図書.

レビンソン, D. J. 1992 南 博 (訳) ライフサイクルの心理学 上・下. 講談社.

Lewis, M. 1993 The emergence of human emotions. In M. Lewis & J. M. Haviland (Eds), *Handbook of emotions.* New York : Guilford Press, pp.223-235.

ルイス, M. 1997 遠藤利彦 (他訳), 高橋恵子 (監訳) 恥の心理学－傷つく自己. ミ ネルヴァ書房.

Ley, R. G., & Bryden, M. P. 1982 A dissociation of right and left hemispheric effects for recognizing tone and verbal content. *Brain and Cognition,* 1, 3-9.

Luria, A. R. 1973 *The Working Brain : An Introduction To Neuropsychology.* Penguin Books Inc.

ルリア, A. R. 1976 松野 豊 (訳) 人間の脳と心理過程. 金子書房.

リュブリンスカヤ, A. A. 1965 藤井敏彦 (訳) 幼児の発達と教育. 明治図書.

Macchi Cassia, V., Simon, F., Miliani, I., & Umilta, C. 2002 Dominance of global visual properties at birth. *Journal of Experimental Psychology: General,* 131, 398-411.

マーラー, M. S. 1981 高橋雅士・織田正美・浜畑 紀 (訳) 乳幼児の心理的誕生－ 母子共生と個体化－. 黎明書房.

丸島令子 2000 中年期の「生殖性 (Generativity)」の発達と自己概念の関連性につ いて. 教育心理学研究, 48, 52 － 62.

正高信男 2007 ヒトはなぜヒトをいじめるか－いじめの起源と芽生え－. 講談社.

正高信男 2001 子どもはことばをからだで覚える－メロディから意味の世界へ－. 中央公論社.

増本康平 2013 高齢者の情動機能と認知機能の関連性. 日本発達心理学会第 24 回 大会発表論文集, p.238.

松永あけみ・斉藤こずゑ・荻野美佐子 1996 乳幼児期における人の内的状態の理解

に関する発達的研究－内的状態を表すことばの分析－. 山形大学紀要（教育科学）, **11**, 371-391.

松谷みよ子 文・瀬川康男 絵 1967 いないいないばあ. 童心社.

松澤正子・山口千尋・板倉昭二 2002 1－2才児の共感行動の発達（1）－心拍反応との関係－. 昭和女子大学生活心理研究所紀要, **5**, 56-62.

Maurer, D., & Mondlock ,C. 2004 Neonatal synesthesia: A re-evaluation. In Y. Manaka & M. H. Johnson (Eds), *Process of Change in Brain and Cognitive Development. Attention and Performance, XXI.* Oxford University Press, pp.193-213.

Mischel, W. 1981 Metacognition and the rules of delay. In J. H. Flavell & L. Ross (Eds), *Social Cognitive Development.* Cambridge, England: Cambridge University Press, pp.240-271.

三宅和夫 1990 子どもの個性－生後2年目を中心に－, 東京大学出版会.

溝上真一 2004 現代大学生論－ユニバーシティ・ブルーの風に揺れる－. 日本放送出版会

水谷 修 2006 あした天気になあれ－夜回り先生の子育て論－. 日本評論社

Molfese, D. L., Morse, P. A., & Peters,C.J. 1990 Auditory evoked responses to names for different objects : Cross-modal processing as a basis for infant language acquisition. *Developmental Psychology, **26**,* 780-795.

森口 朗 2007 いじめの構造, 新潮社.

守屋慶子 1994 子どものファンタジー－絵本による子どもの「自己」の発見. 新曜社.

守屋慶子 2006 中・高年期からの心理的発達－「適応」から「創造」へ－. 立命館文学, **594**, 141-159.

Murray, L., & Trevarthen, C. 1985 Emotional regulation of interactions between two-month-olds and their mothers. In T. M. Field & N. A. Fox (Eds.), *Social Perception in Infants.* Norwood, NJ: Ablex. pp.177-198.

長沢秀雄・荒木穂積 1974 手の調整機能と視覚・認知活動－発達関連よりみた障害児の発達. 障害者問題研究, **2**, 16 － 29.

長島瑞穂・寺田ひろ子 1977 子どもの発達段階. 秋葉英則 (他著)　小・中学生の発達と教育－子どものとらえ方－. 創元社.

中川 威・田淵 恵・石岡良子・権藤恭之 2011 高齢者と若年者における情動経験と情動調整の年齢差. 日本心理学会第75回大会発表論文集, p.1037.

中道泰子 2015 中年期女性の危機に関する一考察. 佛教大学教育学部論集, **26**, 1-13.

中村和夫 1983 認識・感情・人格－精神発達におけるその統一的理解－. 三和書房.

中村髙康 2018 暴走する能力主義－教育と現代社会の病理．筑摩書房．

中室牧子 2015 「学力」の経済学．ディスカヴァー・トゥエンティワン．

仲渡江美 2008 顔を見ること、お母さんがわかること．発達, **29**, 44-50.

西川由紀子 2003 子どもの思いにこころをよせて－0、一、二歳児の発達．かもがわ出版．

信原幸弘 2017 情動の哲学入門－価値・道徳・生きる意味．勁草書房．

O'Connor, T., Heron, J., Golding, J., Beveridge, M., & Glover, V. 2002 Maternal antenatal and children's behavioral / emotional problems at 4 years. *British Journal of Psychiatry,* **180**, 502-508.

尾木直樹 2006 思春期の危機をどう見るか．岩波書店．

大平 健 1995 やさしさの精神病理．岩波書店．

大川一郎 1989 高齢者の知的能力と非標準的な生活経験との関連について．教育心理学研究, **37**, 100-106.

大西周昭 1983 年齢別にみた1950年代と1970年代の労働者の体力．斎藤 一（監修）年齢と機能．労働科学研究所出版部, pp.609-625.

岡田 努 2007 現代青年の心理学－若者の心の虚像と実像．世界思想社

岡本夏木・浜田寿美男 1995 発達心理学入門．岩波書店

岡本祐子 1985 中年期の自我同一性に関する研究．教育心理学研究, **33**, 295－306.

Otsuka Y., Kanazawa, S., & Yamaguchi, M. K. 2004 The effect of support ratio on infants' perception of illusory contours. *Perception,* **33**, 807-816.

Peck, R. E. 1975 Psychological development in the second half of life. In W. C. Sze (Ed.), *Human Life Cycle.* New York: Jason Aronson, pp.609-625.

ピアジェ, J. 1957 大伴 茂（訳）児童道徳判断の発達．同文書院．

ピアジェ, J., & シェミンスカ, A. 1962 遠山 啓・銀林 浩・滝沢武久（訳）数の発達心理学．国土社．

ピアジェ, J. 1978 谷村 覚・浜田寿美男（訳）知能の誕生．ミネルヴァ書房．

Quinn, P. C., Brown, C. R., & Streppa, M. L. 1997 Perceptual organization of complex visual configuration by young infants. *Infant behavior & development,* **20**, 35-46.

Reddy, V. 2005 Feeling shy and showing-off : Self-conscious emotions must regulating self-awareness . In J. Nadel, & D. Muir (Eds.), *Emotional Development.* Oxford: Oxford University Press. pp.183-209.

Rizzolatti, G., Fogassi, L., & Gallese, V. 2001 Neurophysiological mechanisms underlying the understanding and imitation of acton. *Nature Reviews Neuroscience,* **2**, 661-670.

盧 怡慧 1999 大学生における知恵のイメージについて. 筑波大学心理学研究, **21**, 99 - 105.

盧 怡慧 2011 高齢者の「人生設計課題」における知恵-特性の解明及び生活経験との関連-. 教育心理学研究, **49**, 198 - 208.

Rodriguez, M. L., Mischel, W., & Shoda, Y. 1989 Cognitive person variables in delay of gratification of older children at risk. *Journal of Personality and Social Psychology,* **57**, 358-367.

Rogoff, B., & Waddel, K. J. 1982 Memory for information organized in a scene by children from two cultures. *Child Development,* **11**, 266-289.

Rosenstein, D., & Oster, H. 1988 Differential development in early infancy. *Child Development,* 59, 1555-1568.

Saarni, C. 1979 Children's understanding of display rules for expressive behavior. *Developmental Psychology,* 15,424-429.

サーニ, C. 2005 佐藤香 (監訳) 感情コンピテンスの発達. ナカニシヤ出版.

斎藤 環 1998 社会的ひきこもり-終わらない思春期-. PHP 研究所.

坂元忠芳 1976 子どもの能力と学力. 青木書店.

坂元忠芳 2000 情動と感情の教育学. 大月書店.

坂野 登 2012 二つのこころと一つの世界-心理学と脳科学の新たな視角. 新曜社.

澤田瑞也 1992 共感の心理学-そのメカニズムと発達-. 世界思想社.

澤田瑞也 2009 感情の発達と障害-感情のコントロール-. 世界思想社.

Selman, R. L. 1976 Toward a structural analysis of developing interpersonal relations concepts : Research with normal and disturbed preadolescent boys. In A. D. Pick (Ed.), *Minnesota symposia on child psychology Vol. 10,* University of Minnesota Press, pp.156-200.

Selman, R. L. 1981 The child as a friendship philosopher. In S. R. Ashler & J.M.Gottman (Eds.), *The development of children's friendship.* Cambridge University Press, pp.242-272.

千石 保 1998 日本の高校生-日米比較にみる-. 日本放送出版会.

Shaffer, C. E., Davidson, R. J., & Saron, C. 1983 Frontal and parietal EEG asymmetries in depressed and non-depressed subjects. *Biological Psychiatry,* **18**, 753-762.

Slater, A., Quinn, P. C., Brown, E., & Hays,R. 1999 Intermodal perception at barth : Intersensory redundancy guides newborn infants' learning of arbitrary auditory-visual pairings. *Developmental Science,* **2**, 333-338.

園原太郎・黒丸正四郎 1966 三才児. 日本放送出版協会.

Sorce, J., Emde, R., Campos, J., & Klinnert, M. 1985 Maternal emotional signaling : Its effect on the visual cliff behavior of 1-year-old. *Developmental Psychology,* **21**, 195-200.

Sroufe, L. A. 1996 *Emotional development.* New York: Cambridge University Press.

Sroufe, L. A., Waters, E. A., & Mates, L. 1974 Contextual determinations of infant affective response. In M.Lewis & L.A.Rosenblum (Eds), *The Origins of Fear.* pp.49-72.

Stein, N. L., & Levine, L. J. 1989 The causal organization of emotional knowledge : A developmental study. *Cognition & Emotion,* **3**, 343-378.

須田 治 1999 情緒がつむぐ発達－情緒調整とからだ、こころ、世界－. 新曜社.

菅澤貴之 2009 地位達成志向の変容. 友枝敏雄（編）現代の高校生は何を考えているのか：意識調査の計量分析をとおして. 世界思想社. pp.87 － 109.

菅原健介 2005 羞恥心はどこへ消えた？ 光文社.

下仲順子 1996 百歳老人のこころ. 老年精神医学誌, **7**, 145 - 152.

下仲順子・中里克治・高山 緑・河合千恵子 2000 E.エリクソンの発達課題達成尺度の検討－成人期以降の発達課題を中心として－. 心理臨床学研究, **17**, 525-537.

白石正久 1994 発達の扉 上 － 子どもの発達の道すじ －. かもがわ出版.

白石正久 2007 自閉症児の世界にひろげる発達理解－乳幼児期から青年・成人期までの生活と教育－. かもがわ出版.

サリバン, H. S., 1990 中井久夫・高木敬三・宮崎隆吉・鑪 幹八郎（訳）精神医学は対人関係である. みすず書房.

Suttle, C. M., Banks, M. S., & Graf, E. W. 2002 FLP and VEP to tritan stimuli in young human infants. *Vision Research,* **42**, 2879-2891.

高取憲一郎 2005 自然・社会・人格：芝田・南論争再考. 鳥取大学地域学論集, **2**, 169-195.

高山 緑 2009 知恵－認知過程と感情過程の統合－. 心理学評論, **32**, 343 － 358.

竹中和子・藤田アヤ・尾前優子 2004 幼児の死の概念. 看護学統合研究 広島文化学園大学紀要, **5**, 24-30.

竹内慶至　2009　友人関係は希薄化しているのか．友枝敏雄（編）　現代の高校生は何を考えているのか－意識調査の計量分析をとおして．世界思想社．pp.38 － 60.

竹内謙彰　1986　幼児における継次情報の処理と保存の発達．教育心理学研究，**34**，280-284.

武内 清　2004　高校生の好きなもの．モノグラフ・高校生（ベネッセ教育センター），**71**，20-22.

田中昌人　1977　発達における「階層」の概念の導入について．京都大学教育学部紀要，**23**，1 -13.

田中昌人・田中杉恵　1982　子どもの発達と診断　2　乳児期後半．大月書店．

田中昌人・田中杉恵　1986　子どもの発達と診断　4　幼児期Ⅱ．大月書店．

田中昌人・田中杉恵　1988　子どもの発達と診断　5　幼児期Ⅲ．大月書店．

谷川俊太郎 文・元永定正 絵　1977　もこ　もこもこ．文研出版．

谷村 覚　2005　視点取得の構造的発達．大阪府立大学人間関係論集，**22**，121 － 130.

鑪 幹八郎　2002　アイデンティティとライフサイクル論．ナカニシヤ出版．

Thatchar, R. W.　1994　Cyclic cortical reorganization: Origin of human cognitive development. In G.Dawson & K.W.Fischer (Eds.), *Human behavior and the developing brain.* New York: The Guilford Press, pp.232-266.

ヴィゴツキー，L.S.　1962　柴田義松（訳）思考と言語　上・下．　明治図書．

和田有史　2008　五感を統合する力．発達，**116**，23 － 29.

Walker-Andrews, A. S., & Dickson, L. R.　1997　Infants' understanding of affect. In S. Hala (Ed), *The Development of Social Cognition.* West Sussex, England: Psychology Press, pp.161-186.

ワロン．H.　1983　浜田寿美男（編訳）ワロン／身体・自己・社会－子どもの受けとる世界と子どもの働きかける世界．ミネルヴァ書房．

ウィニコット，D. W.　1977　牛島定信 (訳) 情緒発達の精神分析理論－自我の芽生えと母なるもの．岩崎学術出版社．

やまだようこ　1987　ことばの前のことば－ことばが生まれるすじみち1－．新曜社．

柳 治男　2005　＜学級＞の歴史学－自明視された空間を疑う－．講談社．

吉川 徹　2009　学歴分断社会．筑摩書房．

おわりに

　本書の執筆を終えるにあたって、いくつか考えることがあります。その1つは、本書の目的との関連で、どれだけ当初の目的が達成されたかについてです。本書の第1章では3つの目的をあげました。1つ目は、発達の各段階における認知と情動の発達に関してこれまでの研究成果を整理し、両者の関係を明らかにすること、2つ目は現代社会の抱える教育問題で顕在化している問題について検討すること、そして3つ目には生涯発達の視点で認知と情動の発達的変化をとらえること、でした。これらの目的がどこまで達成されたかは読者の皆さんの御意見をうかがうしかありません。しかし、本書が当初の目的を達成する「はじめの一歩」になっていれば、と思っています。

　また、執筆を終えるに当たり1つの思いが以前よりも強くなりました。それは認知と情動の統合である知恵については、これまで以上に研究を発展させなければならないことを痛感しました。これまでは、子どもに提示される問題は答えが1つであることに偏重してきた面がありました。しかし、実際の生活で生じる問題はそうではないことが多いと感じています。しかも、子どもが現実の問題で悩んだり不安を感じたりすることは、解決方法が自明である場合は殆どといってよい程、ないことが多いと思います。本書で知恵の問題を議論したのは成人期の中期や後期からでしたが、それ以前の発達段階でも知恵の萌芽とでも呼べる心の働きが生活のいたるところで生じているはずです。それをどうとらえ、どう育んでいくのかはきわめて大切と思われます。

　そのような問題は学校教育では扱うべき問題ではないと言われるかもしれません。しかし、いじめをはじめとした教育問題が後を絶たないことを考えれば、残念ながら学校教育が車の両輪であるところの認知と情動、そしてその密接な相互作用で生まれる知恵の教育に有効に対応できているとは思えません。

　では、何が必要でしょうか。インターネットやゲームなどが普及するなか、子ども達は増々他者とかかわる体験が少なくなっています。このような現代の

状況のなかで安直な方法を提起するつもりはありませんが、このような流れに対抗する有効な取組みを開始しなければ少子化のなかで生まれてきた貴重な命までも守れないことになるかもしれません。

　このような問題の解決の糸口を探ることは、難しいかもしれません。しかし、本書を執筆する過程で重要なヒントは得られた気がしていています。それは、認知と情動の統合である知恵が発揮されるのは普段では取り組まれない困難な問題に対峙している時であることが脳の研究でも示唆されました（第15章）。筆者がこの章を執筆している時期に、元伊藤忠商事会長で中国全権大使だった丹羽宇一郎氏が著書『仕事と心の流儀』（講談社）を出版されました。興味を感じたので読んでみますと「逆境が心を成長させる」と述べておられました。氏のこの文章に遭遇し、知恵の発揮とは非日常的で、これまでに経験したことのないような困難な状況のなかでこそ生起するものなのだ、と強く確信したことを憶えています。

　これから10年後、20年後、日本の社会はどのようになっているのでしょうか。少なくない不安を感じながらも、後悔することだけはしたくないと思っています。それは私が学生時代に喧伝されていた「個性尊重」なる耳ざわりのよい言葉が、今の若い人達の生きづらさに繋がるとは予測すらしなかったからです。最近、人工知能、感情労働、自己責任、非認知能力など耳慣れない言葉を聞くようになりました。認知と情動の統合をめざす人間発達という観点から、これらの動向に有効に対応していく課題はこれからさらに多いと思われます。

　最後になりましたが、滋賀大学とびわこ学院大学で同僚として40年近くに渡ってお世話になった黒田吉孝先生に感謝いたします。先生には本書の出版でも適切な助言を頂きました。また、本書の出版を快く引き受けていただき、いろいろ有益な提案をしていただいた中桐和弥氏に心からお礼申し上げます。

2019年6月27日

近藤　文里

人名索引

あ行

アームズビィ Armsby, R. E.　167
青砥　恭　210
秋田喜代美　154
朝井リョウ　196
アスリン Aslin, R. N.　24
荒井一博　169
アレンド Arend, R.　102
イザード Izard, C. E.　50
生澤雅夫　94,127
板倉聖宣　103,199
岩田　考　196-198, 202
ウィニコット Winncott, D. W.　272
ヴィゴツキー Vygotsky, L. S.　12,15,112,
　118-119,165
ウォーカー・アンドリュース Walker- Andrews,
　A. S.　65
エインズワース Ainsworth, M. D. S.　100
エリクソン Erikson, E. H.　10-12,15,35,52,
　158,197,212-213,229,235,238-240,244
エリコニン Erikonin, D. B.　12, 15-19
遠藤純代　274-275
遠藤利彦　64,101,122
大川一郎　243
大塚由美子　39-40
大西周昭　237
岡田 努　220-221
岡本夏木　8-9,144,152,159
岡本祐子　241,281-283
大平 健　203
尾木直樹　180
オコナー O'connor, T.　35
オルポート Allport, G. W.　232-233

か行

柏木恵子　131-133,140, 231-233
春日彩花　241
加藤直樹　163
亀口憲治　141
萱野稔人　217

か行（右列）

香山リカ　226
苅谷剛彦　183
カルキンズ Calkins, S. D.　31
河合優年　51,64, 99
神田英雄　90
ギブソン Gibson, E. J.　83-84
キャッテル Cattell, R. B.　238, 242-243
キャムラス Camras, L. A.　83
キャンポス Campos, J. J.　63
吉良 創　97
クイン Quinn, P. C.　26,38
鯨岡 峻　67-68
楠見 孝　154-155
久保ゆかり　141
熊田孝恒　242
グレイ Gray, J. R.　260-265
ケルマン Kellman, P. J.　40-41
ゴーゲイト Gogate, L. J.　60
コール Cole, P. M.　123-124
ゴールドシュタイン Goldstein, K.　256
コップ Kopp, C. B.　32, 100
近藤直子　70, 91
近藤文里　76

さ行

サーニ Saarni, C.　124
斎藤 環　207
坂野 登　255, 259
坂元忠芳　5-6,15-17,36,139,161,193,211,
　267
サッチャー Thatcher, R. W.　129-130
サッファー Shaffer, C. E.　257
サトル Suttle, C. M.　24
サリバン Sullivan, H. S.　170, 203
澤田瑞也　103-104, 156
下仲順子　239, 244
ジョーンズ Jones, S. S.　79
ジョンソン Johnson, M.　26
白石正久　94, 99, 110,116
菅澤貴之　209

菅原健介　208
スタイン　Stein, N. L.　124,136
須田　治　136, 170
スレーター　Slater, A.　25
スロウフェ　Sroufe, L. A.　27, 49
セルマン　Selman, R. L.　168,273,275
千石　保　203
ソース　Sorce, J.　84
園原太郎　115-116

た行
ダビッドソン　Davidson, R. J.　258
高取憲一郎　15
高山　緑　244
武内　清　198
竹内慶至　203-204
竹内謙彰　149-150
竹中和子　134
ダス　Das, J. P.　128
鑪　幹八郎　11
田中昌人　95-96,110-111,115-116,120,130,
　135,138
谷川俊太郎　82
谷村　覚　276
ダマジオ　Damasio, A. R.　253
デーモス　Demos, V.　85
ドミノ　Domino, G. D.　239
土井隆義　170,188,205-207,226

な行
中川　威　243
長沢秀雄　146,148
長島瑞穂　146,154
仲渡江美　62
中道泰子　241
中村和夫　9,165
中村髙康　222-223
中室牧子　117
西川由紀子　55,93,99
信原幸弘　224

は行
バーク　Berk, L. E.　118-119
バークレイ　Barkley, R. A.　75-76

バーテンタール　Bertenthal, B. I.　63
ハーモン・ジョーンズ　Harmon-Jones, E.　257
ハーリー　Healy, J.　178
浜田寿美男　159,174
ハリス　Harris, P. L.　136
ピアジェ　Piaget, J.　7-9,145,148,166-167
広川律子　162
ファーロウ　Furrow, R. E.　107
ファローニ　Farroni, T.　21-22
ファンツ　Fantz, R. J.　21
フォックス　Fox, N. A.　257
フォーゲル　Fogel, A.　32,85
福田正治　134
ブッシュネル　Bushnell, I. W. R.　37
船橋新太郎　104-105
ブライアント　Bryant, B. K.　168
ブラント　Brandt, D. E.　280
ブリッジス　Bridges, K. M. B.　30
ブルックス　Brookes, H.　26
ブレザートン　Bretherton, I.　106,124
ブロス　Blos, P.　277-280
ヘックマン　Heckman, J. J.　117-118,224
ペック　Peck, R. E.　235-236
ヘッブ　Hebb, D. O.　64-65
堀尾輝久　139
本田由起　181-184,186-187,189-190,
　218-219,222

ま行
マーラー　Mahler, M. S.　56,90,268-270,
　272-273,277,281
マウラー　Maurer, D.　25
正高信男　48,57,171-172
増本康平　243
松澤正子　103
松谷みよ子　82
マッチカシア　Macchi Cassia, V.　22-23
松永あけみ　106
丸島令子　239-240,245
マレー　Murray, L.　33
ミシェル　Mischel, W.　137
水谷　修　201

溝上真一　219
三宅和夫　102
森口 朗　172,174
守屋慶子　155, 237, 241
モルフェーズ Molfese, D. L.　72

や行

柳 治男　189
やまだようこ　44-46,71,73-74,81
吉川 徹　195

ら行

リゾラッティ Rizzolatti, G.　104-105
リュブリンスカヤ Lyublinskaya, A. A.　92
ルイス Lewis, M.　31,50,66,121-122

ルドゥー LeDoux, J. E.　249,252
ルリア Luria, A. R.　92-93,112-113,128
レイ Ley, R. G.　255
レオンチェフ Leont'ev, A.N.　14
レディー Reddy, V.　66
レビンソン Levinson, D. J.　236
盧 怡慧　245-247
ローゼンシュタイン Rosenstein, D.　30
ロゴフ Rogoff, B.　5-6
ロドリゲス Rodriguez, M. L.　137

わ行

和田有史　26
ワロン Wallon, H.　9,12,50,64-65,74-75,104

事項索引

あ行

アイコンタクト　51,66
アイデンティティ（確立）　10,197,211-212,230,279
アイデンティティ（拡散）　206,225-226
焦り　207
アタッチメント　100,107
アダルト・チルドレン　225
新しいタイプの学力　180-181,186,223
新しい能力　222-224
安心感　27,33-35,203,271
怒り　49-52,63-64,84,124-125,137,255,257,259
生きる力　181-182,186-187,205
育児ノイローゼ　34
いじられキャラ　187
移行対象　100,270,272
移動能力　57-58,61,63-65,69,77
1次元可逆操作　95
1次元形成　95
1次的言葉　152
苛立ち　226
受け渡し　70-72,80-81
内気　170
運動条件反応　113
AI（人工知能）　224
AO入試　195
ADHD（注意欠陥−多動性障害）　73,75-76,87,137,153
M字カーブ　229
エリクソンの個体発達分化の図式　10,52
エリコニンの発達段階図式　12-13,15
恐れ　49-51,63-64,69,84-85,120
おだやかさ　244
驚き　81,154
おはしゃぎ反応　28,48
思いあがり　121-122
脅え　27,87,206
思いやり　244

面白み　154
重たい学級　189

か行

外側前頭前野　252,262,264-267,285
書きことば　150-152
可逆性　135,148-150
学習到達度調査（PISA）　17,179
学歴分断社会　195
学力の二極化　180,182,184
過去に対する後悔　134,143
学級制の歴史　189
学校化社会　139
学校知　180
仮説演繹的思考　177
家族力　141
悲しみ　30,49,84,124-125,137,255-257
感覚運動的段階　7
感情労働　224,227
眼窩前頭前野　252-253
気配り　219
機能的MRI（機能的磁気共鳴画像法）　264
基本的情動（一次的情動）　49,102
基本的信頼感 対 不信感　10-11,52
希望　134,195
ギャング・エイジ　163,169,175
旧来型の学力　180-181,186,223
9、10歳の壁　163
教育家族化　139
共感覚　25-26
共感　66,102-104,141,155,168-170,172,175,188,191
共同注意　78-80,84,88
恐怖（心）　27,50,86-87,107,207,226,251-252,272
興味　31, 154
キレる　200
近赤外分光法　62
近代型能力　222

勤勉性 対 劣等感　158
空気が読めない人（KY）　170,188
具体的操作段階　8
苦痛　31
組み合わせ思考　177
悔しい思い　153
経済的資源　181-182,186
形式的操作（段階）　9, 163,176-178,244
継次処理　128
系列化　126-128,130,134,151
結果論的判断　167
結晶性知能　238,242-243
言語の行動調節機能　92
原始反射　20
現実の再構成　144-145
原初的情動　31
向社会的行動　168-169,171
行動の自己制御機能　131
興奮　30
個食（孤食）　141-142
個性尊重　201,205,222
個性化　138,235
個体化　56,270,273,280,283
孤独感　191,202,278,282
コミュニケーション能力　172,214,219,222,
　227,230,245
コミュニケーションの障害　47

さ行

先回り育児　140
坂元の発達図式　15,18
三項関係　70,72-73,78,80-82
時間と空間の系列化　144-145,147,151,
　153-154
シェマ（図式）　7-8
視覚機能　20-21,24,36-37,39,42-44
視覚的絶壁　83-85
自我統合　239-240,244
仕事に関係した知識やスキル　218
「自己指向」的共感行動　103
自己帰属　122
自己意識的情動　120-122
自己形成視　135
自己責任（論）　186,214

自己に対する否定感　226
自己効力感　32,227
実行機能　76-77
嫉妬（心）　102-103,123,170-172
自制心　120,138
自発性 対 罪悪感　140
自分さがし　205-206
自閉症　46-47,269
社会的微笑　28, 48
社会的情動（二次的情動）　66,102,109,121,
　123,134
社会的視点取得　169,273-276
社会性の障害　47
社会的ひきこもり　207
社会的表示規則　123
社会人基礎力　219,222
社会的参照　37,83-85
主導的活動　13-14,16-17,267
充足　31
馴化・脱馴化法　38
小1プロブレム　158-159
象徴的思考　8
情動の右半球仮説　254-256
情動のポジティブーネガティブ仮説　256-258,
　260
情動の接近ー離脱仮説　258-260
情動評価　243
情動伝染　29,66
情動調整　31-33,52,85-86,141,156,189,243
情動調律　34
情動知能（EI）　118,243
職業教育　217-218
随意的な行為　93,111-112
随意的注意　91
想像　165
新奇性　23,39
失望　134
身体的苦痛　50
心配　134
シンボル化されたしぐさ　71-72
親密性 対 孤立　229-230
遂行機能　242
推薦入試　195
スクールカースト　172-173

素の自分　196,198,202
静観的認識　73-74
性犯罪　200
正規労働者　215-216
生理的(自発的)微笑　27
世代性 対 停滞　230-231, 238-239
絶望感　207
選好注視法　38
前情動的反応　27
前操作(自己中心)的段階　8
羨望　66,102
専門高校・専門学科　215
総合的な学習の時間　179-180
想像力の障害　47

た行

単焦点(single focus)　47
探索活動　57,59-60,74
楽しみ　64, 159
「他者指向」的共感行動　103
抽象的思考　161, 163,176
だだこね　99-100
ためらい現象　116
ダブルスクール　214
対人関係能力　219
知恵　142,235,241,244-248,265,285
中年期の危機　240
直観的思考　8
調節　7
知覚過敏　47
中間の世界　127-128,134
追視眼球運動　42
つもりの世界　89,98
罪　121-122
定位反応、定位反射　27,38
手指の操作　55,57,91
てれ　66,102
同化　7
得意気な表情　66
単語認知関連電位　72
同時処理　128
第3の世界　138, 159
動機論的判断　167-168
道徳性　166-167,169,171-172,201

他人の不幸をほくそ笑む　173
特別入試　195
友だち地獄　170,188

な行

泣く行為　29-30,49
内側前頭前野　252-253
喃語　49,68
内的状態をあらわす言葉　106-107
内言(内的言語、内言語)　114-115,128,
　130-131,133, 135-137,157,162
二項関係　32,43,80
2次元形成　96
2次元可逆操作　111
2次的言葉　152-153
憎しみ　170
人間力　214,222
ニート　216
ネグレクト(育児放棄)　33-34,86-87,101
ネットワーキング力　219

は行

晩婚化　229
這いはい　44,63,283
はにかみ　66,120
恥　121-122,207
発話内容の自己編集　116
ピアジェの発達段階説　7-8,11,163,178
飛越眼球運動　42
人見知り、8か月不安　50, 61-62,270-271
表象　7,59,64,74-75,89-91,98
非認知能力　117-118,219,223-224,230
7・5・3現象　214
非正規労働者　215-216
人当たりのよさ　219
表情の理解　65
深みのある自分づくり　241
ブロードマンの9野　264
分離一個体化過程　268-269,272
不安　50,61,63-64, 100,106,194
分離不安　86-88,271
プランニング　149-151
フリーター　209,216
ブラック企業　219

普通科高校　215
文化的資源　181-183,185,187
分化運動条件反応　113
平穏な中年期　240
扁桃体（核）　249-254
母子共生状態　56,268
ポスト近代型能力　222
誇り　120-122,125
母子密着問題　138
保存課題　148-150

ま行
見て見ぬふりをする　173
見つめ　32,47
ミラー・ニューロン　104-105
未来に対する不安　134
未履修問題　194
ムカツキ　174
目と手の協応　44,46
目そらし　32,47
命題的思考　177-178
物の永続性（物の成立）　57-59
物にこだわる心　58
目的と手段の分化　77
物語の文脈　154
問題解決力　222,245

や行
役割取得能力　168
優しい関係　170,188,207-208,222,226,230
薬物乱用　200
誘発的微笑　27
指たて　56-57
指さし　57,71-72,79-81
友情　17,170,193,195,229
友人、友だち　203-205
友人関係の希薄化、選択化論　204-205
友人関係の二極化　205-206
ゆとり教育　179-180,205
よい連続　38-39
予測眼球運動　42
喜び　48-50,124,255-257
予期的な微笑　79

ら行
流動性知能　238,242-243
理科離れ　165,198,200
両眼立体視　37
労働に関する基本的知識　218

わ行
ワーキングメモリ　242,252,260-262,264
われわれ意識　160

近藤　文里（こんどう　ふみさと）

1950 年　三重県に生まれる。
1974 年　東北大学教育学部卒業
1976 年　京都大学大学院教育学研究科修士課程修了
1979 年　同　博士課程単位取得
日本福祉大学社会福祉学部講師、滋賀大学教育学部教授を経て、
現在、びわこ学院大学教育福祉学部教授。
専門は障害児心理学。

主要著書
『プランする子ども』（青木書店、1989 年)
『精神薄弱児の神経心理学的研究』（風間書房、1990 年)
『斜線構成の発達的研究』（多賀出版、1993 年)

認知・情動の生涯発達と統合

2019 年 8 月 30 日初版印刷
2019 年 9 月 10 日初版発行

　　　著　者　近藤文里
　　　発行者　中桐十糸子
　　　発行所　三学出版有限会社

〒 520-0835　滋賀県大津市別保 3 丁目 3-57 別保ビル 3 階
TEL 077-536-5403 / FAX 077-536-5404
http://sangaku.or.tv

©KONDO Fumisato　　　　　　　　亜細亜印刷（株）印刷・製本